Sitz doch endlich still!

DAGMAR DIETZ

Sitz doch endlich still!

Mein Leben mit drei hyperaktiven Kindern

Weltbild

Wir weisen darauf hin, dass die Angaben insbesondere die Medikamentenhinweise in keinem Fall ein Ersatz für die Untersuchung und Beratung eines Arztes sind und nicht als Grundlage einer Behandlung dienen können. Sie ersetzen auch nicht die Hinweise auf dem Beipackzettel der genannten Medikamente. Suchen Sie daher vor Einnahme der Medikamente unbedingt einen Arzt auf und lesen Sie die Packungsbeilage. Eine Haftung des Verlages ist ausgeschlossen.

Aus persönlichkeitsrechtlichen Gründen wurden in diesem Erfahrungsbericht Namen und Details verändert.

Besuchen Sie uns im Internet:
www.weltbild.de

Die Zitate stammen aus: Felix Dietz: *Wenn ich doch nur aufmerksam sein könnte!*
Eigendruck der Elternselbsthilfe ADS/Hyperaktivität, Frankfurt/M. 1999
Webpage: *www.ads-hyperaktivitaet.de*

Genehmigte Lizenzausgabe für Verlagsgruppe Weltbild GmbH,
Steinerne Furt, 86167 Augsburg

Umschlaggestaltung: Studio Höpfner-Thoma, München
Umschlagmotiv: Corbis, Düsseldorf (© Roy McMahon)
Gesamtherstellung: CPI Moravia Books s.r.o.,
Brnenská 1024, CZ-69123 Pohorelice
Printed in Czech Republic

ISBN 3-8289-8631-5

2009 2008 2007 2006
Die letzte Jahreszahl gibt die aktuelle Lizenzausgabe an.

Ich bin nicht dumm oder faul, wie man meistens zu mir sagte. Andere meinten: »Du könntest, wenn du nur wirklich wolltest.« Aber es ging einfach nicht, auch wenn ich mich noch so sehr anstrengte.

Felix

Begriffserklärung

In diesem Buch wird meist die Bezeichnung Kinder und Erwachsene mit ADS verwendet. ADS steht für Aufmerksamkeitsdefizitsyndrom und betont die Aufmerksamkeitsstörung als wichtigstes Diagnosekriterium. Umgangssprachlich wird oft von hyperaktiven Kindern oder Hyperaktivität gesprochen, da die motorische Unruhe der Kinder schneller als die Aufmerksamkeitsstörung ins Auge fällt. Im international anerkannten Diagnoseschlüssel, dem ICD 10, wird der Begriff »Hyperkinetische Störung« (HKS) verwendet. Zunehmend setzt sich im deutschen Sprachraum die Bezeichnung ADHS (Aufmerksamkeitsdefizit-/Hyperaktivitätsstörung) durch, eine Kombination aus den Begriffen ADS und HKS. Alle diese Begriffe werden synonym verwendet.

INHALTSVERZEICHNIS

VORWORT

ADS, was ist das überhaupt?

Der Begriff ADS steht für die international anerkannte Diagnose von **Aufmerksamkeitsdefizitstörung mit und ohne Hyperaktivität.**

ADS-Kinder mit Hyperaktivität werden im Volksmund gerne als »Zappelphilippe«, bezeichnet, ADS-Kinder ohne als »Träumer«.

ADS gehört zu den häufigsten kinder- und jugendpsychiatrischen Störungen überhaupt. Die Zahlenangaben liegen bei ca. 8%, d. h. für Deutschland: Über 1 Million Kinder/Jugendliche haben ein ADS oder 2 Kinder in jeder Schulklasse. Allerdings ist ADS nicht nur etwas Deutschland- oder Europatypisches, sondern ADS gibt es in allen bisher wissenschaftlich untersuchten Kulturen unserer Welt.

Nicht jedes Kind, das mal zappelt, unkonzentriert oder leicht abgelenkt ist, hat ein ADS. Aber viele Kinder haben ein ADS, das nicht erkannt wird, und leiden darunter. Sie werden verkannt als Störenfried, Unruhegeist, Versager, Faulpelz, Tagträumer und Nervensäge. Ihr Verhalten wird falsch gedeutet und entsprechend falsch damit umgegangen. Früher oder später haben Kinder/Jugendliche mit ADS das Gefühl, die ganze Welt sei gegen sie. Sie gelangen zu der Überzeugung »mit mir stimmt was nicht«.

Kinder und Jugendliche mit ADS unterscheiden sich von nicht ADS-Kinder/Jugendlichen in *Ausmaß und Stärke* der Probleme. Sie haben im Vergleich mit anderen Kindern/Jugendlichen ihres Alters verstärkt Auffälligkeiten in den Bereichen:

Aufmerksamkeit
Impulsivität
Aktivität.

Es gibt international anerkannte Kriterien für ADS, die sich auf die obigen drei Bereiche beziehen.

Wenn im Fragebogen (siehe Seite 250) jeweils unter Punkt 1 (Unaufmerksamkeit) oder Punkt 2 (Hyperaktivität, Impulsivität) sechs oder mehr der aufgeführten Symptome während der letzten sechs Monate beständig in einem mit dem Entwicklungsstand des Kindes nicht zu vereinbarenden Ausmaß vorhanden gewesen sind, ist dies ein Hinweis auf ADS.

Anmerkung: Die Diagnose ADS ist nicht mit einem einzelnen Test oder Fragebogenverfahren möglich. Entscheidend für die Diagnostik ist das Gesamtbild des Kindes, wie z. B. das Erfragen der Lebensgeschichte, das Verhalten in verschiedenen Situationen, Arbeitsstrategien beim Lösen von Aufgaben und das Ergebnis-Profil der psychologischen Testung.

Die im Fragebogen benannten Verhaltensauffälligkeiten der Kinder/Jugendlichen sind in der Regel ab dem Alter von 5–6 Jahren gut erkennbar.

ADS+H Kinder fallen häufig schon früher auf. Sie sind lebhaft, laut, halten Regeln schlecht ein, neigen zu Trotzanfällen, wollen möglichst im Umgang mit anderen immer der Boss sein. Alles ist schnell zu langweilig, sie wollen beständig beschäftigt sein, kurzum sie sind extrem anstrengend.

ADS-H Kinder zeigen Problemverhalten oft erst mit der Schulzeit. Bis zum Eintritt in die Schule, in der sie durch

Trödelverhalten, Vergessen und »geistig abwesend sein« auffallen, zählen sie meist eher zu den lieben, ruhigen, angepassten Kindern.

Die Auffälligkeiten der ADS-Kinder insgesamt treten verstärkt auf in den Situationen, in denen für langweilige Aktivitäten eine Aufrechterhaltung der Aufmerksamkeitsspanne gefordert wird. Hier ist insbesondere die Hausaufgabensituation zu nennen, die in den meisten ADS-Familien als Stressfaktor Nummer 1 zählt. Aber auch das gemeinsame Einnehmen der Mahlzeiten kann in Stress ausarten. Der Träumer kann gedankenverloren die Limo in die Spaghetti gießen, der Zappelphilipp beim Kippeln die Limo verschütten. Der Ausdruck »Tischschwein« wird von Eltern mit ADS-Kindern recht häufig benutzt.

Verhaltensauffälligkeiten treten bei vielen ADS-Kindern/Jugendlichen gar nicht bzw. nur vermindert auf, wenn sie nur mit einer Person zusammen sind, sich einer neuen interessanten Aufgabe oder ihrer Lieblingsbeschäftigung widmen.

ADS ist keine Erfindung unserer Zeit. ADS ist eine Störung mit neurobiologischen Besonderheiten in den Informationsverarbeitungsprozessen des Gehirns, die meist erblich bedingt zu sein scheint.

ADS-Kinder haben eine andere Art Informationen aufzunehmen und zu verarbeiten, deshalb reagieren sie in bestimmten Anforderungen eben anders als Kinder ohne ADS. Schon allein bei der Informationsaufnahme gibt es meist Probleme. Entweder nehmen sie mehr Informationen auf, als sie gerade in dieser Situation gebrauchen können, d. h. das Quatschen des Nachbarn im Unterricht oder Geräusche auf dem Flur sind »gleich wichtig« wie das, was der Lehrer vorne erzählt. Der Aufnahmefilter zum Ausblenden von »unwichtigen Reizen« funktioniert nicht so gut. Oder aber sie sind hyperfokussiert, d. h., sie sind so auf eine Sache fixiert, dass sie andere Eindrücke um sich herum gar nicht mehr mitkriegen. Sie sind dann völlig in ihre Welt versunken, hören z. B. das Rufen der Mutter gar nicht mehr.

Diese andere Art der Informationsverarbeitung führt zu Problemen im Lernen, aber auch im Umgang mit anderen. ADS beeinträchtigt die Kinder/Jugendlichen in vielen Lebensbereichen.

Es ist zusammenfassend festzustellen: ADS ist keine Modekrankheit, mit der man »alle Unarten von Kindern« erklärt. Das Erscheinungsbild des ADS wurde schon vor über 150 Jahren im Bilderbuch »Struwwelpeter« vom Nervenarzt Dr. Heinrich Hoffmann treffend mit »Zappelphilipp« und »Hans-Guck-in-die Luft« beschrieben. ADS ist nicht im Zusammenhang mit unserer heutigen »schnelllebigen Zeit«, mit Reizüberflutung, Erziehungsfehlern oder übersteigertem Fernseh-bzw. Computerkonsum zu sehen. Obgleich die genannten Einflüsse das Störungsbild verstärken können, ist zwischen Ursache und Wirkung deutlich zu unterscheiden.

Kein Kind wächst im Vakuum auf. Zur genetischen Veranlagung und Begabung wirken sich auch Milieueinflüsse auf die Persönlichkeitsentwicklung eines Kindes aus. ADS ist nicht gleich »biologisches Schicksal«, sondern »die Umwelt« kann positive Einflüsse haben. Es gibt effektive Hilfen.

Hilfen für ADS-Kinder

Durch ihre Defizite in der Informationsverarbeitung haben es ADS-Kinder im Alltag schwer. Beispielsweise sehen sie auf dem Weg ins Bad etwas auf dem Boden liegen, spielen damit und vergessen ganz, dass eigentlich das Abendprogramm waschen, Zähne putzen, eincremen, Bett gehen angesagt war. Beim Abendessen sehen sie, dass nur noch eine Scheibe ihrer Lieblingswurst auf dem Tisch liegt, greifen impulsiv danach und werfen dabei das volle Glas um. In der Regel reagieren die Eltern eher ungehalten.

Oder sie hatten die Aufgabe, Getränke im Keller zu holen, dort angekommen, wissen sie gar nicht mehr, was sie hier eigentlich wollten. Im Unterricht haben sie den Auftrag des Lehrers, nämlich das Mathebuch herauszuholen, gar nicht erst mitgekriegt, weil sie aus dem Fenster schauten. Nicht nur, dass ADS-Kindern solche Situationen peinlich sind, sie erfahren von ihrer Umwelt deswegen beständig Kritik und Ermahnungen. Sie geraten leicht in eine negative Erfahrungsspirale mit resultierender Selbstwertproblematik.

Damit ein ADS-Kind eine positive Persönlichkeitsentwicklung erreichen kann, braucht es Bezugspersonen, die Wissen haben über ADS und entsprechend angemessen reagieren.

In vielen Studien konnte nachgewiesen werden, dass Eltern/Erzieher/Lehrer mehr Stress erfahren, wenn sie ein ADS-Kind betreuen, als dies bei anderen Kindern der Fall ist. Erzieher sind extremen Belastungen ausgesetzt und reagieren dann verständlicherweise im Laufe der Zeit auch negativer auf das ADS-Kind. Sie selbst werden ungeduldiger, schreien häufiger, sind weniger interaktiv und freundlich.

ADS-Kinder zu erziehen stellt jeden Tag eine neue Herausforderung dar. Sie reagieren auf die normalen Erziehungsmaßnahmen oft nicht so wie andere Kinder, weshalb die Bezugspersonen Aufklärung und Beratung zum Umgang mit diesen Kindern brauchen. Verhaltenstherapeutische Konzepte und/oder Eltern-Lehrertrainings haben sich zu diesem Zweck bewährt.

Es ist wichtig für die Bezugspersonen zu wissen, dass für

die bisherigen Probleme niemand etwas kann. Es hat keiner »Schuld« an einer andersartigen Informationsverarbeitung. Jeder hat sich klar zu machen, dass das ADS-Kind nicht ungezogen, faul und dumm ist, sondern aufgrund des ADS gehandicapt ist, jedoch insbesondere durch die gute Teamarbeit von Elternhaus, Schule und eventuell noch unterstützend durch Therapeut und Arzt eine positive Wende herbeizuführen ist.

Aber nicht nur die Bezugspersonen müssen aufgeklärt sein, sondern auch das ADS-Kind selbst. Die Mitarbeit des Kindes darf nicht unterschätzt werden. Das Kind lernt Strategien, mit denen es selbst aktiv zur Bewältigung seiner Schwächen beitragen kann. Andererseits lernt es seine Stärken einzusetzen. Nicht nur dem ADS-Kind selbst sind seine Stärken bewusst zu machen, sondern alle Bezugspersonen sollten niemals vergessen, dass ADS auch heißt, kreativ, fantasievoll, sensibel, direkt, spontan und originell zu sein.

Verhaltensändernde Maßnahmen können allerdings nur Wirkung zeigen, wenn das ADS-Kind überhaupt in der Lage ist, sich für eine angemessene Zeit auf die dargebotenen Hilfsmaßnahmen zu konzentrieren. Bei manchen ADS-Kindern ist die Symptomatik so stark ausgeprägt, dass sie ohne medikamentöse Behandlung anderen Hilfen gar nicht zugänglich sind.

Das ADS-Kind ist auf unser Verständnis und unsere Hilfe angewiesen. Nach dem Motto: Im Team flott zum Ziel sind wir alle dafür verantwortlich, dass sich die ADS-Schwächen kompensieren und eine positive Persönlichkeitsentwicklung entfalten kann.

Dr. Petra-Marina Hammer.

PROLOG

Tränen liefen mir über die Wangen, als ich nach Hause fuhr. Das Gespräch mit Felix' Klassenlehrerin war schrecklich gewesen. Ausführlich hatte sie mir beschrieben, wie er sich im Unterricht verhielt.

Eigentlich war wenig Neues dabei. Diese Klagen kannte ich inzwischen zur Genüge.

Doch der Satz, der mich zum Weinen gebracht hatte, war: »Geben Sie Ihr Kind doch in die Kinderpsychiatrie. Vielleicht kann man ihm dort helfen. Ich hatte einen Schüler, der war zwei Monate dort, und es hat ihm sehr gut getan.«

Ich fühlte mich wie vor den Kopf gestoßen. Während des Gesprächs bewahrte ich die Fassung, aber als ich allein war, brach ich zusammen. Mein Kind in die Psychiatrie? Mein geliebtes Kind? Felix war doch erst 10!

Worte aus meiner Kindheit schossen mir durch den Kopf. Klapsmühle, Irrenhaus ... Leute, die dort waren, nannte man Idioten. Sie wurden eingesperrt, ruhig gestellt.

Ich erinnerte mich an die Bilder aus dem Film *Einer flog über das Kuckucksnest*. Dort sollte Felix hin?

Große Angst machte sich in mir breit.

In den nächsten Tagen dachte ich in Ruhe über das Gespräch nach.

Was hatte die Lehrerin erzählt?

Sie hatte davon berichtet, wie sehr Felix den Unterricht störe, dass er ständig aufstehe, dass er im Unterricht zu singen beginne, dass er häufig seine Schulsachen nicht vollständig dabei habe. Unzählige Gespräche habe sie schon mit ihm geführt und ihm immer wieder erklärt, er solle sich ruhig verhalten. Felix sei in den Gesprächen sehr einsichtig und man könne gut mit ihm reden. Er würde alles verstehen und kenne die Regeln sehr genau. Aber schon in der nächsten Pause höre sie wieder die Klagen der Kollegen im Lehrerzimmer. Sie habe es so oft versucht, aber inzwischen würde sie nicht ausschließen, dass er extra provozieren wolle. Es sei doch wirklich ungewöhnlich, dass ein Kind einerseits so einsichtig rede und andererseits ständig gegen seine eigenen Worte handle. Sie überlege, eine Klassenkonferenz einzuberufen, um darüber zu entscheiden, ob Felix von der Schule verwiesen werden solle.

Doch dann hatte sie von der Klassenfahrt erzählt – und gelächelt. Während des einwöchigen Ausflugs habe sie einen vollkommen anderen Felix kennen gelernt. Er sei sehr rücksichtsvoll gewesen und überaus hilfsbereit. Alle seine Dienste habe er ordentlich erledigt, ohne zu murren. Anderen habe er sogar geholfen. Er sei nett und freundlich gewesen und hätte sich gut an die Regeln gehalten.

An dieser Stelle hatte sie ratlos den Kopf geschüttelt. Sie wisse selbst nicht mehr weiter. Sie habe gesehen, dass Felix ein sehr liebes und charmantes Kind sein könne, doch wie passe das zu seinem Verhalten während des Unterrichts?

Nach dem ersten Schock und nachdem ich mir alles noch einmal durch den Kopf hatte gehen lassen, erkannte ich, was mich so verwirrte: Die Lehrerin wollte mein Kind nicht abschieben. Sie war genauso hilflos wie ich.

Sie wollte Felix helfen.

Sie hatte seine guten Seiten gesehen.

KAPITEL 1

Start ins Familienglück

Felix war unser erstes Kind. Als Christoph und ich uns kennen lernten, traf es uns wie ein Blitz. Aus einer stürmischen Verliebtheit entstand schnell großes Vertrauen und eine tiefe Liebe. Bald waren wir sicher, wir hatten den Partner fürs Leben gefunden.

Wir nahmen uns eine gemeinsame kleine Wohnung in Frankfurt und erprobten unsere Beziehung im Alltag. Mit wenig Geld einen Haushalt führen – wir steckten beide noch in der Berufsausbildung –, gemeinsam kochen, aufräumen und Wäsche machen, all das formte uns zu einem guten Team.

Wir waren beide sicher, dass wir unser großes Glück mit Kindern teilen wollten. Intensiv dachten wir über Familienplanung nach. Wir wollten vier Kinder. Das jüngste sollte kommen, bevor wir dreißig waren, denn wir wollten junge Eltern sein, die fit waren und viel mit ihren Kindern unternehmen konnten. Zwei Jahre Altersabstand empfanden wir als ideal. So wären sie dicht genug zusammen, um gemeinsame Interessen zu bilden, aber weit genug auseinander, um sich eigenständig entwickeln zu können.

Wir mussten nicht lange auf unser Glück warten. Schon kurze Zeit später war ich schwanger! Christoph und ich waren voller Vorfreude auf unser Wunschkind.

Mit einer Flasche Sekt im Gepäck fuhren wir zu den Großeltern, um die Ankunft des ersten Enkelkindes anzukündigen. Die gute Nachricht wurde mit Begeisterung aufgenommen.

Es war eine ganz wunderbare Schwangerschaft, und mir war überhaupt nicht übel. Von Anfang an fühlte ich mich stark, energiegeladen und wunderbar glücklich.

Christoph und ich nahmen alle Vorsorgeuntersuchungen bei der Frauenärztin gemeinsam wahr. Wir freuten uns, die Herztöne unseres Kindes zu hören und die Ultraschallbilder zu bestaunen. So winzig es war, man konnte schon deutlich sein Herz schlagen sehen. Einige Wochen später waren schon der Kopf, die Arme und die Beine zu erkennen. Es war unser Baby.

Bereits im vierten Monat trug ich Umstandskleidung, so stolz war ich auf meinen sich langsam rundenden Bauch. Unser Baby war ein besonders lebhaftes Kind und strampelte viel, wodurch Christoph die Schwangerschaft intensiv miterleben konnte. Wenn Christoph die Hand auf meinen Bauch legte, nahm es richtig Kontakt zu ihm auf und bewegte sich kräftig. Auch während des Ultraschalls konnten wir beobachten, wie aktiv es war. Es strampelte, kugelte durchs Fruchtwasser und verhielt sich keine Sekunde still. Die Frauenärztin prognostizierte schon früh: »Ihr Kind wird wohl ein großer Fußballer werden, bei der Ausdauer und Kraft, die es zeigt.«

Unsere Vorfreude war groß. Wir konnten kaum erwarten, dass die neun Monate vergingen, doch meine Freundin, deren Sohn bald ein Jahr alt wurde, meinte: »Sei froh, solange dein Kind im Bauch gut aufgehoben ist, kannst du nachts noch schlafen. Nachher ist das für lange Zeit vorbei.«

Nachts schlafen? Das konnte ich schon seit Wochen nicht mehr. Mein Baby trat so heftig, dass ich im Liegen große Schmerzen hatte. So wanderte ich die meisten Nächte durch die Wohnung. Felix wurde dabei ganz ruhig, und er schien das Schaukeln zu genießen. Doch sobald ich mich ins Bett legte, begann er erneut zu strampeln – er wollte weiter gewiegt werden.

Noch weniger Schlaf konnte ich eigentlich nicht bekommen, dachte ich. Ich konnte es mir zumindest nicht vorstellen.

Der Geburtsvorbereitungskurs half Christoph und mir beim Warten auf die Ankunft unseres Kindes. Entspannung war dort ein wichtiges Wort. Die Hebamme bot Autogenes Training an, wobei wir ruhig liegen und langsam atmen sollten. Der Körper sollte ganz schwer werden. Damit auch der Geist abschalten konnte, las sie uns eine Geschichte vor.

»Wenn Sie entspannen, werden auch Ihre Kinder ganz ruhig«, erklärte sie. Mein Kind schien das nicht gehört zu haben.

Mit großer Wucht begann es durch meinen Bauch zu kugeln. Sein Strampeln war sogar deutlich von außen zu sehen.

»Sie müssen richtig loslassen«, riet mir die Hebamme.

»Das will ich ja gerne«, erwiderte ich und zeigte dabei lächelnd auf meinen Bauch.

Die Hebamme kontrollierte meine Körperentspannung und stellte fest: Beine, Arme, der Kopf – alles war schwer und entspannt, so wie sie es gesagt hatte. Sie schüttelte verwundert den Kopf. Ein so aktives Baby hatte sie noch nicht erlebt.

Endlich – die ersten Wehen. Wir begaben uns voller Erwartung auf dem schnellsten Weg ins Krankenhaus.

Als die Hebamme mich im Kreißsaal untersuchte, war der Muttermund bereits acht Zentimeter geöffnet. Leider durfte ich nicht mehr in die Badewanne. Für den Einlauf war es zu spät, hieß es. Doch darüber war ich froh, denn mir war immer mulmig, wenn ich daran dachte.

Um sieben Uhr waren wir im Krankenhaus, sechs Stunden später öffneten sie die Fruchtblase, damit die Geburt voranging. Mir schwanden langsam die Kräfte.

Um 2:50 Uhr kam Felix zur Welt – 3500 Gramm schwer und 51 Zentimeter lang.

Die Geburt war anstrengend gewesen, doch als Felix auf meinem Bauch lag, war alles vergessen.

Wir waren die glücklichsten Eltern der Welt.

KAPITEL 2

Im Krankenhaus: Ich will in Erinnerung bleiben!

Noch im Entbindungszimmer wurde unser Sohn gebadet und untersucht. Er war kerngesund, wie die Untersuchung ergab. Die lange Geburt hatte er gut überstanden.

Wir wurden in einen Ruheraum gebracht. Zu dritt lagen wir auf einem großen weichen Bett, eingefangen von einem wunderbaren Gefühl der Freude.

Nun sollte unser Baby zum ersten Mal trinken. Die Hebamme kam hinzu, um zu helfen, damit kein Tropfen der wertvollen Vormilch verloren ging. Doch es nuckelte nur wenige Male.

Mit großen wachen Augen lag es zwischen uns. Wir schmolzen beim Anblick unseres hübschen Babys. Wir bestaunten jeden einzelnen Finger, die kleinen Zehen, das perfekte kleine Gesicht, seine winzige Nase, den süßen Mund und seine großen braunen wachen Augen.

Wir hatten uns lange Zeit gelassen, den richtigen Namen für unser erstes Kind zu finden. Felix – der Glückliche, der Name gefiel uns. Alles Glück der Welt wünschten wir unserem Sohn.

Nach zwei Stunden musste sich Christoph verabschieden, denn ich wurde auf die Station verlegt. Christoph fuhr nach Hause und rief alle unsere Freunde und Verwandten an, um ihnen von Felix' Geburt zu berichten. Aus Eltern waren nun Großeltern geworden, aus Geschwistern Onkel und Tanten.

Sie alle teilten unser großes Glück.

Wir hatten uns für ein Krankenhaus mit »Rooming-In« entschieden, das damals jedoch noch ganz anders gehandhabt wurde als heute: Das »Rooming-In« rund um die Uhr war nicht üblich. Es bürgerte sich gerade erst ein, dass die Babys tagsüber bei der Mutter bleiben durften. Nachts wurden die Neugeborenen im Säuglingszimmer betreut. Hatte ein Kind Hunger, wurde die Mutter geweckt, und sie konnte ihr Baby im Stillzimmer füttern.

Morgens um sieben Uhr wurden die Babys zum Stillen ans Bett gebracht und nach zwanzig Minuten wieder abgeholt und gewogen. Überglücklich schloss ich mein Kind am ersten Morgen nach der Geburt in die Arme und legte es an die Brust. Doch wie in der Nacht trank Felix nur einige winzige Schlückchen. Dann schlief er ein.

Glücklich betrachtete ich mein Kind, das nun, vier Stunden alt, in meinen Armen lag und so friedlich aussah. Nach einigen Minuten schlug es seine großen Augen auf, und ich legte es an die andere Brust, doch wieder döste es nach wenigen Schlückchen ein. Nach zwanzig Minuten holte die Säuglingsschwester mein Baby ab und brachte es wenig später mit gerunzelter Stirn zu mir zurück. »Ihr Kind hat nichts getrunken! Sie müssen morgens Ihr Baby füttern!«, sagte sie vorwurfsvoll.

War Felix vielleicht von der Geburt erschöpft? Konnte er denn überhaupt schon trinken?

»Bei den anderen Müttern klappt das auch!«, war ihre knappe Antwort.

Sie überließ mir mein Baby für einen weiteren Stillversuch. Doch wieder blieb es bei einigen wenigen Millilitern. Felix mochte lieber schlafen als trinken. Eine andere Mutter, deren Kind schon vier Tage alt war, versuchte mir zu helfen. Sie zeigte mir, wie ich ihn besser im Arm halten konnte, und während ich mich auf das Stillen konzentrierte, bemühte sie sich, Felix wach zu halten. Wir hatten keinen Erfolg, wie die Schwester nach dem nächsten Wiegen bestätigte. »Morgen muss das besser klappen!«

Tränen stiegen mir in die Augen. Doch die nette Mutter tröstete mich. »Geben Sie sich noch etwas Zeit. Vielleicht hat Ihr Sohn nach der Geburt nicht genug geschlafen.« Wie Recht sie hatte, sollte ich erst später erfahren.

Nachmittags kamen die Väter zu Besuch. Christoph konnte es kaum erwarten, seinen Sohn in die Arme zu schließen. Er war so glücklich mit seinem kleinen Jungen.

Schweren Herzens gab ich Felix am Abend im Säuglingszimmer ab, mit dem ausdrücklichen Wunsch, geweckt zu werden, falls er in der Nacht Hunger habe.

Am nächsten Morgen wurden unsere Babys wieder zum Stillen gebracht. Ich wusste, ich hatte nur 20 Minuten Zeit, um mein Kind zu stillen, also musste ich ihn wach halten.

Doch zu meiner großen Freude war er hellwach. Erleichtert legte ich ihn an die Brust.

Felix trank sehr hastig und verschluckte sich. Schnell hatte er das Interesse an der Brust verloren und schaute umher. Ich war frohen Mutes, denn Felix hatte zwar nicht häufig, aber sehr kräftig gezogen. Einen Teil der Milch spuckte er sogar wieder aus, was ich für ein Sättigungszeichen hielt.

Nach dem Frühstück holte ich mein Baby mit einem Lächeln auf den Lippen aus dem Säuglingszimmer ab. »Felix hat heute Morgen schon wieder nicht genug getrunken!«, riss mich die Schwester jäh aus meinem Glück.

Ich konnte das zunächst nicht glauben, aber das Wiegebuch sprach eine eindeutige Sprache. Wie konnte das sein? Milch hatte ich genug. »Sie müssen ihn so häufig wie möglich anlegen«, riet mir die Schwester. Das wollte ich tun.

Felix war nun den ganzen Tag über bei mir. Seine wunderschönen Augen trösteten mich über die Startschwierigkeiten am Morgen hinweg. Er genoss es, in meinen Armen zu liegen und gewiegt zu werden.

Manchmal warf ich einen Blick zu der Mutter im Nachbarbett, die mit ihrem kleinen Mädchen im Arm friedlich schlief. Was für eine Idylle.

Und mein Kind? Er lag in meinem Bett – und war wach. Er lag in meinem Arm – und war wach.

Natürlich machte es mir großen Spaß, mich mit meinem Kind zu beschäftigen und ihn herumzutragen. Doch ich war von der Geburt noch erschöpft und brauchte Ruhe. Ich versuchte, Felix neben mich ins Bett zu legen und mit ihm gemeinsam zu schlafen, doch sobald ich aufhörte, ihn zu streicheln, begann er zu schreien.

Schnell nahm ich ihn in den Arm, um die anderen schlafenden Mütter nicht zu wecken. Doch es war bereits zu spät. »Wenn Ihr Kind so unruhig ist, gehen Sie mit ihm nach draußen!«, forderte mich die Mutter im Bett nebenan auf.

Also nahm ich mein Baby auf den Arm und lief mit ihm den Flur auf und ab. Es war das erste Mal, dass mir jemand unmissverständlich klar gemacht hatte, dass Felix störte. Es sollte nicht das letzte Mal sein, und immer verletzte es mich zutiefst.

Auf dem Flur traf ich einige Mütter, deren Kinder fest schliefen. Sie gönnten sich eine Pause. »Wie bitte – Ihr Kleiner hat heute überhaupt noch nicht geschlafen!? Wie halten Sie das durch?«

Eigentlich nicht so richtig, wenn ich ehrlich war. Doch wenn ich Felix in meinen Armen ansah, verdrängte ich den Gedanken daran ganz schnell.

Aber sobald ich ihn in sein Bettchen legte, fing er an zu

schreien. Er war vollkommen übermüdet, doch schlafen konnte er nicht. Immer wieder nahm ich Felix heraus und ging mit ihm auf Wanderschaft durch die Krankenhausflure, denn von mir getragen zu werden, das genoss er. Ich hatte ein friedlich glucksendes Baby im Arm – bis zum nächsten Versuch, ihn schlafen zu legen.

Nach drei Tagen beschwerten sich die beiden Mütter im Zimmer heftig über mein »Schreikind«. Ihre Kinder sollten schlafen, sie selbst wollten ausruhen und meines gäbe überhaupt keine Ruhe.

Ich war gekränkt über die Ablehnung meines Babys.

Doch von nun an stellte ich meine eigenen Bedürfnisse vollkommen hinten an, schaukelte Felix nur noch, wiegte ihn und trug ihn herum, damit er nicht schrie.

Christoph strahlte übers ganze Gesicht, wenn er seinen kleinen Sohn während der Besuchszeiten sah. Seine Fröhlichkeit im Umgang mit Felix, seine große Liebe zu ihm ließen mich die negativen Worte der anderen Mütter vergessen.

Da ich keine Ruhe bekam, heilte die Dammnaht nicht, die Blutungen wurden immer stärker. Einmal sprang ich ruckartig aus dem Bett, als Felix anfing zu schreien. Dabei riss die Dammnaht. Ich hatte starke Schmerzen und musste mich hinlegen. Notgedrungen brachte ich mein Baby ins Säuglingszimmer. Vor wenigen Tagen konnte ich es kaum erwarten, mein Kind in meine Arme zu schließen.

Felix nahm immer noch nicht ausreichend zu. »Sie müssen Ihr Kind öfter anlegen!«, sagte die Schwester eindringlich.

Ich erkundigte mich, ob man mir mein Baby auch nachts zum Stillen bringen könnte, so bekäme er eine zusätzliche Mahlzeit, aber das lehnten die Schwestern ab.

Wahrscheinlich wollten sie ihn nicht wecken, weil er die Nacht über durchschlief. Damit erklärte ich mir auch, dass er tagsüber so wach war. Dennoch war es ungewöhnlich, dass ich ihn nachts nicht zum Stillen bekam.

Also hakte ich nach: »Warum kann ich mein Baby nachts nicht stillen?«

»Wissen Sie«, antwortete die Schwester, »Ihr Kind schreit ziemlich laut. Bis wir mit ihm im Stillzimmer angekommen wären, wäre die ganze Station aufgewacht.«

Das war ein Schock! Nun wusste ich den wahren Grund. Mein Kind störte die anderen Mütter. Ich weinte.

Am Nachmittag sprach Christoph mit der Säuglingsschwester, denn auch ihn hatte es hart getroffen, das zu hören. Er wollte die Schwestern zur Rede stellen.

Mit trauriger Miene erzählte er von dem Gespräch. Die Schwester hatte ihm berichtet, dass sie Felix nachts manchmal in einen Nebenraum des Säuglingszimmers stellten, da durch sein Schreien die anderen Babys nicht schlafen konnten.

Ich war verzweifelt, und auch Christoph war zutiefst erschüttert über das Gehörte. Doch er schaffte es, mich zu trösten. »Morgen gehen wir nach Hause. Da wird alles besser. Zusammen schaffen wir das!«

So richtete ich alle meine Hoffnung auf meine Entlassung und auf einen Neubeginn zu Hause.

In dieser Nacht wurde Felix tatsächlich ins Stillzimmer gebracht. Christoph hatte doch etwas bewirkt! Was sein Schreien anging, hatten die Schwestern jedoch nicht übertrieben.

Als wir uns am nächsten Morgen verabschiedeten, sagte eine ältere Säuglingsschwester zu uns: »Wissen Sie, so ein unruhiges Kind hatten wir hier noch nie. Da wird noch was auf Sie zukommen!«

KAPITEL 3

Schlafrituale einmal anders

Am nächsten Morgen kleideten wir Felix in eine blaue Strampelhose mit Applikationen, ein weißes Babyhemdchen und eine weiße Babymütze. Er sah sehr niedlich aus. Stolz machten wir uns auf den Heimweg.

Wir waren voller Zuversicht. Jetzt würde der Stress ein Ende haben. Die Krankenhaushektik lag hinter uns, nun waren wir frei von zeitlichen Zwängen. Felix würde seinen eigenen Rhythmus finden und zur Ruhe kommen. Eine wunderschöne Zeit zu dritt konnte nun beginnen.

Doch auch zu Hause wollte Felix nicht im Bettchen liegen. Mit lauter Stimme machte er seinem Unmut Luft. Er wollte auf den Arm, getragen und geschaukelt werden. Christoph übernahm das gerne, und für mich war es eine große Erleichterung. Ich konnte mich hinlegen und ausruhen, das nachholen, wozu ich eine Woche lang im Krankenhaus nicht gekommen war.

Am Abend war Felix noch immer hellwach. Es war erstaunlich. Woher nahm unser Baby diese Energie?

Während der Schwangerschaft hatten wir uns voller Freude ausgemalt, wie Felix zwischen uns im Ehebett schlafen würde. Wir hatten die Mittelritze sorgfältig mit Schaumstoff ausgepolstert und ihm ein Nestchen bereitet. Für uns war es selbstverständlich, dass unser Kind in der ersten Zeit ins Bett der Eltern gehörte. Er sollte sich dort so geborgen fühlen wie in meinem Bauch.

Wir betteten ihn sanft zwischen uns und freuten uns auf die erste Nacht im gemeinsamen großen Bett.

Felix begann zu strampeln und dann zu weinen. Christoph streichelte ihn sanft, und ich sang ihm mit leiser Stimme ein Schlaflied.

Doch er wollte sich nicht beruhigen lassen. Christoph nahm ihn auf den Arm und wiegte ihn vorsichtig. Sofort war Felix ruhig, sein Strampeln war nicht mehr so hektisch.

Wir starteten einen neuen Versuch. Diesmal begann er schon laut und deutlich zu schreien, bevor wir unter unsere Decken kriechen konnten.

Wir prüften, ob die Windel noch in Ordnung war. Hatte er Hunger? Felix mochte nicht trinken. Er strampelte und schrie.

Zwischenzeitlich war es Mitternacht, und wir befürchteten, dass das Schreien die übrigen Bewohner des Hauses aufwecken könnte. Abwechselnd trugen wir ihn herum, hofften, dass er irgendwann einschlafen würde.

Endlich fielen ihm die Augen zu. Christoph versuchte ihn vorsichtig in unser Bett zu legen. Sofort waren die Augen wieder offen!

»Er ist schon müde, er wird gleich einschlafen«, sagte ich und übernahm Felix. Doch in dieser Nacht kamen wir alle drei nicht zur Ruhe.

Der nächste Tag begann, ohne dass wir eine Minute geschlafen hatten.

Völlig übermüdet trugen wir unser Baby den ganzen Tag umher, denn sobald wir es hinlegten, begann es zu quengeln. In unseren Armen schlief Felix, aber nur so lange wir in Bewegung waren, setzen durften wir uns nicht.

Auch an diesem Abend begann er zu schreien, sobald wir ihn ins Bett legten. Christoph kam auf die Idee, den Kinderwagen zu benutzen. Schaukeln fand Felix ja wunderbar. Vollkommen ruhig, aber mit offenen Augen, lag er da.

Wir erwarteten, dass er nach einigen Minuten einschlafen würde. Doch jedes Mal, wenn der Wagen zum Stillstand kam, schrie unser Sohn erneut.

Der Kinderwagen musste in Bewegung bleiben, und so trugen wir ihn leise durchs nächtliche Treppenhaus. Es war bereits ein Uhr, als wir zu unserem ersten Nachtspaziergang aufbrachen.

Eine um die andere Runde drehten wir durch unser Wohngebiet. Immer wieder kontrollierten wir vorsichtig, ob unser Kind nun schliefe.

Doch jedes Mal schauten wir in seine wachen Augen. Erst nach zwei Stunden hörten wir sein gleichmäßiges tiefes Atmen.

Erleichtert schoben wir den Kinderwagen nach Hause und trugen ihn vorsichtig in unser Schlafzimmer. Bloß kein unnötiges Geräusch verursachen! Nur nicht das Licht anschalten! Nirgendwo anstoßen! Jeder Ton, jeder Lichtstrahl könnte Felix wecken. Dann wäre alles umsonst gewesen.

Fest schlafend stand Felix nun in unserem Schlafzimmer.

Wir entschieden, ihn nicht mehr umzubetten, zu groß war unsere Angst, dass er wieder aufwachen könnte. Völlig übermüdet sanken wir gegen vier Uhr in unsere Betten.

Um sechs Uhr morgens wurden wir von Felix' Schreien geweckt.

»Wieso sein Leben verschlafen?«, musste er sich gedacht haben. »Zwei Stunden sind doch genug!«

Nachdem er auch durch erneutes Schaukeln nicht zu beruhigen war, holten wir ihn in unser Bett. Wir spielten mit ihm, liebkosten ihn, und Felix genoss die gemeinsame Zeit – nur schlafen wollte er nicht.

Wir hatten unsere Eltern und Großeltern eingeladen, um das neue Familienmitglied zu begrüßen. Alle waren hingerissen von dem kleinen Kerl mit dem klugen Blick. Felix wanderte von einem Arm zum nächsten. Wir waren stolz auf unseren kleinen Sohn. »Ist das nicht zu viel für den Kleinen, dauernd andere Gesichter und Stimmen?«, fragte die Uroma besorgt. Doch das Gegenteil war der Fall: Unser Baby lag friedlich an ihrer Schulter und genoss die Situation. Die Uromas, alles erfahrene Mütter, fanden, Felix müsse nun schlafen, wenn er schon den ganzen Tag kein Auge zugetan hatte.

Sie legten ihn zuerst ins Bettchen, dann in den Kinderwagen und wieder ins Bettchen. Jedes Mal meldete sich Felix lautstark. Wenn er ins Wohnzimmer zurückgebracht wurde, wo das Leben spielte, wurde er dagegen ganz ruhig.

Für die Großmütter war das ein Rätsel, aber Christoph und mir war inzwischen klar, wie neugierig und lebenshungrig unser Baby war. Felix versäumte keinen Augenblick der schönen Feier.

Für uns alle war es ein langer und anstrengender Tag, und wir waren sicher, Felix würde gut schlafen, denn er hatte viel erlebt.

Doch auch in dieser Nacht brachen wir gegen ein Uhr zu einem Spaziergang mit Felix im Kinderwagen auf. Dass das für die nächsten sechs Monate zu unserem Alltag gehören würde, ahnten wir an diesem Abend noch nicht.

Der Kinderarzt war mit unserem kleinen Sohn sehr zufrieden. Er sagte, wir könnten froh sein, ein so lebhaftes und gesundes Kind zu haben. Das waren wir auch – doch uns fehlte der Schlaf. Besorgt zeigte sich der Arzt nur über die geringe Gewichtszunahme von Felix. Er müsse mehr trinken.

Doch ich legte Felix schon sehr häufig an die Brust. Er trank ungeduldig und verschluckte sich oft. Schon nach wenigen Zügen begann er zu schreien. Hatte ich nicht genug Milch? Ich drückte auf meine Brust, aber es kam ein dichter Strahl.

Wenn Felix nicht mehr saugen wollte, dann musste ich ihm eben helfen. Ich massierte meine Brust, wenn er sie im Mund hielt. So würde die Milch fließen, auch wenn er nicht saugen wollte. Zu meiner Überraschung begann Felix nun zu trinken, aber nur so lange, wie ich meine Brust massierte. Es war eindeutig: Es ging ihm nicht schnell genug.

Christoph und ich waren ratlos. Wir befragten unsere Freunde, die schon größere Kinder hatten, und natürlich auch unsere Eltern. Keiner konnte sich die Situation erklären, und keiner wusste Rat, denn an mangelnder Milch oder ungünstig geformten Brustwarzen konnte es nicht liegen, das hatte mir die Säuglingsschwester schon im Krankenhaus bestätigt.

Die einzige Lösung, die zu bleiben schien, war zuzufüttern. Doch das wollte ich nicht. Mir war das Stillen wichtig, diente es doch auch dazu, die innige Bindung zwischen Mutter und Kind zu festigen.

Eine lange Zeit des Probierens begann. Ich lief während des Stillens auf und ab oder setzte mich mit ihm in einen Schaukelstuhl. Dabei wurde Felix tatsächlich etwas ruhiger und strampelte nicht mehr so wild, aber seine hektische Art zu trinken blieb.

Endlich fanden wir eine Lösung. Felix konnte ruhiger an der Brust trinken, wenn ich ihm vorher ein kleines Fläschchen Tee gab. Mit dem Teesauger konnte er nicht viel anfangen, es ging ihm zu langsam. Aber der Breisauger, aus dem der Tee geradezu in seinen Mund floss, war ideal für Felix. So war sein erster Hunger gestillt. Danach konnte er mit gleichmäßigen Zügen an der Brust trinken.

Doch seine ruckartigen Bewegungen mit Kopf und Beinen führten dazu, dass er fortwährend die Brust verlor. Also setzte sich Christoph zu uns, um Felix festzuhalten. Nun hatten wir die optimale Lösung für unser Kind gefunden. Felix trank gut und kräftig. Die Stillzeit dauerte zwar eineinhalb Stunden, aber unser Baby war satt und zufrieden.

Nach zwei Wochen hatten wir es geschafft: Felix trank wie ein Weltmeister. All die Mühe hatte sich gelohnt.

In einem Stillratgeber las ich, dass Säuglinge beim Stillen Augenkontakt zur Mutter aufnehmen und sie anlächeln. Doch Felix blickte neugierig umher, ließ sich von jedem Ton ablenken. So hatte er das, was ihm wichtig war, die Brust und viele neue Eindrücke.

Von einigen Zeitschriften für Eltern versprach ich mir Antworten. Doch der Tenor war überall der gleiche. Ernähren Sie sich gesund, schlafen Sie ausreichend, gehen Sie mit Ihrem Baby an die frische Luft. So könnten Mutter und Kind glücklich den Tag verbringen und die Babyzeit genießen. Ergänzend einige Hinweise, wie Kinder gerne gebadet oder massiert werden, dazu einige Einschlaftipps.

Überall glücklich strahlende Mütter, die kleine zufriedene Babys im Arm hielten, die gut tranken, sich schnell beruhigen ließen und ausreichend schliefen. Wohin ich mich wandte, überall wurde mir dieses Klischee vor Augen geführt.

Schreibabys und Speikinder, Babys mit extremen Schlafstörungen kamen damals in den Zeitschriften nicht vor. Alle Probleme, so hieß es, ließen sich mit Liebe und Geduld ausräumen. Unterschwellig wurde gesagt: Kommt es zu Problernen, dann ist die Liebe der Mutter zu ihrem Kind nicht groß genug.

Das war mir keine Hilfe, denn davon konnte bei uns keine Rede sein.

Auch Christoph kümmerte sich jeden Abend, wenn er von der Arbeit kam, sehr liebevoll um unseren kleinen Sohn. Felix liebte es, von Papa gebadet zu werden. Heftig strampelte er im warmen Wasser und gluckste vor Vergnügen, und weil er dabei den Raum in ein Schwimmbad verwandelte, verzichteten wir bald schon auf die Babywanne; Christoph nahm ihn einfach mit in die große Wanne.

Felix mochte nie auf einer Decke liegen, so wie andere Kinder dies taten. Er wollte getragen und geschaukelt werden. Als er drei Wochen war, kauften wir ein Tragetuch, das ich mir morgens umband, wenn Felix aufwachte, und abends wieder abnahm, wenn Christoph nach Hause kam. So konnte ich meine Hausarbeiten erledigen, und mein Baby fühlte sich durch das Schaukeln wohl.

Süß sah er aus, wie er im Tuch vor meinem Bauch lag.

So klein Felix war, so anstrengend war es, ihn den ganzen Tag zu tragen. Deshalb fuhr ich ihn viel im Kinderwagen umher. Jeden Nachmittag drehte ich meine Runden durch den Park in der Nähe, mit einem Buch in der Tasche.

Wenn Felix schliefe, hoffte ich anfangs, könnte ich mich auf eine Bank setzen, ausruhen und vielleicht ein bisschen lesen. Doch sobald der Wagen stehen blieb und ich das Buch aufschlagen wollte, fing Felix sofort an zu schreien. Also stand ich auf, packte meine Lektüre weg und ging erneut auf Wanderschaft, bis sich mein Kind beruhigt hatte.

Stundenlang war ich mit Felix im Kinderwagen unterwegs. Nicht nur tagsüber, sondern auch nachts – denn Felix wollte nach wie vor nachts nicht schlafen. Wir trafen viele

Leute, die sich über die nächtlichen Zeiten unserer Ausflüge mit einem Baby wunderten. »Gehört ein Baby um diese Zeit nicht ins Bett?«, war eine oft gehörte Frage, die gleich einen versteckten Vorwurf enthielt. So dachten wir auch einmal, doch die Realität hatte uns eines Besseren belehrt.

Wir bekamen von allen Seiten gute Ratschläge. Viele warfen uns vor, unser Kind zu verwöhnen. Wir sollten ihn schreien lassen: »Schreien kräftigt die Lungen!«

»Wenn Sie Ihr Kind so verwöhnen, tanzt er Ihnen später auf der Nase herum.«

Unser Baby schreien zu lassen, lehnten wir zunächst kategorisch ab.

Doch nach drei Monaten waren wir völlig erschöpft. In unserer Not sahen wir keinen anderen Ausweg. Wir legten Felix in sein Bettchen, und zogen die Spieluhr auf. Sehr schnell meldete er sich. Wir sahen nach ihm, beruhigten ihn, ließen die Spieluhr erneut ablaufen. Doch Felix schrie wie am Spieß, zwanzig Minuten später noch genauso laut wie zu Beginn – keinerlei Ermüdungszeichen waren zu erkennen! Wie lange sollte das noch dauern? Ich nahm ihn aus seinem Bett. Er war nass geschwitzt. Sein Gesicht war krebsrot, und er atmete schluchzend. Christoph und ich hatten Tränen in den Augen. Das würden wir unserem Kind nicht noch einmal antun!

So starteten wir also zu einer weiteren Nachtwanderung. Eine alte Dame, der wir schon einige Male begegnet waren, sprach uns an:

»Ich hatte auch so einen kleinen Schreihals.« Endlich jemand, der Verständnis zeigte! »Tauchen Sie einen Schnuller in Honig, und geben Sie das Ihrem Kind. Das hilft.«

Wir schauten uns fragend an. Honig für ein so kleines Baby? Greift das nicht die Zähne an? Wir überwanden unsere Zweifel, zu groß war die Erschöpfung. Den Schnuller, in Honig eingetaucht, steckte ich Felix ins Mündchen, der ihn glücklich abschleckte – und in hohem Bogen ausspuckte, bevor das Geschrei wieder losging. Unser Kind war viel zu schlau für diesen Trick.

Also zogen Christoph und ich weiterhin ein um die andere Nacht durch die Siedlung.

Als Felix acht Wochen alt war, stellte die Ärztin der Mütterberatung eine Koordinationsstörung bei ihm fest. Ich vereinbarte einen Termin bei einer Krankengymnastin, einer jungen netten Frau, die einige Übungen mit ihm machte, die ich zu Hause wiederholen sollte. Felix überstreckte sich und war in seinen Bewegungen zu hektisch, die motorische Entwicklung verlief zu langsam.

Für mich war diese Feststellung erstaunlich. Wie konnte ein so lebhaftes Kind, das immer in Bewegung war, in seiner motorischen Entwicklung verzögert sein? Doch ich vertraute der Fachfrau.

»Wenn ich mit Felix arbeiten soll, muss er ausgeschlafen sein«, forderte die Krankengymnastin. »Sonst ist er zu quengelig.«

Also lief ich die acht Kilometer Fußweg zur Praxis, sodass Felix unterwegs im schaukelnden Kinderwagen zwei Stunden schlafen konnte. Gut ausgeschlafen kam Felix in der Praxis an, und die Krankengymnastin konnte intensiv mit ihm arbeiten.

Zur Silvesterfeier waren wir bei meiner Freundin eingeladen. Wir gingen den sechs Kilometer langen Weg zu Fuß, mit Felix im Kinderwagen, in der Hoffnung, er würde einschlafen.

Der einjährige Sohn meiner Freundin schlief bereits, als wir eintrafen. Vorsichtig stellten wir Felix mit seinem Kinderwagen ins Schlafzimmer. Dort würde er uns nicht hören. Doch es dauerte nur wenige Minuten, bis er sich meldete.

Meine Freundin weckte ihren Sohn zum Feuerwerk, Felix dagegen verbrachte den ganzen Abend mit uns.

Das Feuerwerk gefiel ihm. So viele bunte Lichter, und vor dem lauten Knallen hatte er keine Angst. Es machte ihm sichtbar Spaß. Immer wieder verblüffte Felix uns alle mit seiner unbändigen Energie und seiner Furchtlosigkeit.

Glücklich nahmen Christoph und ich uns in die Arme.

KAPITEL 4

Zappelphilipp, wann hältst du still?

Die Drei-Monats-Koliken, wie sie der Kinderarzt nannte, gingen langsam dem Ende zu. Einige Wochen zuvor wollte er Felix ein Medikament verordnen. Nein, den »schnellen Griff zur Pille« lehnten wir entschieden ab. Lieber würden wir noch einige Wochen länger ohne Schlaf auskommen.

Als Felix anfing zu krabbeln, war er in seiner Neugier auf die Welt nicht mehr zu bremsen. Auf allen vieren kroch ich mit ihm durch die Wohnung, was Felix großen Spaß machte. Solange etwas um ihn herum los war, war er glücklich. Ich musste ihn immer beschäftigen, er brauchte sein 24-Stunden-Animationsprogramm.

Bald darauf bekam er seinen ersten Zahn und wollte nicht mehr an der Brust trinken. Ich freute mich über den Entwicklungsschritt meines kleinen Jungen und kochte ihm von nun an Milchflaschen mit Schmelzflocken. Natürlich dachte ich an den Breisauger. Doch warum schrie Felix nur? Hastig und voller Ungeduld sog er an der Flasche. »Stimmt, bei der Teeflasche hatte ich damals das Saugerloch vergrößert«, erinnerte ich mich und schnitt sofort ein großes rechteckiges Loch in den Breisauger. Die warmen Schmelzflocken strömten Felix geradezu in den Mund. Glücklich und zufrieden trank er seine Flasche.

Es war ein besonderes Ereignis, als Felix seinen ersten

Brei bekam. Ich kochte einen leckeren Grießbrei mit frischer Banane.

Christoph nahm Felix auf den Arm und begann ihn zu füttern. Sofort sperrte er seinen kleinen Mund auf, schluckte und begann zu schreien. »Schneller! Schneller!«, sollte es wohl heißen. Christoph kam mit dem Füttern kaum nach. Jedes Mal, wenn der Mund leer war, begann Felix zu schreien. Das war nur zu verhindern, wenn der nächste Löffel wieder unverzüglich in den Mund geschoben wurde.

Wir fanden einen ungewöhnlichen Trick: das Füttern mit zwei Löffeln. Während Christoph den einen Löffel in den Mund schob, füllte ich den zweiten.

Die Omas waren wieder einmal verwundert über die Art »der jungen Eltern« und versuchten all ihre Künste, um das Kind auf »normale« Art zu füttern. Doch auch mit ihren Erfahrungen funktionierte es nicht, und bald sahen sie ein, dass der Trick mit den zwei Löffeln eine Notwendigkeit war, wenn das Füttern nicht im Chaos enden sollte.

Nach dem ersten Brei geschah ein kleines Wunder. Felix schlief die erste Nacht in seinem Leben durch, bis morgens um sechs Uhr. Ich traute meinen Augen kaum, als ich auf den Wecker sah.

Die nächtlichen Spazierfahrten hatten schon einige Wochen vorher ein Ende gefunden. Seit unser kleiner Sohn robben konnte, war der Kinderwagen kein sicherer Ort mehr für ihn, er strampelte so heftig, dass der Wagen zu kippen drohte.

Doch ohne Schaukeln konnte Felix noch immer nicht einschlafen. Fantasie war angesagt, und wir probierten viele Möglichkeiten mit folgender Lösung:

Wir stellten das Kinderwagenoberteil im Kinderzimmer auf den Boden, unter das Fußende legten wir ein größeres

Bauklötzchen. So konnte der Wagen geschaukelt werden, Felix ihn aber nicht umkippen. Es dauerte 45 Minuten und länger, bis er einschlief. Christoph las viele Bücher, während er Felix in den Schlaf schaukelte ...

Mit neun Monaten wurde Felix zu groß für den Kinderwagen. Er musste jetzt im Bett schlafen, das auf Rollen stand. Glücklicherweise war das Zimmer groß genug, um ihn umher fahren zu können.

Kurz nach seinem ersten Geburtstag schlief unser kleiner Sohn das erste Mal ein, ohne gewiegt, getragen, geschaukelt oder gefahren zu werden.

Fehlte nicht etwas? Nein, nicht wirklich. Christoph und ich hatten zum ersten Mal seit einem Jahr wieder Zeit, uns auf den Balkon zu setzen und miteinander zu plaudern. Ein Jahr lang waren wir jede Nacht todmüde ins Bett gefallen, sobald Felix die Augen geschlossen hatte. Wir genossen unseren ersten gemeinsamen Abend ausgiebig.

Schon vor Felix' Geburt hatten wir uns im Jugendamt angemeldet, um ein Tagespflegekind aufzunehmen. In langen Gesprächen überprüfte uns die Sozialpädagogin genau. Später fanden monatliche Treffen statt, die dem Austausch und der Schulung dienten. Es war uns wichtig, dass Felix sich daran gewöhnte, nicht alleine aufzuwachsen.

Im Januar wurde uns ein Mädchen angekündigt, Melanie. Sie war drei Monate älter als Felix. Der Erziehungsurlaub ihrer allein erziehenden Mutter, die als Verkäuferin arbeitete, ging zu Ende.

Felix war sofort fasziniert von seiner kleinen Spielkameradin. Er schaute ihr zu, wenn sie spielte und lachte. Auch Melanie mochte Felix vom ersten Augenblick, und wir Mütter freuten uns, dass die Eingewöhnung so reibungslos ablief.

Einige Wochen später, als Felix gerade das Robben lernte, versuchte er Melanie zu folgen, die schon eifrig krabbelte und schneller war. Verlor er sie aus den Augen, begann er zu protestieren – seine Ungeduld war zu groß. Ich musste ihn zu Melanie ins andere Zimmer tragen. »Warum robbt er ihr nicht hinterher?«, fragte ich mich. »So käme er schneller zum Ziel.«

Zwölf Jahre später stellte die Ärztin bei der ADS-Diagnose den Zusammenhang zu Felix' Ungeduld beim Trinken und Essen, aber auch zu anderen Situationen in Kindergarten und Schule her. Seine Ungeduld mündete oft nicht in einer besonderen Anstrengung, sondern in einer Blockade, was die Ärztin uns als ADS-typisch erklärte. Grund sei die geringe Frustrationstoleranz.

Melanie konnte spielen, auch wenn ich nicht dabei saß. Sie hielt einen langen Mittagsschlaf und schlief auch abends gut, wie ihre Mutter erzählte. Sie bewegte sich vorsichtig, stieß kaum etwas um und schätzte ihr Können recht realistisch ein. Wenn nötig, holte sie sich meine Hilfe, wenn sie irgendwo hinaufklettern wollte. Sie konnte abwarten, bis das Essen fertig war, und auch beim Anziehen war sie geduldig. Sie konnte ein »Nein« von mir akzeptieren. Wenn ihr etwas nicht sofort gelang, versuchte sie es immer wieder. Sie war unermüdlich beim Sandburgen bauen und Puzzlen.

Kurz gesagt: Sie war ganz anders als Felix. Melanie verhielt sich genau so, wie ich es bei den anderen Kindern auf dem Spielplatz beobachtete. Damals, als ich noch nichts von ADS wusste, dachte ich, es läge daran, dass sie ein Mädchen sei und an dem geringen Altersvorsprung.

Felix war immer sehr viel unruhiger als Melanie. Sein Bewegungsdrang war nicht zu bändigen. Den Wickeltisch konnten wir nicht mehr nutzen, seit Felix sich mit fünf Monaten drehen konnte. Sobald man ihn losließ, drohte er herunterzufallen. Felix bewegte sich blitzschnell, und seine Handlungen waren nicht vorhersehbar. Das war uns zu gefährlich, also legten wir die Wickeltischauflage auf den Boden.

Neue Einfälle hatte Felix in rasant hohem Tempo. Mit acht Monaten schaute er seinem Papa interessiert zu, der eine Lampe im Wohnzimmer aufhängte. Ein kurzer Moment unbeobachtet – und unser kleiner Sohn saß oben auf der Leiter, auf der letzten Stufe. Wir waren sehr erschrocken, doch er strahlte vor Vergnügen.

Mit elf Monaten schaffte es Felix, den Kinderstuhl, der seit Generationen als absolut standfest und sicher galt, zum Kippen zu bringen. Schon Christoph und seine Brüder hatten darin gesessen, und es war nie etwas passiert.

Schneller als wir reagieren konnten, brachte er den Stuhl ins Wanken und knallte auf den Boden. Wir fuhren sofort mit ihm ins Krankenhaus, wo die Untersuchung zum Glück ergab, dass er vollkommen unverletzt war.

Er scheint Tausende Schutzengel zu haben.

Schon im Februar setzten wir Felix in einen Buggy. In seinem tiefen Babywagen fühlte er sich nicht mehr wohl. Felix hatte nun eine bessere Aussicht und konnte das Geschehen um sich herum beobachten. Lange Spazierfahrten liebte er und strahlte dabei vor Vergnügen.

Nach dem schwierigen ersten Halbjahr genossen wir jede Minute mit unserem kleinen Sohn. Tagsüber schien alle Anstrengung vergessen.

Jeden glücklichen Moment hielten wir fest. Es sollte keiner davon verloren gehen. Über tausend Fotos aus Felix' erstem Lebensjahr zeigen viele glückliche Augenblicke – Erinnerungen, die uns später immer wieder Kraft gaben. Felix war ein fröhliches Kind, das gerne lachte.

Im Frühling war es sehr warm. So konnte ich mit Felix schon den Spielplatz besuchen, als er gerade sechs Monate war. Er krabbelte durch den Sandkasten, sah anderen Kindern beim Spielen zu und war glücklich.

Bei Wind und Wetter gingen wir nach draußen, besuchten Spielplätze, Parks oder gingen in den Wald. Im Herbst kaufte ich Felix wasserdichte Hosen, die aus dem gleichen Material wie Regenmäntel waren – »Matschhosen« – dazu Gummistiefel und einen Anorak. So war er selbst an Regentagen gut ausgerüstet. Felix hüpfte durch große Pfützen, planschte im Matsch und robbte durch das Laub im Wald. Er juchzte vor Vergnügen. Mal einige Stunden in der Wohnung zu spielen missfiel ihm sichtlich. Er brauchte die Bewegung.

Auch Rad fahren liebte Felix. Zwei Kindersitze waren schnell montiert, einer vorne und eine Sitzschale mit Vierpunktgurt hinten. Felix und Melanie sollten abwechselnd hinten und vorne sitzen, denn die Aussicht war unterschiedlich.

Doch Felix' ganzer kleiner Körper war in Bewegung, er brachte das Fahrrad zum Schwingen. Saß er auf dem Rücksitz, verbreitete er so viel Dynamik, dass ich das Rad kaum halten konnte. Saß er vorne, konnte ich ihn festhalten und das Rad gut kontrollieren. Melanie dagegen saß ganz ruhig und schaute umher, eben so, wie ich es bei den Kindern anderer Mütter beobachtete.

Selbst wenn Felix schlief, war er ständig in Bewegung. Obwohl ich ihn am späten Abend noch einmal sorgfältig bettete, lag er morgens auf der Decke, mit dem Kopf am Fußende.

Meine Freundin lieh mir einen Schlafsack, den sie für ihren Sohn verwendet hatte, in dem Felix immer schön warm verpackt wäre.

In der ersten Nacht mit Schlafsack schlief Felix gut ein, doch nach einer Stunde hörten wir ihn. Träumte er schlecht? Wir beruhigten ihn abwechselnd. Es wurde eine sehr unruhige Nacht, genau wie die folgenden. Voller Bange erinnerten wir uns an die vielen schlaflosen Nächte im ersten halben Jahr.

Am folgenden Sonntag besuchten wir Freunde. Auf der Rückfahrt nickte Felix im Auto ein. Als wir zu Hause ankamen, wachte er nicht auf, sondern schlief tief und fest bis zum nächsten Morgen. Wir staunten.

Am selben Abend stutzten wir. Natürlich – gestern fehlte der Schlafsack. Wir beschlossen einen Versuch zu wagen. Felix schlief die ganze Nacht, und wurde nicht einmal wach.

Der Schlafsack hatte zwar die richtige Größe für Kinder in Felix' Alter, aber für unseren Sohn war er zu klein. Ihm fehlte die Bewegungsfreiheit.

Mit dickem Wollpullover und langer Hose legten wir Felix von nun an zum Schlafen. So hatte er genug Bewegung und war warm verpackt. Später nähte ich ihm einen extragroßen Schlafsack, etwa doppelt so groß wie ein handelsüblicher, in dem sich Felix wohl fühlte.

Das Gitterbett war bald zu klein. Unsere Freunde kauften richtige Kinderbetten für ihre Kleinen. Sollten wir es auch versuchen? Im Urlaub war Felix aus einem normalen Bett herausgerollt, sodass wir Sessel und Stühle als Barriere davor stellen mussten. Wir entschieden uns für ein größeres

Gitterbett, das zu einem kleinen Kinderbett umgebaut werden konnte. So konnte Felix trotz seines Bewegungsdrangs sicher schlafen.

Diese Entscheidung war goldrichtig. Erst kurz bevor er in die Schule kam, konnten wir die Gitter abnehmen. Wenn Besucher kamen, schüttelten sie ungläubig den Kopf. »Ihr lasst euer Kind nicht groß werden. Ihr behütet ihn zu sehr.«

Wir hatten zwei Alternativen: Felix Nacht für Nacht auf den Boden fallen zu lassen – oder ihn in das Gitterbett zu legen ...

Felix' Energie und Bewegungsfreude, seine Neugierde und Offenheit waren beeindruckend. Meine Großeltern feierten ihre Goldene Hochzeit mit vielen Gästen. Felix lief von Stuhl zu Stuhl, ließ sich auf den Schoß nehmen, spielte, lachte und war glücklich. Er genoss sichtbar die vielen Eindrücke. Unermüdlich rannte er durch den Saal und verbreitete große Freude.

»Wird der denn nie müde?«, fragte eine Tante erstaunt. Unser kleiner Sohn war ein Energiebündel. Je müder er wurde, desto schneller rannte er. Felix gluckste fröhlich. Sein Gesichtchen war vor Aufregung gerötet, seine Augen strahlten. So konnte er den ganzen Abend bis in die Nacht die Gäste verzaubern.

KAPITEL 5

Jonas – Eine chinesische Weisheit bewahrheitet sich

Sobald Felix zwei Jahre alt war, wollten wir ein zweites Kind haben, so sah unsere Familienplanung aus. Doch in den ersten sechs Monaten nach Felix' Geburt zweifelten wir an der Richtigkeit dieses Wunsches. »Würden wir noch einmal die Kraft dafür haben?«, fragten wir uns.

Inzwischen hatte Felix krabbeln und laufen gelernt. Er aß gut und schlief nachts durch. »Wir hatten es geschafft«, da waren wir sicher.

Felix war zwar nach wie vor sehr anstrengend, immer auf Achse, konnte sich keine Minute alleine beschäftigen, und man durfte ihn auch nicht aus den Augen lassen. Aber ich dachte mir, dass das normal für kleine Kinder sei.

»Wenn das erste Kind sehr anstrengend ist, wird das zweite ein ganz pflegeleichtes«, zitierte eine meiner Freundinnen eine alte Weisheit aus ihrer chinesischen Heimat.

Wir sahen Felix' interessierte Augen, sein fröhliches Lachen, das jeden ansteckte. Bestimmt wäre es prima, diesen tollen Kerl als großen Bruder zu haben. Ja, wir wollten ein zweites Kind haben.

Wenige Wochen später bestätigte die Frauenärztin die zweite Schwangerschaft, wir waren überglücklich.

Dann der Paukenschlag – sorgenvoll schaute die Gynäkologin auf den Ultraschallmonitor. Es war in der sechzehnten Woche. »Ich sehe vergrößerte Ventrikel«, sagte sie. Sehr sorgfältig erklärte die Frauenärztin Christoph und mir den Befund. Unser Kind hätte einen Wasserkopf, wenn sich der Verdacht bestätigte. Sie wolle das Gesehene in zwei Wochen noch einmal kontrollieren.

»Falls es sich bestätigt, werden Sie ein behindertes Kind bekommen.« Sie klärte uns über die Möglichkeit einer Abtreibung auf. Wir sollten bis zum nächsten Termin eine Entscheidung treffen.

Völlig betäubt fuhren Christoph und ich nach Hause. So sehr hatten wir uns darauf gefreut, unser Kind im Ultraschall zu sehen, und nun diese jähe Wendung. Wir nahmen uns in den Arm und weinten.

»Sie sind noch jung«, hatte die Gynäkologin zu bedenken gegeben. War es richtig, nicht erneut einen Versuch zu starten? Je mehr wir darüber nachdachten und sprachen, desto sicherer waren wir in unserer Entscheidung.

»Wir nehmen das Kind, so wie es uns geschenkt wird«, teilten wir der Ärztin beim nächsten Termin mit.

»Dann werden wir es optimal betreuen«, antwortete sie. Ja, wir hatten großes Vertrauen zu der Ärztin. Ihre Offenheit, mit uns zu sprechen, aber auch die respektvolle Art, mit der sie unsere Entscheidung anhörte, gefiel uns. Sie würde alles für unser Baby tun, da waren wir sicher.

Im Laufe der nächsten Wochen besserte sich der Ventrikelbefund etwas, aber die Frauenärztin sah im Ultraschall den Darm nicht. »Ich denke, es ist besser, wenn Ihre Schwangerschaft von einem Krankenhaus weiter betreut wird«, stellte sie während einer Untersuchung fest. »Wir wollen doch, dass Ihr Baby optimal versorgt wird.«

Wöchentlich musste ich nun zur Untersuchung in die Uniklinik. Der Chefarzt persönlich kümmerte sich um mich. Ich war über die gesetzliche Krankenkasse versichert, da war es sehr ungewöhnlich, vom Chefarzt betreut zu werden. Ich war besorgt.

Jedes Mal untersuchte er mich gründlich und murmelte einige medizinische Fachausdrücke. Er war ein wortkarger Mann und zeigte für unsere Fragen wenig Verständnis.

Hartnäckig fragten wir weiter. Ja, der Ventrikelbefund habe sich weiter normalisiert, sie seien noch vergrößert, aber nur leicht oberhalb des Normbereichs. Nein, eine Notoperation sei wegen des fehlenden Darms nicht notwendig, es wäre ausreichend Zeit, das Kind nach der Geburt in ein anderes Krankenhaus zu verlegen, war seine Antwort.

Ich war erleichtert, denn das hieß, ich konnte in dem Krankenhaus entbinden, das mir vertraut war. Alles Weitere würde sich ergeben. Der emotionale Stress hatte ein Ende. Ein Stück Normalität kehrte zurück.

Als mein Bauch dicker wurde, weihten wir Felix ein. Er freute sich riesig, ein Brüderchen zu bekommen. Ganz gespannt schaute er auf das Ultraschallbild. »Nedni Baby«, rief er fröhlich und zeigte auf den Monitor. »Felix sieht das Baby« übersetzten wir für die Ärztin.

Während der Untersuchungstermine saß Felix ganz ruhig neben mir auf der Liege oder bei Papa auf dem Schoß. Seine ganze Unruhe schien verschwunden. Aufmerksam verfolgte er das Geschehen. Die Ärztin lobte ihn für seine ruhige und vernünftige Art. Wie war das möglich? Das Kind, das zuvor nur rennen konnte und das hinterher wieder kaum zu bändigen war? Wir verstanden die Wandlung nicht, doch wir freuten uns darüber.

Manchmal konnte ich Felix zu einem unserer Freunde bringen, doch oft ging das nicht. Wenn er einen Nachmittag oder Abend dort verbracht hatte, wollten sie ihn so schnell nicht wieder betreuen. »Sei nicht böse«, sagte eine Mutter zu mir, »aber bis ich das ganze Chaos wieder aufgeräumt habe ...«

Die Ereignisse überschlugen sich. Wir mussten umziehen, denn unsere Vermieter waren verärgert. Als wir mit Felix aus dem Krankenhaus nach Hause gekommen waren, waren sie vollkommen entzückt von ihm gewesen. Immer wieder standen sie bei uns vor der Tür, um den Kleinen zu sehen.

Doch nach einigen Wochen kamen sie auch aus anderen Gründen. »Der kann ja ziemlich laut schreien!« Ein vorwurfsvoller Ton klang in ihrer Stimme mit. »Wissen Sie, die Ruhezeiten sollten Sie schon einhalten«, forderten sie später ziemlich energisch. Offensichtlich hatten sie mitbekommen, wenn wir mit Felix nachts durchs Treppenhaus gingen, um ihn spazieren zu fahren, obwohl wir versuchten so leise wie möglich zu sein.

»Du hast aber ein lautes Organ«, sagten sie zu Felix, als er gut ein Jahr alt war.

Was sollten wir tun? Wir konnten unser Kind doch nicht anbinden? Ich unternahm ja schon lange Spaziergänge im Wald und verbrachte möglichst viel Zeit auf dem Spielplatz. Felix war ohnehin lieber draußen als in der Wohnung. Aber noch immer war es unseren Vermietern zu unruhig.

»Sie bekommen noch ein Kind?!« Das Gesicht der Vermieterin verfinsterte sich, als sie mich in Umstandskleidung sah. Wir wurden zum Gespräch eingeladen. »Noch einmal sind wir nicht bereit, das zu dulden!«, beschieden sie uns streng. »Es gibt eine klare Hausordnung mit festen Ruhezeiten.«

Wir versuchten um Verständnis für unser Kind zu bitten, doch vergeblich. »Suchen Sie sich eine andere Wohnung!«, forderten sie uns unmissverständlich zum Auszug auf.

Also hielten wir Ausschau nach einem neuen Zuhause für unsere wachsende Familie. Bei jedem Besichtigungstermin bemerkten wir die skeptischen Blicke auf unseren lebhaften Sohn. Wir waren uns sicher, die nächste Auseinandersetzung war vorprogrammiert. Unser Kind war nun einmal wild, ungestüm und laut. Er liebte es zu rennen und hüpfen.

Schließlich kauften wir ein kleines älteres Haus mit großem Garten, zwar renovierungsbedürftig, aber dafür waren wir unabhängig von einem Vermieter. Glücklicherweise fanden wir einen sehr verständnisvollen Bankangestellten, der bereit war, einer jungen Familie eine Chance zu geben. Sechs Wochen vor Jonas' Geburt zogen wir ein. Hier konnte uns niemand mehr rauswerfen. Wir atmeten erleichtert auf.

Felix immenses Bewegungsbedürfnis war unvermindert. Zwei Wochen vor dem Geburtstermin konnte ich ihm mit meinem dicken Bauch kaum noch folgen.

Endlich war es soweit. Um zehn Uhr abends kam Jonas auf die Welt. Die Hebamme legte ihn mir auf den Bauch, und was machte der kleine Kerl? Er erledigte sein erstes großes Geschäft – mitten auf meinem Bauch!!!

Mein Mann und ich strahlten vor Glück. Ein großer Haufen Kindspech auf meinem Bauch. Das war der sichere Beweis, dass unser Junge vollkommen gesund war!

Die Hebamme meinte lachend: »Das habe ich noch nie erlebt, dass sich eine Mutter so freut, wenn ihr Kind ihr auf den Bauch macht.«

Wieder lagen wir im Ruheraum, zu dritt auf dem großen Bett – überglücklich. Christoph und ich bestaunten unser wunderbares Baby, und die Anspannung der Schwangerschaft fiel langsam von uns ab. Friedlich lag unser kleiner Sohn zwischen uns. Und Frieden, das war es, was wir Jonas in seinem Leben wünschten. Die Taube, heißt sein Name übersetzt, das Symbol des Friedens.

Ich legte ihn das erste Mal an die Brust. Er trank fest und gleichmäßig. Satt und zufrieden schloss er die Augen und schlief ein. Nach zwei Stunden wurde Jonas ins Säuglingszimmer verlegt und ich auf Station.

Die Schwester brachte ihn um sieben Uhr zum Stillen, Jonas war ganz ruhig. Ich freute mich, ihn wieder im Arm halten zu dürfen. Er trank ganz gleichmäßig an der Brust. Kein hektisches Strampeln, kein Schreien.

Als ich ihn nach dem Frühstück aus dem Säuglingszimmer abholte, sagte die Schwester freundlich: »Ihr Sohn hat einen recht guten Appetit.« Ich legte Jonas in mein Bett und betrachtete ihn glücklich. Sofort schlief er ein.

Am Nachmittag kam Christoph gemeinsam mit Felix ins Krankenhaus. Felix war ganz aus dem Häuschen vor Freude über seinen kleinen Bruder und strahlte.

Die Ärztin der Mütterberatung hatte wohl Recht mit ihrer Einschätzung. »Felix ist kein typisches erstes Kind«, sagte sie. »Er verhält sich sehr sozial und zeigt überhaupt keine Einzelkind-Allüren. Er wird wahrscheinlich nicht eifersüchtig sein.«

Ja, so war es auch weiterhin. Felix half mir, Jonas zu wickeln und anzuziehen. Abends badeten beide zusammen mit Christoph in fröhlicher Stimmung. Felix verhielt sich sehr sanft gegenüber Jonas. »Nedni Baby Wuss« (Felix gibt Jonas einen Kuss) und »Nedni Baby Eia« hörten wir häufig.

Beim Stillen saß Felix oft neben mir und schaute zu. Er packte sich einen Stoffhund, den er auch »stillte«.

Jonas hatte von Anfang an einen festen Rhythmus; man hätte die Uhr nach ihm stellen können. Er wollte alle vier Stunden gestillt werden und nickte dann wieder ein. Von Anfang an schlief er von zehn Uhr abends bis morgens um sechs. Wir mussten ihn einfach nur ins Bett legen, kein Schaukeln, keine Spieluhr, nichts war nötig, damit er zur Ruhe kam. Jonas war ein ganz friedliches Kind, mit gutem Appetit und sonnigem Gemüt. Die chinesische Weisheit hatte sich bewahrheitet.

Glücklicherweise konnte Jonas auch im Kinderwagen gut schlafen, denn Felix wollte weiterhin den ganzen Tag draußen herumtoben. Für einige Stunden konnte Felix im Garten spielen, doch das reichte ihm nicht. Nachmittags wollte er unbedingt auf den Spielplatz gehen, denn mitten im Getümmel der vielen Kinder fühlte er sich am wohlsten.

KAPITEL 6

Du spielst nicht mit!

Seit Felix ein Jahr war, nahm ich mit ihm an einer »Mutter-Kind-Spielgruppe« teil, die bis zum Kindergartenalter angeboten wurde. Ich wollte, dass er unter Gleichaltrigen zu einem sozialen Wesen aufwuchs.

Zehn Kinder spielten dort in einem Raum, zusammen mit ihren Müttern.

Sobald wir dort ankamen, rannte mein Junge durch den Raum, schaute den anderen Kindern zu oder wollte ihnen etwas zeigen. Doch er bewegte sich sehr schnell, laut schreiend vor Freude. Die anderen Kinder erschraken. Häufig fiel er über eines. »Warum stoppt er nicht rechtzeitig?«, fragte ich mich und erklärte Felix, wie er sich verhalten solle, damit sich die anderen Kinder nicht ängstigen.

Ich setzte mich mit ihm zu einigen anderen Müttern und ihren Kindern, die Bauklötzchen zu Türmen stapelten. Felix wollte auch ein Klötzchen obenauf setzen. Mit einer schnellen ungelenken Bewegung näherte er sich dem Turm. Platsch! – Alles fiel zusammen. Ich sah die enttäuschten Gesichter der anderen Kinder, hörte deren Geschrei und half schnell, den Turm wieder aufzubauen, bis zu seiner ursprünglichen Höhe. Die Kleinen waren getröstet. Felix düste schon wieder durch den Raum.

Ein Kind nach dem anderen erhöhte den Turm. Als Felix das bemerkte, rannte er auf uns zu, griff einen Stein ... Schnell hielt ich ihn fest, damit er erst einmal zum Stehen kam. Langsam führte ich seine Hand. Der Stein lag. Der Turm stand.

»Bravo, prima gemacht«, sagte ich lächelnd zu ihm. Felix freute sich, hüpfte, drehte sich, um wieder loszurennen – und streifte mit dem Arm den Turm ...

Immer und immer wieder schimpften die anderen Mütter mit ihm, er hätte ihren Kindern wehgetan, Dinge kaputt gemacht, oder er würde sie erschrecken, weil er so schnell und laut sei.

Nachdem wir einmal ein Treffen versäumt hatten, tuschelten die Mütter in der nächsten Stunde miteinander, und eine sagte laut: »Ach, wie schön war es das letzte Mal. So ruhig, und die Kinder haben so friedlich miteinander gespielt. Keiner hat sie gestört ...«

Ich schluckte und wusste genau, wer gemeint war. Es tat mir weh, dass mein Kind so offensichtlich abgelehnt wurde. Die anderen wollten Felix in der Gruppe nicht mehr dabei haben, und ich fragte mich: »Was mache ich nur falsch?«

Melanie entwickelte sich ganz anders. Sie war zwölf Stunden täglich bei mir, oft sogar noch samstags. Dennoch stellte ich meine erzieherischen Fähigkeiten in Frage.

Die Mutter-Kind-Spielgruppe verließ ich. Ich liebte meinen Sohn viel zu sehr, als dass ich den anderen Müttern weiterhin die Gelegenheit geben wollte, so negativ über mein Kind zu reden.

Als in unserem Stadtteil ein Miniclub gegründet wurde, schloss ich mich der Gruppe an, um die Mütter in dem neuen Viertel besser kennen zu lernen.

Die Kinder waren alle im gleichen Alter und würden später zusammen den Kindergarten und die Schule besuchen. Ich hielt das für eine gute Möglichkeit, Kontakte zu knüpfen.

Fast alle Mütter waren mit ihrem ersten Kind dort, fast alles Jungen. Wir tauschten Erfahrungen über das Essen und Schlafen, die Bekleidung und über Babysitter aus.

Einmal bauten die Kinder auf dem Spielteppich eine Straße und schoben die Autos darüber. Felix setzte sich dazu, nahm sich einen Wagen und raste damit so wild über den Teppich, dass alle Häuser und Schilder umfielen. Ein anderes Mal spielte er mit Holzfiguren Bauernhof, genau wie die anderen Jungen. Während deren Tiere gemächlich grasten und gemütlich zum Stall gingen, galoppierte Felix' Pferd quer durch das Gelände und die Stallungen – und hinterließ Trümmer.

»Mama, ein Pferd muss schnell rennen. Ein Pferd kann nicht langsam laufen«, argumentierte Felix, wenn ich versuchte, ihm die Situation zu erklären. »Mama, ein Feuerwehrauto muss schnell fahren. Das Haus brennt.«

»Haben die anderen Kinder auch gesehen, dass das Haus brennt?«, fragte ich ihn.

»Mama, Moritz weiß das!«

»Hast du das mit den anderen Kindern besprochen?«

In seiner Kindersprache erklärte er mir, dass die anderen natürlich wüssten, dass es brenne, wenn die Feuerwehr kommt.

Er war also nur seine Initiative gewesen. Die Kinder um ihn herum waren wütend, doch für Felix klang es so selbstverständlich, was er mir erzählte. Wie konnte ich ihm klar machen, dass er nicht einfach alles machen konnte, wozu er Lust hatte.

Felix schien gar nicht zu merken, wann und warum die anderen Kinder wütend wurden. Für ihn war die Welt in Ordnung. Für die Mütter der anderen Kinder jedoch nicht. »Ihr Sohn bringt hier alles durcheinander!«, beschwerten sie sich bei mir. »Er kann hier nicht länger mitspielen! Sie sollten ihn besser erziehen!«

Warum konnten diese Einzelkinder besser miteinander spielen als mein Kind, das in einer Kindergemeinschaft aufwuchs? Was machte ich nur falsch?

Ich musste unbedingt herausfinden, was diese Mütter anders machten als ich. Als Felix zweieinhalb Jahre alt war, kaufte ich den ersten Erziehungsratgeber:

Kinder fordern uns heraus!, von Rudolf Dreikurs und Vicky Solms. Der Titel sprach mich an, denn herausfordernd war Felix oftmals.

Man solle Kinder nicht strafen, sie sollten anhand natürlicher Folgen ihr Verhalten steuern lernen, war die Botschaft des Buches. Die Autoren gaben viele Beispiele, und das Buch war gut verständlich.

Wenn ein Kind ein Glas umstieß, zum Beispiel, solle man ihm wortlos ein Tuch zum Aufwischen in die Hand geben. Das Verschüttete selbst aufzuputzen sei die natürliche Konsequenz. Das Kind würde dabei lernen, sich richtig zu verhalten. Falsch sei es, mit dem Kind zu schimpfen, aber alles selbst aufzuwischen.

Ich las das Buch sehr genau. Viele Situationen löste ich ohnehin schon so, wie es dort angegeben war. Solche Stellen bekamen einen Haken. Situationen, in denen ich besser aufpassen wollte, kennzeichnete ich mit einem dicken Ausrufezeichen, und unterstrichen wurde alles, was mir wichtig erschien, wofür Felix aber noch zu klein war.

Auch Christoph arbeitete das Buch genau durch und schrieb noch einige Anmerkungen hinzu. Ausführlich sprachen wir an vielen Abenden darüber, wie wir das Gelesene noch besser umsetzen könnten. Kleinigkeiten verbesserten sich, und wir hatten das Gefühl, auf dem richtigen Weg zu sein. Wenn Felix etwas verschüttete, holte er nun schon selbst den Lappen, ohne dass ich ihn daran erinnern musste.

Aber noch immer rannte Felix, statt zu gehen, war hektisch und ungeschickt. Sein Bedürfnis nach Bewegung blieb unverändert, genau wie seine Ungeduld beim Essen und Anziehen.

Fast täglich fuhr ich mit Felix, Melanie und Jonas in den Wald. Wir sammelten Kiefernnadeln, Tannenzapfen, Bucheckern, Moos und bastelten damit. Im Bach fanden wir Steine aller Größe, mit denen man schön spielen konnte. Wir malten mit Fingerfarben und Wasserfarben. Natürlich wurden die Kunstwerke aufgehängt. Aus Knete und Salzteig entstanden viele fantasievolle Figuren.

Felix war sehr kreativ und hatte immer neue Ideen. Er kombinierte Materialien und Farben auf sehr ungewöhnliche Weise. Seine Fantasie schien keine Grenzen zu kennen. Oftmals tröstete ich mich nach einer Auseinandersetzung auf dem Spielplatz oder im Miniclub, indem ich seine kleinen Kunstwerke anschaute und mich an seiner Kreativität erfreute.

Die Beschäftigungen wählte ich alle so, dass Felix keine Schere benutzen musste. Denn Falten oder exaktes Schneiden wollte ihm wegen seiner feinmotorischen Schwierigkeiten nicht gelingen. Sollte er etwas kleben, hielten nicht dünne Kleberstreifen die Teile zusammen, sondern dicke Kleckse, die zudem überall heraustrieften. *Leicht* auf die Tube zu drücken war ihm unmöglich. Die Koordination beider Hände, die Einschätzung seiner Kraft gelang nicht.

Melanie bastelte sehr schön und recht genau, und natürlich fiel Felix der Unterschied zu seinen eigenen Werken auf, was ihn frustrierte.

Ich besann mich auf den Erziehungsratgeber und erklärte Felix die Arbeitsweise noch einmal ganz genau. Nun sollte es besser werden, war ich überzeugt, denn sein Wille, schön zu basteln, und die logische Folge, dass es nicht schön aussehen würde, falls er sich nicht bemühte, waren vorhanden. Die Voraussetzungen waren richtig – doch es änderte sich nichts.

Felix wurde immer schneller ärgerlich, wenn ihm etwas nicht gelingen wollte. Er schien seine Freude am Basteln zu verlieren, was ich nicht riskieren wollte. Von nun an führte ich seine Hand beim Schneiden und Falten, erklärte ihm dabei genau die Schritte. Doch die Bastelarbeiten beider Kinder unterschieden sich nach wie vor gewaltig, was Felix natürlich genau registrierte. Manchmal schlug er aus Verzweiflung auf seine Arbeit ein.

Natürlich wollte ich, dass mein Kind glücklich war. Darum beschloss ich, ihn noch mehr zu unterstützen. Er sollte auf sein Gebasteltes genau so stolz sein können wie Melanie. Doch Felix wehrte sich zunehmend. »Will alleine machen!«, schrie er trotzig.

Ich steckte in einer Zwickmühle. Was sollte ich tun? Ließe ich ihn alleine werkeln, so würde es jedes Mal mit Tränen enden, wenn er Melanies Kunstwerk betrachtete. Würde ich ihm helfen, könnte er nicht lernen, selbstständig zu arbeiten.

Ich kaufte verschiedene Bastelbücher, um mir Anregungen für Arbeiten zu holen, die Felix selbstständig bewältigen könnte. Glücklicherweise fand ich sie und vermied künftig Schere und Kleber und genaues Falten. Nun konnte sich auch Felix über seine Werke freuen.

»Machen Sie sich keine Sorgen, er kommt doch bald in den Kindergarten. Er lernt das schon«, vertröstete mich der Kinderarzt. Er hielt mich für zu ehrgeizig, eine Mutter, die zu viel von ihrem Kind erwartete. Felix' Schwierigkeiten mit der Feinmotorik und seiner Hyperaktivität schenkte der Arzt dagegen keine Beachtung.

Wertvolle Zeit ging dadurch verloren.

Felix tobte gerne und liebte lange Spaziergänge. Deshalb kam mir der Gedanke, dass er in einem Turnverein gut aufgehoben wäre. Dort würde er seinen Bewegungsdrang ausleben können. Als er drei Jahre alt war, meldete ich ihn in einem Sportverein an, eine Gruppe für 15 Kindergartenkinder, die von zwei Trainerinnen und einem Zivildienstleistenden betreut wurde.

Über Kisten klettern, Bälle rollen, rennen, hüpfen, an Seilen schwingen – Felix war in seinem Element. Wir Mütter saßen auf den Bänken und schauten zu. Ich beobachtete, dass Felix die Übungen oft veränderte, wenn er statt über die Bank zu robben, darüber rannte, oder wenn er den Ball nicht rollte, sondern schoss.

Es war auch auffällig, dass er große Probleme hatte, die Balance zu halten, über ein Seil zu hüpfen oder mit den Rollbrettern einen vorgegebenen Parcours nachzufahren. Auch auf einem Bein stehen, sich drehen oder auf Händen und Füßen laufen, fiel ihm schwer. Er verlor schnell das Gleichgewicht und fiel um – im Gegensatz zu den anderen Kindern. Bei seiner Agilität fand ich das erstaunlich.

Ständig war er in Bewegung und gleichzeitig so ungeschickt – wie passte das zusammen?

»Machen Sie sich keine Sorgen«, tat der Kinderarzt auch in diesem Punkt meine Bedenken ab. »Ich weiß, Sie selbst treiben gerne Sport, aber nicht alle Kinder sind so sportlich.« Da war er wieder, der Vorwurf, eine überehrgeizige Mutter zu sein.

Heute weiß ich, dass man schon damals etwas hätte unternehmen können, wären die motorischen Auffälligkeiten ernst genommen worden – mit psychomotorischer Förderung und mit Ergotherapie; aber für den Kinderarzt war das kein Thema.

Während der Turnstunde rannte Felix oft von der Gruppe weg, zum Beispiel auf die Bühne, am Kopfende der Halle, wo er sich hinter dem Vorhang versteckte.

Oder er kletterte in Windeseile auf die Sprossenwand. Immer wieder musste ich ihn unter den verständnislosen Blicken der Turnlehrerinnen einfangen.

Zu manchen Übungen mussten sich die Kinder in Reihen anstellen, alle anderen hielten sich daran. Nur mein Kind rannte durch die Halle, und wenn es ihm einfiel, drängelte er sich an seinen alten Platz. »Ich stand hier!«, sagte er zu den anderen Jungen und Mädchen, die wütend waren.

»Felix, stell dich hinten an, du darfst nicht vordrängeln!«, rief die Turnlehrerin streng.

»Das ist mein Platz«, protestierte er fest überzeugt.

»Felix muss sich unbedingt an die vorgegebenen Regeln halten«, sprach die Turnlehrerin mich schon bald an. Sie wirkte sehr ungehalten.

»Ja, ich werde es ihm erklären«, versprach ich. Es war mir wichtig, dass Felix in der Gruppe bleiben konnte, denn es gefiel ihm dort gut.

Die Mütter, die auf den Bänken am Turnhallenrand saßen, waren offensichtlich sauer auf mein scheinbar so unerzogenes Kind und auch auf mich. Und ich saß da, mit Jonas auf dem Schoß, fühlte mich ausgeschlossen und spürte, dass man über mich sprach.

Die anderen Mütter waren mit ihren Wertungen schnell zur Hand. Was hätte ich erwidern sollen? Eine Erklärung hatte ich nicht. Schon wieder wurde mein Kind abgelehnt. Was sollte ich noch tun?

Natürlich sprach ich immer wieder mit Felix über sein Verhalten. Mit unendlicher Geduld erklärte ich ihm die Regeln im Umgang mit anderen und dass er sich mit seinem Verhalten selbst aus der Gruppe ausschloss, die anderen ihn nicht mehr leiden könnten.

Felix reagierte jedes Mal sehr einsichtig. Er kannte die Regeln, er konnte sie mir aufzählen. Wenn andere Kinder von der Turnlehrerin zurechtgewiesen wurden, konnte er den Grund erkennen und es mir erklären.

»Warum kann er sich nicht selbst daran halten?«, grübelte ich. Natürlich suchte ich die Verantwortung, die Schuld bei mir.

In Rollenspielen stellte ich schwierige Situationen nach und übte mit ihm das Verhalten, das erwartet wurde. Ich setzte zum Beispiel ein paar Stofftiere in eine Reihe und sagte zu Felix: »Du bist die Lisa, stelle dich hier hin. Ich bin der Felix.« Ich stand vor ›Lisa‹, rannte dann etwas herum und drängelte mich wieder dazwischen. »Wie fühlst du dich nun?«, fragte ich Felix.

In dieser nachgestellten Situation fand er das Verhalten unfair. Er war jetzt genauso wütend auf mich, wie in der Turnstunde die anderen Kinder auf ihn.

»Das mache ich nicht mehr«, versprach Felix mir nun ernsthaft, und ich war voller Hoffnung, dass es nun besser verlaufen müsse.

Doch in der nächsten Turnstunde wiederholten sich die Situationen, wie in der Stunde zuvor, es war ein Drama, so als hätte es nie ein Gespräch zwischen mir und Felix darüber gegeben, als wäre er nicht einsichtig gewesen.

Ich war verzweifelt über meine hilflosen Versuche, etwas zu ändern, die keinerlei Erfolge zeigten ... Doch ich merkte auch, dass hinter Felix' Verhalten keine Absicht stand. Er wollte niemanden ärgern, weder die anderen Kinder noch mich.

Irgendwann konnte ich das Schimpfen der Turnlehrerin und der Mütter nicht mehr ertragen. Die im Erziehungsratgeber beschriebenen natürlichen Folgen wirkten bei Felix nicht. Die Turnlehrerin schickte ihn nach hinten in die Reihe, wenn er seinen Platz verlassen hatte. Felix hätte dies nach einigen Malen lernen müssen. Doch es veränderte sich nichts!

Also begann ich, mich auch während der Turnstunde darum zu kümmern, dass Felix nicht mehr negativ auffiel. Zuerst fing ich ihn ein, wenn er durch die Halle lief, und führte ihn an seinen Platz zurück. Da dies nicht ausreichte, blieb ich neben ihm in der Reihe stehen, um ihn auf seinem Platz zu halten. Felix hampelte neben mir und versuchte sich loszureißen. »Ich will nicht! Alex muss auch nicht bei seiner Mama stehen!«, protestierte er.

Das stimmte, aber Alex rannte auch nicht herum. Kein Kind musste mit seiner Mutter zusammen in der Reihe stehen.

»Ihr Sohn muss das alleine lernen. Sie kümmern sich ja andauernd um ihn. Er rebelliert gegen Sie«, bekam ich von der Turnlehrerin zu hören. Tatsächlich protestierte Felix immer mehr dagegen, dass ich ihn festhielt, er nicht herumrennen durfte und ich ihn am Quatsch machen hinderte.

Aber wie kam die Turnlehrerin nur darauf, dass Felix nicht lernen könne, abzuwarten und anzustehen, wenn ich neben ihm stand? Ein Jahr lang hatte ich zugesehen und zu Hause mit ihm gesprochen. Die Turnlehrerin hatte ihn immer wieder zurechtgewiesen, und das alles hatte nichts bewirkt. Ich stand doch nur dort, damit Felix es lernte.

Da meine Erziehungsversuche offensichtlich nichts nützten, dachte ich: »Die Turnlehrerin hat viel Erfahrung. Sie wird es wissen« und richtete mich nach ihren Vorschlägen.

Felix war knapp fünf Jahre, als die Turnlehrerin mich ansprach: »Frau Dietz, so geht das nicht. Felix kann nicht weiter mitturnen, das ist zu gefährlich. Sie müssen ihn besser erziehen!«

Wieder war mein Kind aus einer Gruppe geflogen. Mein Kind, das ich so sehr liebte. Ich weinte.

»Kinder sehen zu viel fern und bekommen zu wenig Bewegung!«, konnte man in der Tagespresse als Erklärung für die Unruhe vieler Kinder lesen. Sie könnten ihren kindlichen Bewegungsdrang nicht ausleben, folgerten die Journalisten.

Galt das auch für uns? Den ersten Fernseher kauften wir, als Felix drei Jahre war. Felix durfte das Sandmännchen sehen, später auch die Sendung mit der Maus. Er zeigte nie ein größeres Interesse am Fernsehen. Das änderte sich erst in der Pubertät, als es wichtig wurde, sich über bestimmte Fernsehsendungen zu unterhalten.

Bekam Felix zu wenig Bewegung? Ich unternahm immer sehr viel mit ihm, war von klein auf bei jedem Wetter mit ihm draußen. Felix liebte es, zum Spielplatz zu gehen, inmitten von vielen Kindern fühlte er sich am wohlsten. Doch auch hier gab es Schwierigkeiten, obwohl seine Bewegungsfreiheit nicht eingeengt war. Die Theorie der Journalisten war für Felix nicht gültig!

Durch seine schnellen ungelenken Bewegungen passierte es immer wieder, dass er Sandkuchen anderer Kinder zerstörte, dass er ein Kind auf der Rutschbahn schubste oder dass ein anderes Kind die Schaufel abbekam, mit der er gerade grub. Kinder weinten und rannten zu ihren Müttern.

Ich setzte mich auf den Sandkastenrand, ging mit ihm zur Rutschbahn, war immer in der Nähe, um schnell bremsend eingreifen zu können. Felix störte meine Anwesenheit nicht, im Gegenteil, er bezog mich in das Spiel mit ein. Auch die anderen Kinder wunderten sich nicht. Doch bei den Müttern festigte sich die Meinung, Felix sei ein Raufbold. »Warum muss die Mutter sonst ständig bei ihm sein und ihn bewachen?«

Wie sollte ich entscheiden? Saß ich auf der Bank, ging ständig etwas schief und Felix wurde zurechtgewiesen. Saß ich bei Felix, fühlten sich die Mütter in ihrer negativen Meinung bestätigt. Warum lernte Felix nicht aus den Reaktionen der Kinder und ihrer Mütter?, fragte ich mich verzweifelt.

Was sollte ich tun? Ich versuchte Felix aus der Kinderschar herauszulösen und ihn an anderer Stelle auf dem Spielplatz spielen zu lassen. Ich wippte mit ihm, wenn die anderen Kinder im Sandkasten saßen, baute oder rutschte mit ihm, wenn die anderen Kinder kletterten oder schaukelten. So konnte er gleichzeitig mit anderen Kindern auf dem Spielplatz sein, aber schwierige Situationen waren weitgehend vermeidbar. Je größer Felix wurde, desto schwieriger wurde es, diese Taktik anzuwenden. Er wollte mit den anderen Kindern spielen, die ihn magisch anzogen.

Die Ablehnung der anderen Mütter zeigte sich immer deutlicher.

Im Gespräch zu Hause zeigte Felix Einsicht in sein Verhalten und versprach, auf dem Spielplatz weniger wild und vorsichtiger in seinen Bewegungen zu sein.

Ich war sicher, dass dies nur eine Übergangszeit sein würde, bis sich sein Verhalten änderte, denn an manchen Tagen spielte er wie die anderen Kinder – nichts Schlimmes passierte. Kein Schimpfen, keine Zurechtweisungen durch die anderen Mütter. Oft hielt die Verbesserung nur bis zum nächsten Tag. Das Auf und Ab war unser ständiger Begleiter.

Von nun an besuchte ich den Spielplatz nur noch dann, wenn die anderen Kinder zu Hause waren, sehr früh am Morgen oder am Abend. Nun konnte Felix nach Herzenslust herumrennen, toben und im Sand graben.

Nachmittags stieg ich in die U-Bahn und besuchte abwechselnd die Spielplätze der umliegenden Stadtteile. So konnte Felix seine Nachmittage inmitten vieler Kinder verbringen, aber keiner würde uns gut genug kennen lernen, sodass Felix nicht in die Sündenbockrolle geriet. Ich fand es schade, dass Jonas dadurch keinen Kontakt zu den Kindern vor Ort fand, doch ich musste Prioritäten setzen ...

Zwei Jahre ermöglichte ich Felix auf diese Weise das Spielen mit anderen Kindern. Ich hoffte, dass sich die Probleme lösen würden, wenn er älter würde.

Doch es änderte sich nichts, und sein Verhalten stieß auf immer größere Ablehnung. Als er jünger war, wurde ihm noch manches nachgesehen, aber von einem sechsjährigen Kind erwarteten die Eltern, dass es Rücksicht auf die Kleinen nahm.

Obwohl wir nicht wieder erkannt wurden, rief Felix' Art, sich zu bewegen, seine Art zu spielen sehr schnell negative Reaktionen hervor. Immer wieder musste ich mein Kind aus der Schusslinie bringen und ihn vor den Zurechtweisungen der anderen Mütter schützen.

Was hätte ich ihren Vorwürfen entgegensetzen können? Eine Erklärung hatte ich nicht. Außerdem befand ich mich in einem Gewissenskonflikt: Würde sich ein anderes Kind meinen Kleinen gegenüber so verhalten, könnte ich dies auch nicht billigen. Aber hier ging es nicht um ein anderes Kind! Es ging um meinen Sohn, den ich so sehr liebte!

Später fuhr ich mit Felix und seinen Geschwistern zu einem recht abgelegenen Spielplatz, auf dem sich fast nie Leute aufhielten. Dort konnten sie sich austoben, ohne dass jemand über sie lästerte oder sich gestört fühlte. Felix brauchte einen großen Radius, den er dort fand.

Zwar grenzte ich mich durch mein Ausweichen aus der nachbarlichen Gemeinschaft aus, doch der Schutz meiner Kinder vor den ständigen Zurechtweisungen anderer Mütter war mir wichtiger.

KAPITEL 7

Die Familie vergrößert sich: Hannah wird geboren

Die Vorfreude auf unseren Sommerurlaub war groß. Die Augen von Felix und Jonas strahlten, als wir am Waginger See in Bayern ankamen. Wir hatten eine Ferienwohnung in einem alleinstehenden Haus, mitten in der Natur gemietet – dort war viel Platz für unsere Kinder zum Toben und Spielen, ein Bauernhof in der Nähe und Tiere zum Streicheln. Wir machten lange Spaziergänge quer durch Getreidefelder und wilde Blumenwiesen, sahen den Landwirten bei der Arbeit zu, und Felix durfte auf dem Traktor mitfahren – er glühte vor Freude.

Felix hatte Dreirad fahren gelernt, das war ihm sehr schwer gefallen. Es war ihm lange nicht möglich, die Pedale im Kreis zu treten, seine Bewegungen waren zu eckig und unkoordiniert, obwohl wir ein spezielles Dreirad gekauft hatten. Wir freuten uns über diesen sichtbaren Entwicklungsschritt, denn nun konnte Felix mit den anderen Jungen im Kindergarten mitfahren.

Jonas war eindreiviertel Jahre und hatte sich zu einem prächtigen kleinen Jungen entwickelt. Er war ein wendiges Krabbelkind gewesen, das schnell die ganze Wohnung eroberte. Die Türgriffe hatten wir nicht wieder an die Schranktüren geschraubt, auch die unteren Regalböden waren nicht wieder eingeräumt, denn Jonas war ebenso neugierig wie Felix – eine Eigenschaft, die wir an beiden Kindern sehr schätzen und die wir auf keinen Fall bremsen wollten.

Jonas spielte gerne mit Bausteinen, der Holzeisenbahn

und kleinen Autos. Ganz versunken und selbstzufrieden lag er oft auf dem Teppich, baute oder brummte mit seinen Autos und ließ sich durch nichts stören. »Wie unterschiedlich Geschwister sein können«, staunten wir oft. Mit vielen neuen Eindrücken fielen unsere beiden Jungen am Abend fröhlich und erschöpft in ihr Bett.

Christoph und ich saßen noch in der Abendsonne und schauten glücklich auf meinen gerundeten Bauch. Unser kleines Baby, das sein Leben von Anfang an spannend gestalten wollte, wuchs sichtbar heran.

»Das ist eine Blasenmole«, sagte die Vertretung meiner Frauenärztin beim ersten Ultraschall meiner dritten Schwangerschaft. Sie sah unsere fragenden Gesichter und erklärte, das Baby entwickele sich nicht richtig. »Ich rate Ihnen zu einer Ausschabung«, fuhr sie fort und stellte gleichzeitig eine Überweisung in ein Krankenhaus aus.

»Das Kind bekommt eine Chance!« Fest überzeugt lehnten wir den Vorschlag der Ärztin ab.

»Sie können ziemlich stur sein«, sagte sie lächelnd.

Im dritten Monat setzten Blutungen ein, die einige Tage dauerten. Wir hatten Angst, unser Kind zu verlieren, doch bis auf die langsame Entwicklung schien im Ultraschall alles normal. Unsere Tochter wollte leben und kämpfte mit aller Kraft. Christoph und ich waren erleichtert.

»Sie müssen sich mehr ausruhen!«, forderte die Frauenärztin, als im sechsten Monat vorzeitige Wehen einsetzten und sie das CTG anschaute. »Sie sollten viel liegen!«

»Felix will den ganzen Tag nach draußen«, erwiderte ich, »wie soll ich das machen?«

Am Vormittag war Felix im Kindergarten, Jonas konnte sich hervorragend alleine beschäftigen. Er ging in den Garten, fuhr mit seinen Autos, baute mit Duplosteinen oder spielte mit seinen Stofftieren. Stolz zeigte er mir seine Kunstwerke und freute sich, wenn sie einen besonderen Platz bekamen, damit auch Papa sie abends bewundern konnte.

Nachmittags bastelte und malte ich viel mit den beiden. Unsere Aktivitäten verlegten wir vom Kindertisch auf den Teppich. So konnte ich liegen und gleichzeitig meine Kinder beschäftigen. Auch die Kuschelstunde mit Singen und Vorlesen mochten Felix und Jonas gerne. Christoph kam nun abends früher nach Hause, um mit den beiden Jungs nach draußen zu gehen, zu toben, mich zu entlasten. So gingen die letzten drei Monate der Schwangerschaft vorbei.

An einem Samstagnachmittag im Herbst um drei Uhr platzte die Fruchtblase, und eine Stunde später war Hannah geboren. Sie hatte gekämpft – sie hatte gewonnen!

Wir empfanden ihr Leben als wunderbares Geschenk, so sollte sie auch heißen: Hannah – die Geschenkte.

Hannah konnte nach der Geburt nicht auf meinem Bauch liegen, sie musste sofort untersucht werden. Anschließend wurde sie in ein Wärmebettchen gelegt, mit Sauerstoff versorgt und blieb unter ärztlicher Überwachung.

Christoph und ich waren überglücklich, denn Hannah war gesund, die Anpassungsstörungen würde sie hoffentlich überwinden.

Das Ergebnis der Blutuntersuchung lieferte den Grund für die beiden schwierigen Schwangerschaften: Ich hatte die Blutgruppe 0 und bildete während der Schwangerschaft Antikörper gegen das Blut meiner Kinder, die alle Blutgruppe A haben. Es war eine Blutgruppenunverträglichkeit.

Wir waren froh, endlich Klarheit zu haben. Auch wenn das Ergebnis bedeutete, dass wir schweren Herzens auf ein weiteres Kind verzichten mussten.

Im Überwachungsraum der Entbindungsstation sah ich mein Mädchen zum ersten Mal nach der Geburt. Sie lag in einem Glaskasten – wohltemperiert, mit Sauerstoff versorgt – und schlief. Die ganze Nacht saß ich neben ihr und streichelte Hannah sanft den Rücken.

»Wollen Sie sich nicht ein bisschen hinlegen?«, fragte mich die Schwester.

»Nein, so lange ich sie nicht in den Arm nehmen kann, bleibe ich hier.«

Einige Tage mussten wir noch warten, bis sich Hannah stabilisiert hatte, dann durfte ich endlich mit ihr nach Hause gehen, und sie konnte von der ganzen Familie willkommen geheißen werden.

Allerdings musste ich in den nächsten Wochen noch täglich mit ihr zum Kinderarzt, denn die Blutwerte mussten laufend kontrolliert werden.

Nach wenigen Tagen zu Hause bahnte sich die nächste Sorge an: Ich bemerkte rosa Spuren auf Hannahs Betttuch, das ich dem Kinderarzt erschrocken zeigte. »Es kann sein, dass bei Hannah ein Reflux vorliegt«, erklärte er. Eine Röntgenuntersuchung bestätigte seine Einschätzung.

Reflux bedeutet, dass der Übergang zwischen Magen und Speiseröhre nicht dicht verschlossen wird. Mageninhalt vermischt mit Magensäure kann in die Speiseröhre zurückströmen. Durch die Säure wird die Speiseröhre verletzt und beginnt zu bluten. Das ist sehr schmerzhaft. Daher stammte also der blutige Schleim auf Hannahs Betttuch.

Je stärker der Magen gefüllt sei, desto mehr Mageninhalt ströme zurück, erklärte mir der Arzt in der Uni-Klinik. »Ihre Tochter darf zu jeder Mahlzeit nur sehr wenig trinken. Sie müssen sie jetzt stündlich füttern. Ja, auch in der Nacht«, beantwortete er meine unausgesprochene Frage.

Natürlich hatten wir auch für Hannah ein Nestchen in unserem Ehebett vorbereitet. Dass sie dort gerne schlief, erleichterte das nächtliche Füttern sehr.

Trotz der immensen körperlichen Erschöpfung fiel uns der Umgang mit der Situation leichter als vier Jahre zuvor. Bei Felix kannten wir die Ursache für seine Unruhe und Schlafstörungen nicht, die sollten wir erst erfahren, als er zwölf Jahre war. Die ständige Frage nach dem WARUM, die uns damals niemand beantworten konnte, löste umso größere Selbstzweifel in uns aus, je länger die Situation dauerte.

»Warum trinkt und schläft mein Kind nicht?«, »Warum lässt sich mein Kind so schlecht beruhigen?« Wenn es keine offensichtliche Ursache für die anfänglichen Schwierigkeiten gab, dann musste ich als Mutter dafür verantwortlich sein – denn täglich wurde das Bild vermittelt, das Glück eines kleinen Kindes hänge von der Liebe und der Bindungsfähigkeit der Mutter ab.

»Was mache ich falsch?«, »Was können andere Mütter besser als ich?«, waren Fragen, die sich zwangsläufig daraus ergaben. Selbstzweifel und Selbstvorwürfe folgten und wurden durch Ratschläge von außen, die zu keiner Verbesserung führten, verstärkt.

Doch bei Hannah kannten Christoph und ich diese Zweifel und Selbstvorwürfe nicht. Wir wussten, warum unser Kind nicht trank, schlecht schlief und sich kaum beruhigen ließ.

Wir kannten die Ursache für ihre Schwierigkeiten und konnten Ratschlägen, die wir natürlich auch bei Hannah bekamen, mit sachlichen Argumenten begegnen.

Selbstzweifel und -vorwürfe verzehrten vier Jahre zuvor ein hohes Maß unserer Kraft, die wir bei Hannah nun aktiv für sie einsetzen konnten.

Trotz objektiv höherer Belastung war die Aufgabe leichter zu bewältigen. Nach Felix' ADS-Diagnose fragten wir uns oft, um wie viel besser heute die Beziehung zu ihm sein könnte, wenn wir damals schon etwas von ›Babys mit schwierigem Temperament‹, von ›regulationsgestörten Säuglingen‹ und von ADS gewusst hätten. Mit aller Kraft hätten wir uns der Aufgabe, ein schwieriges Baby zu versorgen, widmen können, statt uns mit Selbstzweifeln zu quälen.

Als Hannah drei Monate alt war, ergab eine Ultraschalluntersuchung beim Orthopäden, dass sie eine Spreizhose tragen musste. Durch das Anwinkeln der Beine verstärkte sich der Druck auf den Magen, und der Reflux wurde stärker.

Um den Magen zu entlasten, musste ich sie den ganzen Tag im Arm tragen.

Wie sollte ich in dieser Zeit nur Felix gerecht werden? Das Wetter war kalt und nass, ich konnte mit dem kranken Baby nicht lange nach draußen gehen, doch Felix' Bewegungsdrang war ungebremst.

Morgens war er im Kindergarten, mittags wollte er zum Spielplatz.

Ich bastelte, malte und spielte viel mit Felix, doch das reichte ihm nicht. Er rannte durch unser Haus, Treppe rauf, Treppe runter, von Zimmer zu Zimmer, spielte kurz mit Jonas und rannte wieder los, von einem unstillbaren Bewegungsbedürfnis getrieben.

Felix wurde eifersüchtig, denn wegen Hannahs Krankheit konnten wir mittags weniger spazieren gehen. Doch als das Wetter wärmer wurde und ich wieder ganze Nachmittage bis zum Abend mit ihm auf dem Spielplatz verbringen konnte, verflog Felix' Eifersucht so schnell, wie sie gekommen war. Nun konnte er wieder rennen und toben und den ganzen Tag in Bewegung sein, so wie er es liebte. Es störte ihn überhaupt nicht, dass ich sein Schwesterchen ständig auf dem Arm hatte, wenn ich mit ihm im Sandkasten saß, ihn schaukelte oder mit ihm zusammen wippte.

Neun Monate hielt Hannah uns in Atem, bis wir riesige Entwicklungsschritte bestaunen konnten. Wendig und flink krabbelte sie durch die Zimmer und wollte alles erkunden. Wie ihre Brüder, war sie an allem interessiert und sehr neugierig. Mit einem Jahr lernte sie laufen, schnell war der Kinderwagen vergessen. Hannah war fröhlich, lachte gern. Sie war unser kleiner Sonnenschein.

Felix und Jonas waren ganz begeistert von ihrer kleinen Schwester. Felix nahm sie mit zur Rutschbahn, Jonas machte Sandkuchen, auf die sie patschen konnte. Der große Reifen auf dem Spielplatz, der als Schaukel diente, bot Platz für alle drei zusammen. Hannah hatte von klein an keine Angst, sie entwickelte sich prächtig.

Abends saßen die drei gemeinsam in der Wanne, überschwemmten das Badezimmer und hatten ihren Spaß. Alle meine drei Kinder waren von Anfang an richtige Wasserratten.

KAPITEL 8

Im Kindergarten

Mit drei Jahren war Felix in den Kindergarten gekommen.

In der ersten Woche hatte ich ihn begleitet, mich in den Gruppenraum dazugesetzt, um ihm die Eingewöhnung zu erleichtern.

Felix fühlte sich von Anfang an wohl in der Gruppe. Wie auf dem Spielplatz zog ihn die Gemeinschaft anderer Kinder an. Viele neue Eindrücke strömten auf ihn ein, und Felix war glücklich. Nach den negativen Erfahrungen in der Mutter-Kind-Spielgruppe und dem Miniclub freute ich mich über den unproblematischen Einstieg.

Der Kindergarten bestand aus drei festen Gruppen, in denen gemeinsam gebastelt, gesungen, geturnt und gespielt wurde. Morgens gab es ein gemeinsames Frühstück, zu dem sich die Kinder einer Gruppe um den Tisch versammelten. Bei schönem Wetter gingen die Erzieherinnen mit den Jungen und Mädchen in den Garten oder auf den Spielplatz, und Felix war mit Begeisterung dabei.

Nach einigen Wochen hörte ich immer häufiger, als ich Felix abholte, wie eine Erzieherin ihn ermahnte:

»Felix, du musst noch aufräumen!«

Also ging ich mit ihm in den Gruppenraum zurück – auf dem Teppich lag ein großer Haufen Spielzeug.

Was war passiert? Im Gespräch mit der Erzieherin erfuhr ich, wie diese Unordnung entstand:

In einem großen Schrank befanden sich viele Schubladen mit den unterschiedlichsten Klötzchen, die Felix' Neugier weckten. Mehrere Jungen bauten gerade die Holzeisenbahn auf, eine Straße, Türme aus Bauklötzchen oder Häuser aus Duplosteinen.

Natürlich wollte Felix gerne mitspielen, trug eine Schublade mit Klötzchen auf den Teppich und setzte sich dazu. Der Turm aus Holzbauklötzchen fiel um, sobald er einige Steine aufeinander gesetzt hatte, denn Felix bewegte sich zu schnell und ungeschickt. Die Steine lagen nicht genau genug aufeinander, und der Turm kippte.

Schnell war Felix frustriert, verlor die Lust an diesen Bauklötzchen und holte die Schublade mit den Duplosteinen. Er leerte die Kiste aus, versuchte zwei Steine aufeinander zu drücken, was ihm wegen seiner feinmotorischen Ungeschicklichkeit nicht gelang. Das kannte ich bereits von zu Hause. Oft führte ich ihm vorsichtig die Hände, damit er ein Gefühl für seine Kraft entwickeln und spüren konnte, wie die Steine zusammengehörten. Zu Hause in Ruhe gelang es ihm manchmal, im Kindergarten aber nicht.

Da es mit den Duplosteinen nicht klappte, ging Felix erneut zum Schrank und holte sich eine weitere Schublade mit Spielsachen; es gab noch viele unterschiedliche bunte Steine, Holzstäbe unterschiedlicher Länge, die Auswahl schien unerschöpflich.

Doch jeder Versuch etwas zu bauen, Klötzchen zusammenzufügen oder aufeinander zu setzen, misslang. Seine Bewegungen waren zu eckig, zu ungeschickt und zu schnell.

Heute würde ein Kinderarzt Felix wegen einer Störung der Feinmotorik, der Auge-Hand-Koordination und der taktilen Wahrnehmung zur Ergotherapie überweisen, doch als er ein Kindergartenkind war, war das für den Arzt kein Thema. »Seien Sie nicht zu ehrgeizig. Er lernt das noch«, hörte ich stattdessen immer wieder.

Doch es gelang Felix einfach nicht, alleine oder mit anderen Kindern zusammen etwas aufzubauen. So wurde das eine Spielzeug schnell uninteressant, und er wandte sich einer neuen Beschäftigung zu. Er räumte neues Spielzeug heraus und versuchte, nun damit zu bauen. Auf diese Weise entstand im Laufe eines Vormittags um ihn herum ein immer größerer Haufen Spielsachen, die alle durcheinander lagen.

Diesen Berg sollte Felix in die Schubladen zurückräumen, bevor er nach Hause gehen durfte. Manchmal saß er schon eine Stunde in seinem Spielzeugchaos, wenn ich im Kindergarten ankam, um ihn abzuholen.

An diesen Tagen sah es im Gruppenraum besonders schlimm aus. Die anderen Kinder durften draußen toben und klettern – und Felix musste drinnen bleiben, um aufzuräumen. Er fühlte sich ausgegrenzt und eingesperrt! Wütend rannte er durch das Zimmer, warf Spielsachen und Stofftiere herum, zog Bücher und Spiele aus dem Regal.

»Die anderen Kinder können das auch! Felix muss das lernen!«, sagten die Erzieherinnen zu mir.

Selbstverständlich wollte ich nicht, dass sich mein Kind vor dem Aufräumen drückte, natürlich mussten die Erzieherinnen konsequent sein – aber so? War das der richtige Weg?

Felix hatte den Überblick über die Spielsachen längst verloren und wusste nicht mehr, welche Klötzchen in welche Kiste gehörten, auch wenn dort entsprechende Bildchen klebten. Er brauchte Hilfe, jemand, der ihm sagte: »Hier ist die Schublade für die Duplosteine. Wirf die jetzt hier hinein. Nein, die Bauklötzchen kommen in die andere Schublade, das machen wir nachher.«

Weil er die vielen Spielsachen nicht mehr alleine einräumen konnte, setzte ich mich zu ihm auf den Boden und half ihm beim Sortieren.

»Wenn Sie ihm die Arbeit abnehmen, lernt er das nie!«, herrschte mich die Erzieherin an. Was sollte ich tun?

»Bitte hindern Sie ihn daran, so viele Spielsachen herauszuräumen«, bat ich die Leiterin der Gruppe.

»Nein«, beschied sie, »das werde ich nicht tun.« Die anderen Kinder räumten erst auf, bevor sie neue Spielsachen hervorholten. Das Gleiche erwartete sie von Felix. »Sie müssen Ihrem Sohn zu Hause mehr Grenzen setzen!« Wie oft hatte Felix mir schon versprochen, dass er erst dann etwas Neues herausholen werde, wenn er zuvor aufgeräumt habe. Das nahm er sich täglich fest vor, doch es veränderte sich nichts.

Diese frühen Anzeichen von ADS blieben unerkannt. Die Erzieherinnen straften ihn, statt ihn zu unterstützen, und unterstellten mir, mein Kind zu verwöhnen. Zu Hause spielte Felix in gleicher Weise wie im Kindergarten. Es war seine Art zu spielen – von klein an. Ich versuchte es mit Erklärungen, mit Strenge und mit Versprechungen. Es änderte sich nichts. Obwohl ich manchmal nahe dran war zu verzweifeln, spürte ich doch genau, dass Felix mich damit nicht ärgern oder provozieren wollte: Er folgte einer inneren Unruhe, die ihn daran hinderte, ruhiger zu sein.

In immer kürzeren Abständen beschwerten sich die Erzieherinnen über Felix bei mir. Beim Frühstück würde er nicht ruhig sitzen bleiben. Immer wieder würde er von seinem Stuhl aufstehen und herumrennen. Das kleine Gebet zuvor würde er stören, er könne nicht für eine Minute still sein.

Durch seine Hampelei fielen die Kakaobecher um – nicht nur seiner, auch die seiner Sitznachbarn. Täglich müssten sie deswegen Kinder umziehen. Die Mütter beschwerten sich schon, dass sie so viel waschen müssten.

Auf dem Tisch, seinem Stuhl, dem Boden um ihn herum, entstünde eine riesige Schweinerei. Er würde mit den Fingern essen, und wenn er zwischendurch aufstünde und alles anfasste, sei der halbe Gruppenraum klebrig. Außerdem sei Felix distanzlos. Wenn ihn das Essen seines Tischnachbarn interessierte, würde er sich dessen Essen einfach nehmen. Das führte zu Streit und Tränen.

Die Liste der Beschwerden wurde länger und länger.

»Felix wollte heute ein Kind mit der Schere stechen!«, berichtete die Erzieherin aufgebracht. Die Kinder hätten am Tisch gesessen und Blumen aus buntem Papier gebastelt. Erst sollten sie die Blumenformen ausschneiden, die die Erzieherin schon vorbereitet hatte. Dann durften sie die Werke mit kleinen Perlen, Kernen und Körnchen verzieren, die sie aufkleben sollten.

Laut der Erzieherin habe Felix sehr schlampig ausgeschnitten, und sich wenig bemüht, obwohl sie ihn angewiesen hätte, langsam zu arbeiten und sich mehr Mühe zu geben. Als er fertig war, habe ihm seine Blume nicht gefallen. Er habe sie wütend zusammengeknüllt und in den Papierkorb geworfen, weswegen sie mit ihm geschimpft habe.

Felix sei sehr geknickt gewesen und habe ihr versprochen, bei der nächsten Blume ganz ordentlich zu arbeiten, darum habe sie ihm erlaubt, eine zweite Blume auszuschneiden. Erst habe er sich wirklich sehr bemüht und vorsichtig ausgeschnitten, doch schon an der ersten Rundung schnitt er einfach drauflos.

Sie wies ihn zurecht und forderte ihn erneut auf, ordentlich zu arbeiten, doch statt Einsicht zu zeigen, wurde Felix wütend. Er wollte mit seiner Schere das Mädchen neben ihm stechen, berichtete die Erzieherin. »Zum Glück konnte ich noch schnell genug aufspringen und Felix festhalten!«

Die Konsequenz stand schon fest und war mit der Leiterin abgesprochen: Felix durfte bei bestimmten Bastelaktivitäten nicht mehr teilnehmen. Er musste dann in eine andere Gruppe gehen.

Ich war zutiefst erschrocken. Mein Kind wollte ein anderes verletzen? Seine Ungeschicklichkeit mit der Schere kannte ich, auch seine geringe Frustrationstoleranz.

Zu Hause angekommen, ließ ich Felix erzählen. Den Hergang schilderte er ähnlich. Doch: Er wollte eine schöne Blume basteln und sie ordentlich ausschneiden. Ausführlich erklärte er mir, wie er sie gestalten wollte.

In einem weiteren Punkt unterschied sich der Bericht: Er wollte dem anderen Mädchen nicht wehtun, beteuerte er. Er wollte der Erzieherin seine Blume zeigen, die er gerade ausschnitt. Er wollte aufstehen und zu ihr gehen mit der Blume in der einen und der Schere in der anderen Hand. Es schien ein Versehen, ein Unfall gewesen zu sein. Seine Schilderung klang für mich glaubhaft, denn ich kannte seine ungeschickte Art, sich zu bewegen. Doch ich war im Zwiespalt. Warum sollte mir die Erzieherin etwas erzählen, wenn es nicht stimmte?

Hätte einer von uns zu diesem Zeitpunkt schon ADS gekannt, wir hätten gewusst, dass beide Schilderungen richtig waren. Felix konnte an dem Bogen seine Bewegungen nicht abbremsen und schnitt in die Blume hinein. Die Erzieherin sah seine feinmotorischen Schwierigkeiten, deshalb erwartete sie, dass er langsam und konzentriert arbeitete, langsamer als die anderen, damit es ordentlich würde. Dass er weiterhin so schnell ausschnitt und dabei sogar herumhampelte, wertete sie als fehlendes Bemühen.

Mit dem Wissen um ADS wäre dies alles nicht passiert. Felix hätte am Basteltisch direkt neben der Erzieherin gesessen, die auf seine ungelenken und impulsiven Bewegungen schnell hätte reagieren können. Ein kurzes Festhalten, und seine ausladende Bewegung mit der Schere wäre gestoppt worden. Das Mädchen wäre nicht erschrocken, es wäre keine Aufregung entstanden, und Felix wäre nicht vor allen Kindern zurechtgewiesen, bestraft und stigmatisiert worden. Er wäre nicht vom Basteln ausgeschlossen worden, sondern hätte weiter teilnehmen können.

Für die anderen schien klar zu sein, dass unser Sohn nicht die richtige Erziehung bekam. Die Erzieherinnen überschütteten mich mit Vorwürfen, die Pfarrfrau, die Turnlehrerin, die Mütter in der Spielgruppe, im Miniclub und auf dem Spielplatz, der Kinderarzt ...

Es waren zu viele Situationen, und ich verlor meine Kraft, mich schützend vor Felix zu stellen, den Druck von außen aufzufangen. Der Schutzmantel, den ich um Felix legte, wurde durchlässiger. Ich begann, den Druck an Felix weiterzugeben, ich wurde strenger, und er bekam seinen ersten Klaps auf den Po. Das entsprach nun gar nicht meinen Erziehungsgrundsätzen. Ob Hilfe von außen vielleicht helfen konnte?

Kurz nach Felix' fünftem Geburtstag wandte ich mich an eine Erziehungsberatungsstelle, eine Einrichtung der evangelischen Familienbildung. Wöchentlich führte ich Gespräche mit einer sehr netten Psychologin und Familientherapeutin. Ich erzählte ihr von Felix' Schwierigkeiten im Kindergarten, der Spielgruppe, der Turnstunde, auf dem Spielplatz, aber auch von den schwierigen Schwangerschaften mit Jonas und Hannah.

Sie hörte aufmerksam zu und fragte immer wieder nach.

»Felix ist eifersüchtig auf seine Geschwister«, lautete ihre Diagnose. Er habe seine »Entthronung« erlebt und versuche durch sein Verhalten mehr Aufmerksamkeit zu erhalten. Ich als Mutter habe für meinen ältesten Sohn zu wenig Zeit, weil Hannahs Betreuung und Pflege in den ersten Monaten sehr zeitaufwändig gewesen seien.

Ich solle Felix zu Hause seine Erstgeborenenrolle wieder einräumen, dann würde sich auch sein Verhalten bessern. Das bedeutete ganz konkret: Ich sollte mich mehr um Felix kümmern, mehr mit ihm unternehmen.

Aber auch die verstärkte Zuwendung war keine Lösung. Sein Verhalten änderte sich dadurch nicht zum Positiven. Im Gegenteil: Er wurde sehr dominant. Sein bevorzugtes Spiel im Kindergarten bestand nun darin, anderen Kindern zu befehlen, was sie zu tun hatten, was natürlich ganz schlecht ankam. Ein Kind, das den Ton angeben will und gleichzeitig nichts auf die Reihe bekommt.

Die Situation im Kindergarten spitzte sich weiter zu, denn die Strafen, die ausgesprochen wurden, fielen immer härter aus. »Was sollen wir jetzt tun?«, überlegten Christoph und ich.

Zu Hause in unserer Familie war Felix der Größte, und auch in der Kindergartengruppe gehörte er inzwischen zu den Älteren. Wie sollte er so seinen Kommandoton wieder ablegen, der ihn so unbeliebt machte?

Es würde ihm gut tun, wieder zu den Jüngeren zu gehören, so fände sein Verhalten keine Resonanz mehr, überlegten wir. Vielleicht wäre es gut für ihn, vorzeitig in die Gruppe der Vorschüler zu wechseln? Dies schlug ich in einem längeren Gespräch mit der Kindergartenleiterin vor. Sie betreute die Vorschulgruppe, und ich hielt sie für erfahrener als die übrigen Gruppenleiterinnen.

Sie war nicht begeistert.

FELIX war generell ein Reizwort geworden in diesem Kindergarten. Schließlich ließ sie sich aber überzeugen und willigte ein.

Wieder hatte ich große Hoffnung, dass sich die Situation bessern würde. Felix würde mehr gefordert werden, und die älteren Kinder würden sich nicht so leicht kommandieren lassen.

Leider lag ich mit meiner Einschätzung völlig falsch, die Kindergartenleiterin kam mit Felix überhaupt nicht zurecht. Ganz massiv geriet sie an ihre eigenen Grenzen. Sie warf ihm vor, absichtlich bösartig zu sein, stellte ihn vor der ganzen Gruppe zur Rede und schloss ihn von Gruppenaktivitäten aus. Immer wieder musste mein Kind vor der Tür stehen, wo es über seine Taten nachdenken sollte. Ging etwas kaputt, wurde einem Kind wehgetan, hieß es sofort: »Felix ...!« Die Kinder der Gruppe hatten sehr schnell gelernt, wer immer der Schuldige war.

Felix wurde immer stärker ausgegrenzt – die Situation spitzte sich weiter zu. An Ausflügen seiner Gruppe durfte er nicht mehr teilnehmen. Er musste für diese Stunden in die Gruppe der Kleinen gehen, die er gerade hinter sich gelassen hatte. Ich versuchte, ihm diese Demütigung zu ersparen, behielt ihn zu Hause, doch Felix wusste, warum er an solchen Tagen nicht in den Kindergarten ging.

Jonas besuchte den gleichen Kindergarten wie sein großer Bruder. Beim Abholen war er immer dabei gewesen. Oft hatte er geholfen, die Berge von Spielsachen aufzuräumen, die noch auf dem Bauteppich lagen, oder er spielte in dieser Zeit. Schon Wochen vor seinem dritten Geburtstag wollte Jonas im Kindergarten bleiben, er konnte es gar nicht erwarten. Er kannte die Erzieherinnen und hatte überhaupt keine Eingewöhnungsschwierigkeiten.

Die Erzieherin seiner Gruppe war von Beginn an begeistert von ihm. Er war sehr fröhlich, schloss schnell Kontakte mit den anderen Kindern und hatte die Fähigkeit, konzentriert spielen zu können. Stundenlang saß er in der Bauecke, spielte und beschäftigte sich mit den verschiedenen Spielzeugen. Fantasievoll und geschickt setzte er die Klötzchen zusammen, manche seiner Kunstwerke fotografierten die Erzieherinnen und stellten die Bilder aus.

Jonas hatte keine fein- und grobmotorischen Schwierigkeiten. Er konnte flink rennen, gut klettern und schnell Dreirad fahren. Für ihn war es ganz selbstverständlich, mit den anderen Jungen im großen Außengelände des Kindergartens zu toben, Karussell oder Roller zu fahren.

Natürlich bemerkte Felix, dass seinem Bruder vieles besser gelang als ihm selbst, obwohl er der Ältere war. Immer wieder verstärkten die Erzieherinnen das Gefühl der Unterlegenheit bei Felix. »Nimm dir ein Beispiel an deinem jüngeren Bruder!«

»Schau mal, wie schön Jonas am Tisch sitzt.«

»Jonas hat alles alleine aufgeräumt – und du nicht!«

Und nun musste er zur Strafe auch noch in Jonas' Gruppe bleiben, wenn seine Gruppe einen Ausflug unternahm. Felix war mit sechs Jahren ein sehr intelligentes Kind und spürte genau, dass Jonas mehr Anerkennung genoss als er, sowohl bei den Kindern als auch bei den Erzieherinnen.

Das war sehr kränkend für Felix.

Er begann, aggressiv zu werden gegenüber anderen Kindern im Kindergarten, auf dem Spielplatz, aber auch gegenüber seinen Geschwistern. Zwischen den beiden Brüdern entstand eine heftige Rivalität. So heiß und innig sie sich anfangs geliebt hatten, so heftig konnten sie sich nun streiten. Bisher gab es nur Konflikte in Situationen außerhalb der Familie, doch nun mussten wir auch in der Familie lernen, damit umzugehen.

Als Felix seine Kindergartenzeit beendete, kam Hannah in den Kindergarten. Auch sie kannte die Erzieherinnen und einen Teil der Kinder bereits vom Abholen. Sie lebte sich sehr schnell ein, blieb aber lieber abseits des großen Trubels. Gerne saß sie bei der Erzieherin am Tisch und bastelte, malte oder ließ sich mit einigen Kindern zusammen vorlesen. Stundenlang konnte sie sich darin vertiefen.

Hannah war sehr beliebt. Sie hatte eine nette freundliche Art, war fröhlich und sehr kreativ. Als sie ein bisschen größer wurde, half sie mit, wann immer sie gefragt wurde, und eroberte sich so viel Sympathie. Sie aß mit den Fingern, genau wie Felix, doch anders als bei unserem Sohn fühlten sich die Erzieherinnen, wegen Hannahs netter Art, bei ihr nicht gestört.

Doch Hannahs Bauchschmerzen waren immer wieder ein Thema. Als sie zwei Jahre war, machte der Kinderarzt eine Ultraschalluntersuchung. »Sie ist gesund«, beruhigte er mich.

Mit viereinhalb Jahren, begann sie darüber zu klagen, dass ihre Hosen zu eng seien, was objektiv nicht stimmte. Erneut untersuchte der Kinderarzt unsere Tochter und wieder fand er keine organische Ursache. Deshalb stand für ihn fest, dass die Bauchschmerzen psychosomatisch bedingt seien. Hannah wolle sich als Mädchen von ihren Brüdern abgrenzen. »Wenn sie keine Hosen anziehen will, kaufen Sie ihr doch Kleider!« Der Kinderarzt war so sehr von der psychischen Ursache überzeugt, dass er keine weiteren Untersuchungen veranlasste.

Hannah wollte nur weite Kleidchen tragen, solche mit engem Oberteil und angeschnittenem Röckchen lehnte sie nach dem Anprobieren ab. Die Bauchschmerzen wurden erträglicher.

Erst einige Jahre später, als Hannah in die zweite Klasse ging, wurde festgestellt, dass ihre Bauchschmerzen nicht psychosomatisch bedingt waren.

Es gab eine handfeste medizinische Ursache: Hannah hat eine Laktose- und Fruktosemalabsorption sowie eine Glutenüberempfindlichkeit. Die Diagnose wurde später in der Uniklinik bestätigt. Sie kann Milch- und Fruchtzucker aus dem Darm nicht vollständig ins Blut aufnehmen und reagiert überempfindlich auf das Klebereiweiß heimischen Getreides.

Durch eine Diät, die unsere Tochter bis heute bereitwillig einhält, hat sie keine Bauchschmerzen mehr. Acht Jahre musste Hannah Schmerzen erleiden, weil auf die nahe liegende und weit verbreitete Ansicht zurückgegriffen wurde, Bauchschmerzen bei Kindern seien psychosomatisch bedingt. Es lag nahe, denn unsere Familienbedingungen waren wirklich nicht einfach. Aber in diesem Fall versperrte diese verengte Sichtweise acht Jahre lang die intensive Suche nach organischen Ursachen und eine effektive Hilfe für unsere Tochter.

KAPITEL 9

Felix in der Grundschule

Schon im Frühjahr kauften wir den ersten Schulranzen. Felix freute sich sehr auf die Schule. Endlich lesen, schreiben, rechnen lernen dürfen! Auch Christoph und ich hofften auf einen Neuanfang für Felix. Endlich war der ersehnte Tag da. Mit strahlenden Augen und einer großen Schultüte im Arm ging Felix zur Bühne der Schulturnhalle, als sein Name aufgerufen wurde.

Stolz zeigte er uns am Ende seines ersten Schultages das Bild, das er in der Schule gemalt hatte. »Schade, dass der Unterricht schon vorbei ist. Morgen kann ich wieder hingehen«, sagte er fröhlich.

Gut gelaunt kam Felix nun mittags von der Schule nach Hause und freute sich bereits auf den nächsten Tag. Christoph und ich atmeten auf. Es war geschafft. Die Erziehungsberaterin hatte wohl Recht. Nun da Felix seinen besonderen Platz in der Familie als einziges Schulkind hatte, schienen sich alle Sorgen in Luft aufzulösen. Wie glücklich waren wir über diese positive Wendung.

Felix konnte sich die Buchstaben sehr schnell merken und begann bald, eigenständig zu lesen. Abends las er uns die Wörter aus dem Kinderbuch vor, deren Buchstaben er schon kannte. Täglich wurden es mehr Begriffe, die er stolz vorlas. Er entwickelte auch ungewöhnlich schnell eine gute Vorstellung der Zahlen, sodass er seine Aufgaben in wenigen Minuten erledigen konnte. Wir genossen diese sorglosen Tage. Doch am Ende der zweiten Schulwoche stand in seinem Heft. »Felix muss seine Schwungübungen ordentlicher erledigen!«

Diese Übungen mochte Felix nicht. Er musste runde und eckige Spiralen, Kreise, Vierecke, Wellen und Schlangenlinien nachzeichnen. Immer wieder wich er von der Linie ab, konnte die vorgegebenen Zwischenräume nicht einhalten, schaffte die Richtungswechsel nicht rechtzeitig und malte über die vorgegebene Linie.

Ich vereinbarte einen Termin mit der Lehrerin. »Warum dürfen die Kinder nicht gleich schreiben lernen?«, fragte ich. Sie erklärte mir, dass diese Schwungübungen eine wichtige Vorbereitung seien, die Felix ordentlich und gewissenhaft erledigen müsste. »Felix arbeitet hier im Unterricht auch sehr unordentlich«, berichtete die Lehrerin. »Außerdem steht er auf, läuft durch den Klassenraum, stört die anderen Kinder, nimmt ihre Stifte ...« Die Aufzählung nahm kein Ende. Ich konnte es kaum glauben. Unser Sohn hatte sich so sehr auf die Schule gefreut, wir hatten so große Hoffnungen, dass nun alles besser würde, und nun die gleichen Klagen wie im Kindergarten.

Zu Hause appellierte ich an Felix, in der Schule die anderen Kinder nicht zu stören, und er versprach es aufrichtig.

Eine Woche später rief die Lehrerin an und bestellte mich zum Gespräch. Felix' Verhalten werde immer schlimmer. Er habe das Mäppchen eines Schülers durch die Klasse geworfen, Tintenkleckse auf das T-Shirt seines Sitznachbarn gemacht, ein anderes Kind geschlagen. Im Unterricht würde er immer unruhiger. »Frau Dietz, ich habe 28 Kinder in der Klasse, ich kann mich nicht nur um Felix kümmern! Sie müssen auf ihn einwirken, dass er seine Aufgaben erledigt und die anderen Kinder in Ruhe arbeiten lässt.«

Genau das tat ich. Ich hatte das gleiche Ziel wie die Lehrerin. Felix sollte etwas lernen, es war doch auch sein

Wunsch. Und ich wollte, dass er Freunde fand. In der Schule konnte er neue Kinder kennen lernen, Jungen und Mädchen, die ihn noch nicht kannten, mit denen er neu anfangen konnte. Aber was sollte ich tun? Ich konnte ihn nicht fernsteuern.

Im Gespräch am Nachmittag war Felix wie stets sehr einsichtig. Auf meine Frage, wie sich ein Kind morgens in der Schule verhalten solle, nannte er so viele Punkte, dass er schon als Musterschüler gegolten hätte, wenn er nur einen Teil davon eingehalten hätte. Doch warum verhielt er sich nicht so, wie er es mir schilderte? Mochte er die Lehrerin nicht? Wollte er die Mitschüler provozieren? Wollte er mich ärgern? Wollte er mehr Aufmerksamkeit von mir? Felix verneinte alle diese Fragen. Er wollte einfach nur in die Schule gehen, dort lernen und Freunde haben.

Es vergingen keine zwei Wochen, da wurde ich zum nächsten Gespräch bestellt. Die Eltern einiger Kinder hatten sich bereits bei der Lehrerin beschwert. Ihre Kinder hatten zu Hause erzählt, dass Felix in der Klasse störe, laut sei und sie ärgere.

»Für Felix ist es sicher das Beste, wenn er eine Sonderschule besucht«, sagte die Lehrerin. Dieser Satz traf mich wie eine Ohrfeige. Wieder sollte mein Kind abgeschoben werden, weil es anderen lästig war – dieses Gefühl kannte ich schon allzu lange.

»Nein, das werde ich nicht zulassen!«, beschloss ich. Ich erzählte ihr, was für ein tolles Kind Felix zu Hause war, wie kreativ und hilfsbereit, sensibel und auffassungsschnell. Es folgten weitere Gespräche, die aber an der Auffassung der Lehrerin nichts änderten. Schließlich erklärte sie uns, dass sie Felix für ein Überprüfungsverfahren auf Erziehungshilfe anmelden werde.

Nun tat ich das, was ich schon so oft tun musste. Ich

suchte nach Möglichkeiten, einer drohenden Ausgrenzung unseres Kindes zuvorzukommen. Ich schlug vor, ihn in die Parallelklasse zu versetzen, aber der Schulleiter war damit nicht einverstanden, denn er war bereits ausführlich informiert worden.

Es führte kein Weg daran vorbei: Eine neue Schule musste für Felix gefunden werden.

Nach den Herbstferien – die Einschulung lag gerade sechs Wochen zurück – hatte Felix seinen ersten Schultag in einer anderen Grundschule. So konnten wir die angedrohte Sonderschulüberprüfung umgehen.

Er kam in eine sehr kleine Klasse mit nur 14 Schülern. Frau Kupfer, die neue Klassenlehrerin, mochte ihn vom ersten Tag an und kümmerte sich intensiv um ihn. Ich war glücklich, endlich wurde Felix akzeptiert.

Frau Kupfer erkannte seine Stärken. Er war sehr wissbegierig und sog alles Neue auf. Durch seine schnelle Auffassungsgabe musste er sich kaum anstrengen, um etwas zu verstehen. Er war immer sehr schnell mit seinen Aufgaben fertig, lange vor den Klassenkameraden.

Aber auch Frau Kupfer brachte ihn nicht dazu, etwas zu wiederholen, zu üben oder ordentlicher zu arbeiten. Abwarten, bis die anderen Kinder mit ihren Aufgaben fertig waren, das fiel Felix nach wie vor schwer. In dieser »langweiligen« Zeit steigerte sich seine motorische Unruhe, und er begann wieder, die Klasse zu stören. Frau Kupfer rief uns regelmäßig an. Sie erzählte genau das Gleiche über sein Verhalten im Unterricht wie die Lehrerin zuvor.

Doch nach kurzer Zeit fand sie eine überraschende Lösung: Wenn Felix seine Aufgaben erledigt hatte, durfte er sich in die Leseecke zurückziehen. Von nun an hatte Felix immer ein Kinderbuch im Schulranzen, oder Frau Kupfer brachte ihm ein interessantes Sachbuch mit. Beim Lesen versank er in eine Traumwelt und schaltete vollkommen ab. Die Fachleute nannten dies später »hyperfokussieren«.

Frau Kupfer hatte tatsächlich einen Weg gefunden, unser Kind im Klassenverband zu halten und es so zu beschäftigen, dass es die anderen durch seine Unruhe nicht störte. Bis zum Ende der Grundschulzeit kannte Felix sämtliche bekannten Bücher für seine Altersgruppe und auch anspruchsvollere für größere Kinder.

»Felix hat seine Hausaufgaben nicht erledigt«, stand häufig im Heft, doch wenn ich ihn nach seinen Aufgaben fragte, war er sicher, alles erledigt zu haben. Ich beauftragte ihn, bei Klassenkameraden anzurufen und dort nachzufragen. Vollkommen überrascht erfuhr er, welche Aufgaben noch zu erledigen waren. An das Arbeitsblatt, das er morgens in der Schule ausgefüllt hatte, konnte er sich nicht mehr erinnern. Es war aus seinen Gedanken verschwunden.

Frau Kupfer war sich sicher. »Ein so intelligentes Kind kann das nicht vergessen.« Auch sie hatte zu diesem Zeitpunkt noch nichts von ADS gehört.

Der Anruf bei Klassenkameraden, um nach den Hausaufgaben zu fragen, wurde zum Ritual, das er bis zum sechsten Schuljahr beibehielt. Felix brauchte zu Hause viel Unterstützung beim Erledigen seiner Schularbeiten. Arbeitsblätter lagen zerknüllt im Schulranzen, statt abgeheftet in den Schnellheftern. Ließ die Lehrerin zu wenig Zeit? Die anderen Kinder hatten ihre Arbeitsblätter eingeheftet. Stifte lagen – statt im Mäppchen – lose im Ranzen. Vom Füller war regelmäßig der Deckel verloren. Auch Filzstifte lagen offen in der Schultasche. Die Farbe zog in Hefte und Bücher. Musste ein Kind das alles im ersten Schuljahr schon ordnen können? Nun, die anderen konnten es.

»Felix muss das lernen!«, machte Frau Kupfer eindringlich klar. So setzte ich mich jeden Mittag zu ihm an den Tisch und achtete darauf, dass er beim Schreiben und Rechnen nicht abgelenkt wurde, räumte mit ihm die Schultasche auf, heftete Arbeitsblätter ein, säuberte bemalte Hefte, sortierte Stifte und ersetzte Verlorenes. Felix' Lehrer waren überzeugt, dass er dies alleine können müsse, aber die Versuche, ihn ohne meine Anleitung und meine Mithilfe die Hausaufgaben erledigen und den Ranzen aufräumen zu lassen, endeten in einem noch größeren Chaos.

Nach dem Erziehungsratgeber hätte Felix aus der natürlichen Konsequenz, nämlich dem Schimpfen der Lehrer, lernen müssen und hätte es bald alleine gekonnt, doch alle Versuche waren erfolglos.

Ein Erziehungsberater war später davon überzeugt, dass Felix durch unsere Verwöhnung nicht lernen konnte, selbstständig seine Sachen zu erledigen, ein anderer Erziehungsberater meinte, dass Felix dies sehr wohl könne, uns jedoch bewusst provozieren wolle, um sich von uns abzugrenzen, ein dritter war der Ansicht, dass unser Sohn sein Nichtkönnen vortäusche, um mehr Aufmerksamkeit von uns Eltern zu erhalten. So bekamen wir je nach der Theorie des Erziehungsberaters unterschiedliche Ratschläge, die wir in unserem täglichen Umgang mit unserem Sohn umsetzen sollten.

Alle Bemühungen endeten damit, dass Felix täglich Eintragungen in seinen Heften hatte, dass Lehrer mittags zu Hause anriefen und sich heftig beschwerten, dass wir zu Gesprächen in die Schule eingeladen wurden.

Je mehr wir die Dinge umsetzten, die wir in der Erziehungsberatung erarbeitet hatten, desto schlechter erging es Felix. Er verlor jeden Halt und verzweifelte an sich selbst.

Sprachen wir oder die Lehrerin ihn auf die vergessenen Hausaufgaben oder sein Stören an, sagte er nur vollkommen verzweifelt: »Ich will doch gar nicht stören! Ich will niemanden ärgern.« Auf einen Lernerfolg warteten alle umsonst.

An ADS und die damit verbundene und bei Felix sehr ausgeprägte Selbststeuerungsschwäche dachte niemand.

Beim Aufräumen des Schulranzens entdeckte ich immer häufiger kleine Dinge, die er nicht von uns bekommen hatte. Das war mal ein Radiergummi, ein schöner Stift, einige Bildchen fürs Sammelalbum, eine Spielfigur, eine Haarspange ... Zuerst dachte ich, er habe diese Dinge von seinem Taschengeld gekauft, doch für was brauchte er eine Haarspange? »Die habe ich geschenkt bekommen«, war seine Antwort, die ich verwundert zur Kenntnis nahm.

Einige Tage später rief Frau Kupfer an, offensichtlich sehr wütend.

Ein Mädchen hatte seine Haarspange vermisst, und alle Kinder mussten ihre Ranzen ausräumen. Auch viele andere kleine Dinge, die Felix in der Schultasche hatte, fanden nun zu ihrem Besitzer zurück. Mein Sohn hatte anderen Kindern etwas weggenommen und mir anschließend die Unwahrheit gesagt. Warum tat er das? »Was habe ich falsch gemacht?«, war die Frage, die ich mir immer wieder stellte.

Ich schämte mich. Ich hatte meinem Kind immer vertraut – doch nun? Viele Situationen fielen mir ein, in denen ich gezweifelt hatte, aber dennoch zu Felix gehalten und den Unmut der anderen an mir hatte abprallen lassen. Hatte ich mich getäuscht? Oftmals hatte ich Felix helfen können, weil ich ihm bedingungslos vertraute. Und nun? Wie konnte ich mich nun vorbehaltlos hinter ihn stellen? Würde man ihm oder mir im Zweifelsfall noch glauben? Erneut begaben Christoph und ich uns in Erziehungsberatung und suchten Unterstützung.

In den folgenden Jahren stiegen die Anforderungen in der Schule. Felix musste nun längere Zeit im Unterricht anwesend sein und konnte sich nicht mehr so oft in die Leseecke zurückziehen. Frau Kupfer rief immer häufiger mittags an und klagte, häufig bevor Felix aus der Schule heimkehrte. Wenn ich den Hörer auflegte, kam Felix gerade nach Hause. Wie konnte ich ihn da noch liebevoll in den Arm nehmen, nachdem die Lehrerin sich zuvor ausgiebig beklagt hatte?

Ein Brief der Lehrerin

Bitte sprechen Sie eingehend mit Felix, da er immer noch nicht gelernt hat, auf andere Rücksicht zu nehmen. Anordnungen von Lehrern akzeptiert er nur teilweise und kurzfristig.

Es vergeht leider kein Tag, an dem er nicht den Unterricht vehement stört. Er isst und trinkt nach Lust und Laune, singt laut, ruft in die Klasse, wenn ihm gerade etwas einfällt, liest Comic-Hefte, spielt mit mitgebrachten Gegenständen, nimmt Dinge anderer Schüler weg, läuft umher.

Dadurch sind häufig schriftliche Arbeiten – auch Kunst oder Basteleien – für ihn am Nachmittag nachzuholen, was allerdings oft nicht geschieht. Leider ist Felix bei den vielen Einzelgesprächen mit ihm nicht einsichtig.

Felix störte den Unterricht immer stärker und entwickelte sich zuerst zum Klassenclown, dann zum Sündenbock. Die Mitschüler hatten seine Rolle schnell erkannt, hänselten und provozierten ihn. Wurde er zur Rede gestellt, versprach er fest, sich an die geltenden Regeln zu halten. Häufig hörten die Lehrer von ihm: »Das wollte ich doch gar nicht« und »Ich werde das nicht mehr tun.« Doch Felix schaffte es nicht. Oft störte er schon wenige Minuten später in gleicher Weise wie zuvor. Die Lehrer kamen zu dem Schluss, Felix zeige keine Einsicht und wolle bewusst provozieren. Er galt nun als aufsässig. Was hätte ich den Lehrern sagen sollen? Dass er eigentlich ein liebes Kind war? Dass ich auch nicht wusste, warum er sich so verhielt? Sie würden mir ohnehin nicht glauben.

Wären wir und die Lehrer damals schon über ADS informiert gewesen, so hätte es eine Erklärung für sein Verhalten gegeben. Wir hätten gewusst, dass er ein hyperaktives Kind mit einer Selbststeuerungsschwäche ist. Natürlich wäre das kein Freibrief gewesen, doch es hätte ihm geholfen. Statt ständigen Appellen, endlich ruhig zu sein, statt Unterstellungen, er wolle bewusst provozieren, statt ihn in eine Sündenbockfunktion zu drängen, hätte er gezielte Hilfen und Unterstützung erhalten. Für Felix selbst, für seine Entwicklung, wäre es ein entscheidender Unterschied gewesen.

Häufig war Felix in Streitigkeiten mit Klassenkameraden verwickelt. Die Jungen kickten mit dem Ball, und er wollte gerne mitspielen. Doch die anderen schubsten ihn zur Seite, sie wollten nicht mit ihm spielen oder mit ihm befreundet sein. Felix versuchte immer wieder, sich in die Gruppe hineinzudrängen, und stieß auf Ablehnung. Oft kam es zu Rangeleien und aggressiven Auseinandersetzungen, die sich im Klassenraum fortsetzten. Fragte die Lehrerin die Schüler nach dem Vorfall, waren sie sich einig: Felix hatte angefangen, Felix war schuld.

»Felix sollte eine Therapie machen«, schlug Frau Kupfer vor und wies uns darauf hin, dass die städtische Erziehungsberatungsstelle eine Psychodrama-Gruppe für Kinder anbot.

Zwei Jungen und zwei Mädchen verbrachten eine Therapiestunde pro Woche mit einer Psychologin und einem Sozialpädagogen, die beide als Erziehungsberater arbeiteten.

Wir Eltern wurden von den gleichen Beratern in Einzelgesprächen betreut. Zusätzlich gab es einen Elternabend pro Monat unter Anleitung der Therapeuten.

Christoph und ich setzten große Hoffnung in diese Therapie, die gut ein Jahr dauerte. Wir arbeiteten intensiv mit. Unsere Ehe und unsere Beziehung zu Felix wurden intensiv durchleuchtet. Strukturelle Erziehungsdefizite sollten aufgedeckt und behoben werden. Wir sollten unseren Sohn weniger beschützen, ihn mehr Dinge selbstständig erledigen lassen. Dies sollte seine Situation verbessern. Aus den Rückmeldungen der Lehrer würde er lernen, sich an die Regeln zu halten und seine Dinge zu erledigen.

Währenddessen erhielten wir immer mehr Briefe von der Schule. Die Klagen wurden heftiger und schärfer. Die Schwierigkeiten nahmen weiter zu. Die Lehrer rieten das Gegenteil von dem was die Erziehungsberater forderten: Wir sollten Felix mehr Unterstützung bei der Erledigung seiner Aufgaben geben. Was war nun richtig?

Im vierten Schuljahr ging die Therapie zu Ende, doch die Lehrer bemerkten an Felix' Verhalten keine Besserung – ganz im Gegenteil.

Uns wurde empfohlen, Felix in einer therapeutischen Sportgruppe, einer Psychomotorikgruppe, anzumelden. Dort könnte er sich austoben und lernen, seine motorische Unruhe zu kontrollieren. Und tatsächlich lernte unser Kind dort spielerisch, sich etwas geschickter zu bewegen. Doch die Lehrer warteten vergeblich darauf, dass Felix während des Unterrichts auf seinem Stuhl sitzen blieb.

Wir haben uns damals oft gefragt, warum Felix etwas tat oder etwas nicht tat. Warum er zum Beispiel seine Hausaufgaben nicht machte oder eine Schularbeit nicht erledigte.

An meinen Papa

Heute hat Frau K. nicht in mein Hausaufgabenheft hinein geschrieben weil ich vergessen habe es ihr vorzulegen. Das hat den Grund das wir heute eine Windrose zeichnen sollten. Das war vor Englich. Meine Windrose ist faßt fertig. Später sollte ich in Englich gehen, da habe ich dann nicht mehr daran gedacht. Meine Hausaufgaben habe ich auch erst im Hort reingeschrieben. Bitte sei mir nicht böse, morgen trage ich sie wieder ein!

Viel Grüße und Küße
von Deinem Felise

Einmal schrieb Felix einen Brief, aus dem klar hervorging, dass er *sehr wohl wollte*, aber eben *nicht konnte*.

Den Brief hatte er in einen liebevoll verzierten Umschlag gesteckt und an Christoph adressiert, der zu diesem Zeitpunkt der »zuständige Elternteil für Hausaufgabenbeschwerden« war und damit ständiger Ansprechpartner für Frau Kupfer.

Trotz aller Probleme war bei Felix auch nach fast vier Jahren Schule noch der positive Wille vorhanden. Allein – es fiel uns schwer, das zu erkennen. Wir wussten nichts von ADS und konnten uns einfach nicht erklären, warum er einerseits seine Aufgaben ordentlich erledigen wollte und als zweitbester Schüler der Klasse auch intelligent genug war, das zu tun, es dann jedoch nicht tat.

Felix' Brief verdeutlicht auch die Unterstützung durch Frau Kupfer, die die Aufgaben in sein Hausaufgabenheft eintrug und damit die Strukturierung erleichterte.

Felix über die Schule

In der Schule bin ich aufgestanden und herumgelaufen. Das hat meine Lehrer total genervt, denn eigentlich soll man ja auf seinem Platz sitzen und zuhören. Ich habe auch dauernd mit Stiften oder so was herumgespielt und mit dem Stuhl gekippelt. Dadurch ist mir häufig was heruntergefallen. Manchmal bin ich auch mit dem Stuhl umgekippt. Da ich auch andauernd mit meinen Nachbarn geschwätzt habe, haben die Lehrer nur noch geschimpft. Durch die Zappelei bekam ich eine Menge Ärger ...

Es dauerte nicht lange, da war mein Ruf völlig vermiest. Deshalb musste ich in der ersten Klasse schon nach sechs Wochen die Schule wechseln. Dann kam ich zu einer Lehrerin, die mich mochte, aber auch sie hat meine Eltern ständig angerufen und sich über mich beschwert ...

In der Schule nutzten einige Mitschüler meine Reizbarkeit aus. Sie piesackten mich mit Kleinigkeiten und freuten sich, wenn ich ausrastete und den Ärger bekam. Dass sie mich vorher geärgert hatten, ist den Lehrern nicht aufgefallen. Ich war immer an allem schuld, und die waren fein raus.

Man schob mir in die Schuhe, dass ich mich nur nicht anstrengen wollte und nichts Besseres zu tun hätte, als meine Mitschüler und die Lehrer den ganzen Tag zu nerven und zu ärgern.

Das stimmte aber gar nicht!!!

Ich wollte doch so gerne genauso ruhig wie die anderen Kinder sein, aber es gelang mir selten. Ich hätte viel lieber mit den anderen Kindern gespielt, anstatt dauernd nur diesen Ärger zu kriegen.

Falls dann doch mal was klappte, sagten die Lehrer: »Siehst du, wenn du willst, dann kannst du doch!« Für viele Leute war es eine Bestätigung dafür, was sie von mir dachten, nämlich, dass ich nur keine Lust habe ...

An seinem letzten Tag in der Grundschule sagte Frau Kupfer: »Felix ist ein sehr begabtes Kind«, und sie wünschte ihm, dass er seine Chancen auf dem Gymnasium nutzen werde. Christoph und ich waren Frau Kupfer sehr dankbar, dass sie ihn trotz aller Schwierigkeiten in der Klasse behalten hatte und an ihn glaubte. Wir hofften auf einen Neuanfang für unseren Sohn, wenn er nun in die weiterführende Schule kam. Und wir freuten uns für Hannah, die nach den Ferien zu Frau Kupfer in die erste Klasse eingeschult würde.

KAPITEL 10

Wer übernimmt die Verantwortung?

Christoph und mir war klar, dass wir Unterstützung brauchten. Die erste Erziehungsberatungsstelle hatten wir aufgesucht, als Felix fünf Jahre alt war. Die Psychologin führte sein schwieriges Verhalten auf die Entthronung als Erstgeborener zurück.

Um ihn besser zu fördern und zur Stärkung seiner besonderen Rolle ermunterte mich die Erziehungsberaterin, mit ihm einen Rhythmikkurs der Jugendmusikschule zu besuchen. Es war sehr anstrengend für mich, mit drei kleinen Kindern jede Woche in die Stadt zu fahren, doch wenn es ihm helfen würde, wollte ich dies gerne tun.

Schon bald nahm mich die Musiklehrerin, eine nette junge Frau, nach der Stunde beiseite. »Felix ist sehr laut und hektisch.« Er würde andere Kinder erschrecken, sie müsste ständig aufpassen, dass er keine Musikinstrumente umwerfe. »Er ist musikalisch sehr begabt, und er ist ein liebes Kind, aber er muss sich unbedingt an die Regeln halten.«

Wie oft hatte ich das schon gehört? Immer wieder ließ ich eine Stunde ausfallen, denn ich konnte es kaum noch ertragen zuzusehen, wie Felix immer weiter ausgegrenzt wurde.

Als der Rhythmikkurs zu Ende war, wollte unser Sohn ein Instrument erlernen und entschied sich für die Geige. Die Musiklehrerin unterstützte seinen Wunsch. »Das wird besser gehen«, war sie sicher, »der Geigenunterricht findet in ganz kleinen Gruppen statt.«

Ein Lehrer unterrichtete vier Kinder. Während sie ihre ersten Übungen absolvierten, saßen sie auf Stühlen, den Notenständer vor sich. Doch Felix konnte nicht stillsitzen. Er schaukelte mit den Beinen, sein ganzer Körper war in Bewegung. Immer wieder fiel der Notenständer um.

Der Geigenlehrer ließ ihn nun im Stehen üben, doch er zappelte noch immer. Der Lehrer war genervt.

Zu Hause übte ich mit Felix in Fünf-Minuten-Intervallen, so lange konnte er sich konzentrieren. Natürlich fragte ich ihn immer wieder, ob er noch Lust habe, zur Geigenstunde zu gehen, ob er denn noch Geige spielen wolle. »Ja, Mama!«, war jedes Mal seine feste Antwort. Es machte ihm großen Spaß. »Aber warum macht er andauernd solchen Quatsch?«, fragte ich mich.

»Um ein Musikinstrument zu erlernen, braucht man Ruhe und eine gewisse Konzentrationsfähigkeit«, erklärte mir der Lehrer auf seine nette Art. »Frau Dietz, so kann ich nicht unterrichten!«

Felix musste die Gruppe verlassen, er störte die anderen Kinder zu sehr.

Wieder einmal wurde er ausgeschlossen.

Doch er wollte weiterhin Geige spielen. »Einzelunterricht ist besser für ihn«, schlug der Lehrer vor. Das klang einleuchtend, denn zu Hause, wenn ich mit ihm alleine übte, klappte es gut.

Seine neue Lehrerin stellte sich auf sein individuelles Tempo ein. Er brauchte nicht mehr auf andere Kinder zu warten, und wenn seine Konzentrationsfähigkeit erschöpft war, machte sie eine Pause.

Die Parallele zu seinen schulischen Schwierigkeiten erkannte zu diesem Zeitpunkt noch niemand. Warum war Felix nur so unruhig? Er stand sich damit doch nur selbst im Weg.

Unsere große Hoffnung, dass es besser würde, zerplatzte sehr schnell. Das Geige spielen, spezielle Spielzeiten nur für Felix, – alle Ratschläge der Psychologin blieben wirkungslos. Nichts davon half. Wir entschieden uns, eine andere Beratungsstelle aufzusuchen.

Voller Hoffnung, nun Hilfe zu finden, nahmen wir den ersten Termin beim Kinderschutzbund wahr – die ganze Familie, so wollte es der Psychologe.

Wir saßen im Kreis, zwei Videokameras waren auf uns gerichtet. Nach dem Kennenlernen forderte der Berater uns auf, von Felix' Schwierigkeiten zu erzählen.

Vorsichtig begannen wir, von der Situation in der Schule zu berichten. Christoph und mir war es unbehaglich zumute. Wir wechselten einen Blick und waren uns einig: nicht vor den Geschwistern.

Wir saßen hier, um unserem Ältesten zu helfen, nicht um ihn vor seinen Geschwistern bloßzustellen und zu stigmatisieren.

Im Kindergarten hatte Jonas ohnehin schon miterlebt, wie negativ die Erzieherinnen über Felix sprachen. Er hatte miterlebt, dass sein großer Bruder von Ausflügen ausgeschlossen wurde. Jonas provozierte ihn manchmal damit, und es hatte bereits heftige Streitereien unter den Geschwistern gegeben. Sollte Jonas nun noch mehr hören?

Wie würde es auf Hannah wirken? Sie war knapp drei Jahre, konnte noch nicht richtig sprechen, konnte also gar nicht ausdrücken, wenn sie etwas sagen wollte. Würde diese Situation sie nicht eher beunruhigen?

Die wichtigste Person aber war Felix selbst. Was würde er denken, wenn er nun hörte, dass seine Eltern einer fremden Person von seinen Problemen erzählten? Im Kindergarten, in der Schule stellte ich mich hinter ihn. Und hier?

Konnte er die Situationen auseinander halten? Hätte er nicht den Eindruck, wir wollten uns über ihn beklagen? Bekäme er nicht nun das Gefühl, auch wir würden ihn ablehnen?

»Wir dachten, Sie wollten uns heute nur kennen lernen, deshalb sollte die ganze Familie kommen«, sagte ich.

»Wir wollen nicht vor den Geschwistern über Felix' Schwierigkeiten reden«, fügte Christoph hinzu. Ich fasste Felix an der Hand. Es war ihm deutlich anzumerken, wie unwohl er sich fühlte.

Der Psychologe reagierte sehr verärgert. Wir wirbelten offensichtlich sein ganzes Konzept durcheinander. Unsere Gründe konnte er nicht nachvollziehen. Wir vereinbarten einen weiteren Termin ohne Kinder, um diesen Konflikt zu klären.

Da das Gespräch einen schalen Nachgeschmack bei mir hinterlassen hatte, versuchte ich noch eine andere Beratungsstelle zu finden. Doch man nannte mir mindestens ein halbes Jahr Wartezeit auf ein Erstgespräch. Solange konnten wir nicht warten. Wir brauchten akut Hilfe; also gingen wir wieder zu diesem Psychologen.

Er führte Gespräche mit Christoph und mir. Ich erzählte ihm vom Schulwechsel, von den Ausgrenzungen im Kindergarten, von der Spielgruppe, von den Konflikten in der Turnstunde, von den Schwierigkeiten in der Geigenstunde, von den Konflikten der Geschwister. Ich erzählte ihm auch von meinen hilflosen Versuchen, Felix zu schützen, lieber auszuweichen, als ihn ausschließen zu lassen, um ihn zu schonen. Ich machte ihm klar, wie sehr mein Kind spürt, dass es abgelehnt wird, dass man es in keiner Gruppe dabei haben will und dass es darunter leidet.

Ich erwähnte meine Verzweiflung, weil all meine Versuche, Felix zu helfen und zu schützen, so wirkungslos gewesen waren. Ich gestand ihm auch, dass ich den Druck, den die Erzieherinnen und nun die Lehrerinnen auf mich ausübten zum Teil an Felix weitergab. Ich fühlte mich überfordert. Ich erzählte ihm von meinen Selbstzweifeln, von meinem Gefühl, keine gute Mutter für mein Kind zu sein, von meiner Hilflosigkeit, von meinen Schuldgefühlen, von meiner Scham, mich anderen anzuvertrauen. Wer sollte das auch verstehen können?

Christoph schilderte die Situation aus seiner Sicht. Er berichtete davon, dass er abends nach Hause komme, mit den Kindern spiele, baue und tobe und ihnen vorlese. »Felix ist lieb. Er ist aufgeweckt, lebhaft, laut. Das ist doch normal für einen Jungen. Ich erlebe ihn ganz anders als meine Frau.« Wie sollte er mich trösten, wenn er die Situation anders wahrnahm? Wie sollte er meine Zweifel und meine Schuldgefühle verstehen? »Wissen Sie, früher war meine Frau fröhlich und lebenslustig. Heute ist sie nur noch ein Nervenbündel, ist ungeduldig mit den Kindern und weint oft.«

Der Psychologe diagnostizierte eine Bindungsstörung zwischen mir und Felix.

Für ihn lag es auf der Hand: Ich war verantwortlich für Felix' Schwierigkeiten. Das Wort schuldig vermied er, aber machte es einen Unterschied? Mit Vorwürfen überschüttete ich mich doch seit langem selbst. Immer wieder war an mich appelliert worden, mein Kind besser zu erziehen. Zweifel und Schuldgefühle hatten mein Selbstvertrauen als Mutter aufgefressen. Nun hatte ich gewagt, von meinen Gefühlen der Überforderung zu sprechen, hatte mich offenbart und angreifbar gemacht. Statt Trost und Hilfe bekam ich nun die ganze Verantwortung für Felix' Probleme. Ich hatte das Gefühl, daran zu zerbrechen.

Wenn es nun an mir lag, musste ich mich so schnell wie möglich ändern, damit es meinem Kind besser gehen konnte. Das war die Konsequenz, die ich aus den Gesprächen zog.

Einmal in der Woche besuchten Christoph und ich die Beratungsstelle des Kinderschutzbundes. Konfliktsituationen zwischen mir und Felix wurden besprochen. Mein Mann sollte berichten, wie er sich in solchen Momenten verhielt, denn bei ihm kam es abends nicht zu Problemen. Der Psychologe trug mir auf, Christoph zu beobachten und von ihm zu lernen, wie ich konfliktfrei mit Felix umgehen könne.

Mein Selbstwertgefühl war inzwischen so weit erschüttert, dass ich zustimmte. Ich bemerkte nicht mehr, dass die Situationen, in denen wir uns mit den Kindern befanden, nicht vergleichbar waren. Mein Mann wurde nicht auf dem Spielplatz schief angesehen, er musste sich nicht die Vorhaltungen der Erzieherinnen anhören, er war nicht am Telefon, wenn die Lehrerin anrief, er verbrachte nur zwei Stunden mit den Kindern und nicht den ganzen Tag. Aber all das berücksichtigte ich zu diesem Zeitpunkt nicht mehr.

Ich wurde depressiv. Felix' Situation in der Schule spitzte sich zu. Auch die Großeltern gaben nun deutlich zu erkennen, dass er ihnen zu anstrengend sei. Unsere Ehe wurde immer schwieriger. Einen gemeinsamen Abend hatten wir schon seit Jahren nicht mehr verbracht. Kein Babysitter war bereit, ein zweites Mal zu kommen und Felix zu betreuen. Mal zusammen einen Spaziergang unternehmen oder ins Kino gehen, abschalten und auf andere Gedanken kommen, die Sorgen hinter sich lassen, all das war nicht möglich.

Ich wurde immer schweigsamer. Wo war die Freude, wo war das Lachen geblieben? Was konnte ich meinem Mann abends noch erzählen? Der Psychologe hatte Christoph in eine Lehrerrolle mir gegenüber gehoben. Ich sollte mir von ihm abgucken, wie ich besser mit unserem Kind umgehen konnte. Das war nicht mehr die Partnerschaft, die wir ursprünglich leben wollten. Unsere Beziehung wurde sehr oberflächlich. Unser Traum von Familie war unter dieser Belastung zerbrochen.

Bald hatte ich das Gefühl, dass meine Erziehung meinen Kindern schadete. Zu meiner Rechtfertigung erzählte ich dem Psychologen, wie oft ich schon für meine Kinder gekämpft hatte, um für Felix die Situation zu verbessern, um Hannah das Leben zu erleichtern. Der Psychologe legte dies nicht positiv aus, sondern sah Parallelen zu meiner Jugend, als ich mich für Dinge, die mir wichtig waren, vehement einsetzen konnte und keine Angst hatte meine Meinung zu vertreten.

Er glaubte, die Ursache für Felix' Probleme gefunden zu haben. Seine Verhaltensschwierigkeiten gingen nach Ansicht des Psychologen auf unbewusste und unverarbeitete Kindheitskonflikte zurück. Felix agiere mein inneres Aufbegehren gegen Autoritätspersonen aus, das ich mich heute nicht mehr offen zu leben traue. In meinem Inneren würde ich sein Verhalten gutheißen und unterstützen, so die Interpretation des Psychologen.

Mir zog es den Boden unter den Füßen weg.

Bis zu diesem Moment glaubte ich, Felix all die Jahre helfen zu wollen. Dass ich dabei versagt haben und dafür die Verantwortung tragen sollte, stand für den Psychologen von Beginn an fest. Nun wurde mir erklärt, dass ich meinem Kind eigentlich gar nicht helfen wolle, im Gegenteil, ich würde sein Verhalten gutheißen. Das hieße doch: Ich konnte nicht einmal mehr meinen Gefühlen vertrauen! Mein Unterbewusstsein wollte etwas anderes erreichen, redete der Psychologe mir ein. Wem konnte ich denn nun noch vertrauen, wenn nicht einmal mehr mir selbst?

Tat ich meinen Kindern noch gut? War ich überhaupt in der Lage, mich so zu verändern, dass ich eine gute Mutter sein konnte? Schadete ich meinen Kindern nicht mehr, als ich ihnen half, wenn ich mit ihnen zusammen war? Wäre es nicht besser, wenn ich sie vor mir schützte?

Ein Gedanke reifte in meinem Kopf: Für meine Kinder wäre es besser, wenn sie mich nicht mehr sähen. Ich dürfte ihnen nicht mehr weiter schaden! Ich wollte mir das Leben nehmen.

Zu diesem Zeitpunkt befand Felix sich in einer anderen Therapiegruppe. Während des begleitenden Elterngesprächs, zu dem ich alleine ging, erzählte ich der Psychologin von meinen starken Selbstzweifeln. Dass es besser gewesen sei, wenn ich meine Kinder nicht bekommen hätte oder wenn sie in einer anderen Familie lebten. Dass ich sie nicht hergeben könnte, aber andererseits wüsste, dass sie bei mir nicht gut aufgehoben seien, da ich doch alles falsch machte.

Die Psychologin bemerkte sofort, in welcher Verfassung ich mich befand.

Sie vermittelte mich umgehend an eine befreundete Psychologin, bei der ich sofort einen Therapieplatz bekam.

Schon beim ersten Gespräch fand ich die Therapeutin sehr sympathisch. Anfangs gab sie mir zwei Termine pro Woche, später ging ich wöchentlich zu ihr. Frau Siewert fing mich auf.

Sie baute mich von Grund auf wieder auf und gab mir mein Selbstwertgefühl zurück.

Mit ihrer Hilfe konnte ich wieder die glücklichen Momente in unserer Familie sehen und all die schönen Situationen, die ich mit meinen Kindern und Christoph erlebte, wahrnehmen.

Mein Blick war nach den vielen Klagen der Erzieherinnen und der Lehrer absolut verstellt für Dinge, die gut liefen, für die positiven Eigenschaften meiner Kinder. In der Erziehungsberatung hatte ich gelernt, nur noch die Defizite in unserer Familie und vor allem bei mir selbst wahrzunehmen. Die Beratung war immer problemorientiert verlaufen. Schwierigkeiten waren benannt, hinterfragt, analysiert worden. All die Psychologen und Sozialpädagogen, die wir in den unterschiedlichen Erziehungsberatungsstellen kennen gelernt hatten, arbeiteten nach diesem Ansatz. Ich hatte dabei vollkommen die Eigenschaften aus den Augen verloren, die ich an meinen Kindern so schätzte.

Die Therapeutin sammelte mit mir Erinnerungen an schöne Situationen und fügte sie zu einem Bild zusammen. Ich bemerkte auf einmal, dass ich nicht alles falsch gemacht hatte.

Ich hatte zum Beispiel bei meinen Kindern die Liebe zum Lesen geweckt, sie hatten einen großen Wortschatz, waren sehr neugierig und interessiert. Sie waren kreativ, ich hatte mit ihnen viel gemalt, gebastelt und gebacken. Stück für Stück zeigte mir Frau Siewert meine Erfolge bei der Erziehung meiner Kinder auf. Zum ersten Mal erlebte ich in der Beratung, dass jemand von außen nicht auf das zeigte, was ich falsch gemacht hatte, sondern auf das, was gut war.

Was kann ich, was habe ich bis dahin in meinem Leben erreicht, was habe ich geleistet? Diese Fragen hatte ich mir noch nie so gestellt. Es war ein hartes Stück Arbeit für Frau Siewert, bis ich solche Fragen zulassen konnte. Wenn die Psychologin zum Beispiel feststellte: »Da hatten Sie aber einen wunderschönen Vormittag mit ihren Kindern«, erwiderte ich: »Was nützt das, wenn ich Felix beim Heimkommen nicht in den Arm nehmen konnte, weil mich ein Lehrer zuvor angerufen hatte.«

Es dauerte viele Monate, bis ich mich von dieser negativen Sicht trennen konnte, zu tief war sie in mich eingebrannt. Doch mit der veränderten Sichtweise kehrten langsam mein Selbstbewusstsein und meine Kraft zurück.

Frau Siewert stellte den Ansatz der Erziehungsberatungsstellen auf den Kopf. Und während mich die einen mit der permanenten Suche nach Fehlern und Mängeln immer mehr schwächten, gab sie mir durch den Blick auf die Stärken unserer Familie neuen Halt im Leben. Energie, die ich jetzt einsetzen konnte, wieder für meine Kinder einzutreten und die Erziehungsaufgaben aktiv zu übernehmen.

KAPITEL 11

Jonas in der Schule

Jonas wurde in die gleiche Grundschule eingeschult, die auch Felix besuchte. Auch er hatte das Glück, in eine sehr kleine Klasse mit nur 17 Schülern zu kommen. Die Einschulungsuntersuchung hatte er mit Bravour bestanden.

Jonas' Klassenlehrerin war Felix' Kunstlehrerin. So eilte ihm der Ruf voraus, als Bruder von Felix ein schwieriges Kind zu sein. Und tatsächlich bekam er von Anfang an keinen Fuß auf den Boden. »Er ist sehr unruhig und stört den Unterricht«, beschwerte sich Frau Zink recht schnell. Doch ich empfand Jonas – im Vergleich zu seinem Bruder – als ausgeglichen. Sicher, er war impulsiv und konnte manchmal sehr bestimmend auftreten. Für mich war seine Sturheit aber keine negative Eigenschaft, sondern eher notwendig, um sich gegenüber seinem älteren Bruder durchzusetzen.

Jonas ging gerne zur Schule. Er wusste immer seine Hausaufgaben und kam im Unterricht gut mit. Schnell hatte er einen Freund gefunden, mit dem er sich nachmittags oft verabredete. Seine Aufgaben erledigte er sehr ordentlich. Er malte die Buchstaben und Zahlen förmlich. Wenn er nur einen Millimeter über die Linie schrieb, wollte er die Aufgabe noch einmal erledigen. Natürlich brauchte er deswegen von Beginn an sehr lange. Doch ich war glücklich. Jonas ging sehr gewissenhaft mit seinen Schulsachen um, genau wie mit seinem Spielzeug.

Für mich war Jonas ein Sonnenschein-Kind. Ich konnte nicht verstehen, warum die Lehrerin sich über ihn beklagte.

War unser zweiter Sohn nicht genau so, wie es die Lehrer von Felix immer verlangten? Doch Frau Zink bestellte mich immer häufiger zu Gesprächen. Jonas laufe durch den Klassenraum, reagiere sehr impulsiv, werde leicht wütend und sei sehr stur. Außerdem arbeite er zu langsam.

Während eines Gesprächs zeigte sie mir Bilder, die die Kinder im Kunstunterricht gemalt hatten. Jonas' Bild fiel mir gleich auf. Es war sehr ordentlich gestaltet mit vielen Details, doch es war nur halb fertig. Andere von Klassenkameraden dagegen waren auf die Schnelle angefertigt.

»Das ist typisch für ihn!«, beschwerte sich die Lehrerin. »Ich habe Jonas gesagt, er solle sich mehr beeilen, nichts bekommt er rechtzeitig fertig. Ständig ist er abgelenkt, läuft im Klassenraum umher und schaut nach den anderen Kindern.« Das unfertige Bild habe sie aufgehängt, um ihn zu beschämen.

Ungläubig schaute ich Frau Zink an. »Können Sie nicht anerkennen, dass Jonas sehr ordentlich arbeitet?«, fragte ich, denn wie schon oft zuvor hatte ich auch bei diesem Bild seine detailverliebte Art zu arbeiten bewundert. Wer sich so viel Mühe gibt, brauchte natürlich mehr Zeit.

Aber unser Kind verhielt sich im Unterricht aus der Perspektive der Lehrerin so unmöglich, dass sie ihm keine Anerkennung entgegenbringen konnte.

»Jonas wendet den gleichen Arbeitsstil an wie mein Mann«, versuchte ich der Lehrerin meine Sicht zu erklären. »Er überlegt und plant, bevor er eine Arbeit beginnt, und geht dann mit Ruhe und Gelassenheit ans Werk. Das Ergebnis ist perfekt, auch wenn es länger dauert. Ich finde diese Vorgehensweise bewundernswert.«

Frau Zink konnte Jonas' Begabungen nicht sehen und anerkennen, so wie Felix' Lehrerin es trotz aller Schwierigkeiten immer getan hatte. Darüber war ich enttäuscht.

Schon in den ersten Schulwochen setzte die Lehrerin Jonas aufs »Eselbänkchen«, ein Einzeltisch hinten im Klassenraum, damit er andere Kinder nicht störte, was ich überhaupt nicht nachvollziehen konnte. Für mich war unser zweiter Sohn immer ein ganz ruhiges Kind, und ich konnte mir keinen Reim darauf machen, warum die Lehrerin so große Probleme mit ihm hatte.

Immer häufiger schrieb Frau Zink ihre Beschwerden in sein Merkheft. Es blieb kaum noch Platz für Hausaufgabeneintragungen. Der Ton ihrer Eintragungen wurde immer schärfer. Zu den Elternabenden und Sprechtagen ging ich regelmäßig, doch ich hörte Frau Zink immer nur klagen. Schnell entstand bei mir der Eindruck, die Lehrerin behandle mein Kind ungerecht. Jonas unterschied sich in seinem Arbeitsverhalten und beim Spielen vollständig von Felix. Nun musste es doch richtig sein?!

Zeugnis der ersten Klasse

Jonas ist mir auf zwei Gebieten besonders positiv aufgefallen: seine Wachheit und gute Denkfähigkeit zum einen und seine über die Maßen gute Ausführung der Klassendienste im Anschluss an den Unterricht zum andern.
Er hat sich schnell in die Schule eingelebt und ist fähig, alle kognitiven Leistungsforderungen voll zu erfüllen. Beim Bearbeiten des Wochenplans zeigt er besonderen Eifer. Eine gute Form seiner Arbeiten ist ihm wichtig geworden. Im Allgemeinen fertigt er seine Hausaufgaben an.
Bei der mündlichen Erarbeitung im Unterricht beteiligt Jonas sich mit guten Beiträgen und hat auch gelernt abzuwarten, bis er an der Reihe ist.

Er hat sehr schnell Lesen gelernt. Mit Freude erliest er sich auch unbekannte Texte selbstständig und kann sie recht flüssig darbieten. Er kann alle Wörter lautgetreu schreiben und bemüht sich aber andererseits auch um ihre regelgerechte Wiedergabe.
Jonas zeigt gutes mathematisches Verständnis und kann alle Aufgaben im Zwanzigerraum selbstständig und ohne Hilfsmittel lösen.
Beim gemeinsamen Spielen, Singen und Sprechen ist es ihm noch nicht möglich, sich in die Gemeinschaft einzuordnen. Beim sozialen Miteinander, bei Ausflügen und besonders auch im Sportunterricht fällt auf, dass er sich nicht an Regeln halten kann. Die mehrfache Negierung von Ermahnungen führt dazu, dass er immer wieder ausgeschlossen werden muss. Ich wünsche Jonas nicht nur eine stärkere Eingliederungsfähigkeit, sondern auch, dass er es schafft, einen Sitzpartner und dessen Ruhebedürfnis zu akzeptieren.

Sicher, auch Jonas war ein sehr lebhaftes Kind. Aber musste ein Kind schon zu Beginn der Schulzeit auf seinem Platz sitzen bleiben? Verlangte die Lehrerin nicht zu viel von ihm? Jonas war in vielen Dingen zu langsam, aber war es nicht wichtiger, dass er die Aufgaben ordentlich erledigte? Warum sollte immer mein Kind schuld an Konflikten mit Klassenkameraden sein? Waren die anderen Jungs nicht genauso wild wie er?

Während der Turnstunde, der Orffgruppe oder dem Voltigieren war Jonas ähnlich unruhig wie Felix. Auch er rannte umher, blieb nicht in der Reihe und drängelte. Da er aber sehr sportlich und geschickt war, wurde es ihm dort von den

Betreuerinnen nachgesehen. Jonas wurde mit einem Lächeln zurückgerufen, während Felix in vergleichbaren Situationen scharf zurechtgewiesen wurde. Die Betreuerinnen reagierten ganz anders auf unser zweites Kind, als es die Lehrerin tat. Das bestärkte mich in meinem Eindruck, dass die Schwierigkeiten in der Schule durch das Unverständnis der Lehrerin ausgelöst wurden.

Ende der zweiten Klasse eskalierte die Situation. Frau Zink war der Überzeugung, Jonas wollte sie bewusst ärgern und provozieren. An ADS dachte keiner von uns – wie auch? Wir wussten nichts darüber und alle anderen offenbar auch nicht.

Zeugnis der zweiten Klasse

Jonas zeigt sich als vielfältig begabter Junge. Er kann motiviert mitarbeiten und damit auch streckenweise den Unterricht mittragen. Leider bricht er aber zu häufig die Regeln des Miteinanders und wirkt durch seine Unruhe oder auf andere Weise bewusst störend auf den Unterricht ein.
Jonas kann alle schriftlichen Arbeitsaufträge selbstständig erfüllen. Wenn er sich endlich auf seine eigene Arbeit konzentriert, gelingt ihm die Aufgabe leicht und in sehr schöner Schrift und ordentlicher Gestaltung. Nach großen Schwierigkeiten im ersten Halbjahr fertigt er nun seine schriftlichen Hausaufgaben regelmäßig an, mündliche häufig noch nicht.
Jonas verfügt über eine gute mathematische Denkfähigkeit, kann selbstständig Lösungsstrategien entwickeln und diese auch sprachlich übermitteln. Er rechnet schnell

und sicher im Raum des ersten Hunderters. Das Einmaleins ist leider noch nicht ganz gefestigt.
Jonas liest gerne und auch neue Texte flüssig und sinnerfassend. Er sollte trotzdem die Lese-Hausaufgabe ernst nehmen.
Jonas hat ein Gefühl für Rechtschreibung entwickelt. Beim Abschreiben zeigt er jedoch noch nicht die wünschenswerte Leistung einer fehlerfreien Übertragung. Geübte Diktate schreibt er sehr sicher und fehlerfrei.
Jonas zeigt hervorragende künstlerische Fähigkeiten. Sie kommen vor allem dann zum Tragen, wenn er seine Arbeit rechtzeitig beginnt.
Er ist musikalisch und stützt im Allgemeinen den Gesang seiner Gruppe beim Kanonsingen.
Jonas ist ein sehr bewegungsfreudiger Junge, der gewandt alle sportlichen Anforderungen bewältigt. Immer wieder scheitert er daran, sich in die sozialen Gegebenheiten einordnen zu können und sicherheitsbedingte Anordnungen zu befolgen.
Bedauerlicherweise steht allen seinen hervorragenden Begabungen seine Schwierigkeit gegenüber, sich an die Regeln der Gemeinschaft zu halten und sich nur schwer konzentrieren zu können. Immer wieder kommt es im Klassenverband zu vehementen Disputen bezüglich seines Verhaltens. Es fällt ihm schwer, zu seinen Taten zu stehen und auch Erwachsenen gegenüber einen angemessenen Ton zu wahren.
Versuche dich mehr an die Regeln zu halten, Jonas. Die Schule wird dir dann mehr Freude bereiten.

Ich bat den Schulleiter, Jonas in die Parallelklasse zu versetzen, doch mein Wunsch wurde abgelehnt. Was tun? Jonas brauchte eine neue Chance mit einer Lehrerin, die seine Stärken erkannte, die ihn so akzeptierte, wie er war. Dann würden alle Schwierigkeiten verfliegen, dessen war ich mir sicher.

Die Sommerferien standen vor der Tür, ein Wechsel in eine andere öffentliche Schule würde Wochen dauern, all die Formalitäten wären vor den Ferien nicht mehr zu erledigen.

Auf der Suche nach einer Alternative für Jonas rief ich auch den Leiter einer privaten Schule an, schilderte ihm Jonas' Probleme, und wir vereinbarten ein Treffen.

Der Rektor entpuppte sich als ein ganz wunderbarer Mensch und Pädagoge. Im Gespräch ließ er sich von uns dreien noch einmal diverse Situationen schildern und schaute sich Jonas' Zeugnisse an.

Er fragte, wie die Lehrerin zu solchen Beurteilungen komme, und unser Kind berichtete sehr ehrlich von einigen Momenten, in denen es sich unangemessen verhalten hatte. Ich rechnete es meinem Sohn hoch an, dass er so aufrichtig war.

Schließlich sagte der Schulleiter: »Pass auf, Jonas, du bist heute schon groß. Dir kann man sicher schon ein richtiges Indianerehrenwort abnehmen.« Jonas nickte. »Ich verspreche dir, dass du auf dieser Schule aufgenommen wirst und dass du zu einer guten Lehrerin kommst, die dich und deine Leistung anerkennen und respektieren wird. Aber du musst mir dein Versprechen geben, dass du die Kinder und die Lehrerin nicht ärgern wirst und dass du auch hier gut mitarbeiten wirst.«

Jonas war sehr beeindruckt – ich im Übrigen auch –, und selbstverständlich gab er dem Rektor sein großes Indianerehrenwort.

Damit war er aufgenommen. Mir fiel ein Stein vom Herzen. Ich war sicher, nun würde alles gut werden. Beruhigt genossen wir die Sommerferien.

Sein drittes Schuljahr begann Jonas auf der neuen Schule. Er kam zu einer strengen erfahrenen Lehrerin, die seine Stärken erkannte und förderte. Zwei Wochen nach Schulbeginn vereinbarten wir mit seiner neuen Klassenlehrerin einen Gesprächstermin. Frau Anders berichtete von Jonas wachem Verstand, von seiner schnellen Auffassungsgabe und von seinem großen Interesse an den Unterrichtsthemen. »Ich habe die Beurteilungen in den Zeugnissen gelesen«, sagte sie, »seien Sie versichert, ich bin froh, Jonas in meiner Klasse zu haben. Er ist ein netter und leistungsstarker Schüler.«

Jonas ist nun wirklich in besten Händen, dachten wir erleichtert und fühlten uns in dem Gedanken bestätigt, dass die fehlende Akzeptanz der früheren Lehrerin für all die schwierigen Situationen ausschlaggebend gewesen sei.

Das erste Schulhalbjahr der dritten Klasse verging, ohne dass wir Weiteres hörten. Während der Weihnachtsfeier kam Frau Anders auf mich zu und berichtete, dass Jonas ein recht unruhiger Schüler sei, er müsse noch lernen, während des Unterrichts auf seinem Platz sitzen zu bleiben. Außerdem sei unser Sohn öfter in Auseinandersetzungen mit seinen Mitschülern verwickelt. Erschrocken sah ich die Lehrerin an. »Machen Sie sich keine Sorgen, das bekomme ich mit Jonas zusammen in den Griff.« Sie sagte, dass sie mit ihm kleine Zeichen verabredet habe, mit denen sie ihm zeige, wann er zu sehr störe.

Frau Anders setzte Jonas in die erste Reihe, direkt vor den Lehrertisch, damit er besser ansprechbar war. Dennoch reichten die vereinbarten Zeichen bald nicht mehr aus. Während des Elternsprechtages nach dem Zwischenzeugnis berichtete die Lehrerin von ständigen Störungen. Jonas lau-

fe noch immer umher, statt zu sitzen, er rufe rein, schwätze permanent und sei sehr laut. Auch häuften sich Konflikte mit Mitschülern. Fassungslos schaute ich die Lehrerin an. Jonas hatte einen so guten Start an der neuen Schule gehabt, ich hatte so große Hoffnungen, doch nun ... Es schien sich alles zu wiederholen.
Nach den negativen Erfahrungen mit der ehemaligen Klassenlehrerin waren wir nicht mehr gewillt, einfach zu glauben, was uns berichtet wurde. Das negative Bild, das von unserem Kind gezeichnet wurde, deckte sich nicht mit dem, was wir zu Hause von ihm sahen. Er war so viel ruhiger und umgänglicher als Felix.

Zu den Gesprächen mit der Klassenlehrerin traten wir deshalb nur noch zu zweit an. Wenn eine Lehrerin gleich mit zwei Menschen konfrontiert wird, die vehement und wortgewandt für ihr Kind kämpfen, ist es sehr viel schwieriger für sie.

Frau Anders lud uns in den folgenden eineinhalb Jahren zu sehr vielen Gesprächen ein, die wir alle gemeinsam wahrnahmen. Wir hörten ihr zu, aber wir stellten auch Fragen. Gerade, wenn sie Situationen, in denen Jonas negativ aufgefallen war, nicht selbst gesehen hatte, sondern uns im Auftrag der Fachlehrer oder der Pausenaufsicht davon berichtete oder wenn sie das wiedergab, was andere Schüler erzählt hatten, nahmen wir nicht einfach alles hin, sondern brachten die Sichtweise unseres Sohnes ein.

Einmal berichtete Frau Anders, dass Jonas so »ausgerastet« sei, dass kein Unterricht mehr möglich gewesen sei. Ein Schüler war während der Stunde nach vorne gegangen, um seine Wochenplanarbeit vorzuzeigen. Plötzlich – und aus Sicht der Lehrerin vollkommen grundlos – begann unser Kind zu toben und zu wüten. Es stellte sich hinterher heraus, dass dieser Schüler einen Stift aus Jonas' Mäppchen genommen und neben das Mäppchen gelegt hatte. Diese winzige Provokation hatte die Lehrerin nicht bemerkt, sie sah nur den »Ausraster«, der ihr grundlos erschien. Natürlich wurde nur Jonas zurechtgewiesen, was seine Wut verstärkte.

Es war ein häufiges Problem, dass Jonas von anderen Kindern geärgert wurde und dann explodierte. Seine Klassenkameraden hatten schnell herausgefunden, wo die »Knöpfe« waren, auf die man drücken musste, damit er in die Luft ging. Und dieses In-die-Luft-gehen brachte ihm dann eine Menge Ärger ein.

Wir besprachen solche Situationen mit unserem Sohn, denn seine Reaktionen waren vollkommen überzogen und unangemessen. Was tun? Christoph schlug ihm ein Deeskalationsprogramm vor: Wenn Jonas geärgert wurde, sollte er nicht darauf eingehen, und so den anderen den Spaß daran nehmen. Seine Wut sollte er zurückhalten und in einem abendlichen Ringkampf mit Papa rauslassen. Außerdem sollte er erzählen, was vorgefallen war, damit wir Bescheid wussten.

Für eine Weile funktionierte das recht gut, wohl auch deshalb, weil Jonas seine »Ausraster« selbst als Problem empfand. War die Lehrerin in der Nähe, so konnte sie schnell eingreifen, und die Situationen eskalierten nicht. Doch es blieben zu viele Gelegenheiten, in denen Jonas sich provoziert fühlte.

Er klang oft sehr traurig, wenn er über seine Wutanfälle berichtete. Deshalb suchten wir mit ihm eine analytische Kinderpsychologin auf, die ihm helfen sollte, seine Wut zu beherrschen. Die Gespräche endeten mit dem Rat, Jonas in einem Sportverein anzumelden, damit er dort lerne, seine Aggressionen zu steuern. Der Sport machte ihm viel Spaß, doch an den Wutausbrüchen und seiner Unruhe änderte sich nichts.

Einmal erzählte uns Frau Anders von einem Jungen, der Jonas im Verhalten sehr ähnlich gewesen sei und der wegen seines sehr schwierigen Sozialverhaltens letztlich die Schule verlassen musste. Sie fand das schade, zumal sich sein Verhalten gerade zum Ende hin deutlich gebessert habe. Dieser Junge bekäme jetzt ein spezielles Medikament, aber für einen Verbleib auf der Schule sei es zu spät gewesen.

Christoph und ich waren erschrocken über diese Aussage: Brav sein auf Rezept? – Das kam uns abwegig vor. Wir schenkten dem keine Bedeutung. Außerdem: Mit unserem Jonas hatte das nichts zu tun! Wir reagierten aufgebracht. Warum erzählte die Lehrerin uns so etwas? Es sollte noch ein Jahr dauern, bis wir zum ersten Mal von ADS hörten.

Frau Anders schlug sich dennoch wacker, und heute ziehe ich den Hut vor ihr, denn wir haben ihr das Leben nicht einfach gemacht. Trotz aller Konflikte förderte sie Jonas wirklich hervorragend und konnte seine Begabungen und Stärken schätzen. Aber sie zählte auch seine Schwachpunkte im Sozialverhalten Punkt für Punkt auf – damals fand ich es gnadenlos. Doch heute weiß ich, dass viele ihrer Schilderungen richtig waren. Frau Anders verdient ein dickes Dankeschön, dass sie Jonas so gut durch die Grundschulzeit brachte.

KAPITEL 12

Felix: »Ich will – und schaffe es nicht!«

Frau Kupfer, Felix' Grundschullehrerin, hatte keinen Zweifel daran, dass er aufs Gymnasium gehen sollte. Es galt nun, die richtige Schule für ihn zu finden. Schon früh war uns bewusst, dass Felix einen sehr überschaubaren Rahmen brauchte. Wir fanden eine kleine Ganztagsschule mit nur 350 Schülern und zwei Klassen pro Jahrgang. Die Lehrer kannten alle Schüler.

Außerdem gefiel uns die Verzahnung von Schule und Hausaufgaben. Es wurde eine erweiterte Stundentafel angeboten, sodass die Schüler in der Schule viele Hausaufgaben anfertigen konnten. Wir befürchteten, dass Felix sonst wegen der gestiegenen Anzahl der Unterrichtsfächer zu viel vergessen könnte.

Die Voraussetzungen waren ideal, und wir alle wünschten und hofften, dass er in der neuen Schule weniger Schwierigkeiten haben werde.

Felix' neue Klassenlehrerin war eine nette Frau, gradlinig und konsequent. Frau Kirsch war sehr einschätzbar. Sie formulierte klar ihre Anforderungen und war gerecht.

Bei den Fachlehrern allerdings gab es Probleme. Felix schaffte es nicht, sich auf ihre Anforderungen einzustellen, da er sie nur ein- bis zweimal pro Woche sah.

Die Klagen der Lehrer häuften sich, und wieder einmal erhielten wir regelmäßig Briefe von der Schule.

Bis zu den Herbstferien spitzte sich die Lage zu. Wir standen vor der gleichen Situation wie in der Grundschule. Trotz der guten äußeren Rahmenbedingungen war Felix im Klassenraum unruhig, kippelte mit dem Stuhl und rief rein, ohne an der Reihe zu sein. Wieder einmal stürzte unsere Hoffnung auf eine Besserung der Situation in sich zusammen. Wir waren verzweifelt.

Vielleicht brauchte er mehr Bewegung? Wenn er mit dem Fahrrad die elf Kilometer in die Schule fuhr, würde es ihm vielleicht gelingen, dort ruhig mitzuarbeiten. Das Wetter in diesem Herbst war schön und trocken, so zeigten wir ihm einen sicheren Weg, den er morgens und mittags fahren konnte. Felix nahm die Idee begeistert auf, denn auch er litt unter dem Ärger in der Schule.

Wir führten sehr viele Gespräche mit den Lehrern und erklärten unserem Sohn immer wieder, was von ihm erwartet wurde. Alle Appelle halfen nichts, obwohl er Einsicht zeigte und sich an die Regeln halten wollte.

Immer häufiger vergaß er, welche Aufgaben zu erledigen waren und was er für die unterschiedlichen Fächer einpacken musste. In den Fächern, die nur einmal pro Woche auf dem Stundenplan standen, hatte er oft seine Hefte oder Bücher vergessen, obwohl ich ihn jeden Abend anhielt, seine Sachen ordentlich zu packen.

Ich hatte ihm einen schönen Stundenplan geschrieben, auf dem er nachlesen konnte, was er für den nächsten Tag brauchte. Doch es klappte einfach nicht. In meiner Verzweiflung kontrollierte ich, ob sein Ranzen vollständig gepackt war. Felix wurde darüber sehr wütend, doch ich sah keine Alternative. Ohne meine abendliche Ranzenkontrolle war der Ärger in der Schule vorhersehbar.

Ich wollte ihm die ständigen Zurechtweisungen der Lehrer ersparen. Es tat mir weh zu sehen, dass mein Kind nach wie vor überall aneckte.

Im fünften Schuljahr gab es mehrere Konferenzen, in denen diskutiert wurde, ob Felix die Schule verlassen sollte.

5. Klasse Gymnasium (aus einem Brief der Schule)

Heute haben wir in einer Klassenkonferenz über Ihren Sohn gesprochen. Im Besonderen waren die Aspekte Verhalten, Arbeitsverhalten und Leistungsvermögen Gegenstand der Unterredung. Das Team, das Felix unterrichtet, bemängelte an ihm, dass er oft Unterrichtsmaterialien vergisst, dass er in manchen Fächern (z. B. in Sport) ständig zu spät zum Unterricht kommt. Wir denken allerdings, dass die Tatsache noch schwerer wiegt, dass er im Unterricht große Konzentrationsprobleme hat, sich selbst oft ablenkt, sich mit anderen Dingen befasst und somit Übungsphasen nicht so nutzt, wie es sinnvoll ist. Diese Arbeit muss er dann überflüssigerweise zu Hause nachholen. Momentan sind seine Leistungen trotz dieses eher schlechten Arbeitsverhaltens noch befriedigend. Es besteht allerdings die Gefahr, dass er sich bei unverändert unstetem Arbeiten leistungsmäßig verschlechtert, obwohl die ihn unterrichtenden Lehrer einig waren, dass er ein recht gutes Leistungsvermögen besitzt.

Nach dem ersten Halbjahr riet uns die Klassenlehrerin, psychologische Hilfe für Felix in Anspruch zu nehmen, die er ihrer Meinung nach ganz dringend brauchte.

Verzweifelt berichteten wir Frau Kirsch über alle vorangegangenen therapeutischen Maßnahmen, auch darüber, dass wir nach wie vor regelmäßig die Erziehungsberatung aufsuchten.

Sie erwiderte: »Geben Sie Ihr Kind doch in die Kinderpsychiatrie. Vielleicht kann man ihm dort helfen. Ich hatte einen Schüler, der war zwei Monate dort, das hat ihm gut getan.«

Ich erschrak. Das konnte ich mir überhaupt nicht vorstellen. Alle möglichen Ängste stiegen in mir auf und Begriffe wie »Klapsmühle« und »Irrenanstalt«, die ich aus meiner Kindheit kannte, schossen mir durch den Kopf. Die Vorstellung, unser Kind in die Psychiatrie zu geben, schien Christoph und mir undenkbar. Wir lehnten diesen Vorschlag entschieden ab, zu groß waren unsere Ängste.

Auf meiner weiteren Suche nach Unterstützung für Felix fiel mir in den Osterferien ein Buch über Wahrnehmungsstörungen in die Hände. Darin wurden Kinder mit motorischen Ungeschicklichkeiten beschrieben, wie ich sie bei meinem Sohn immer erlebt hatte, aber auch viele andere Einzelheiten. Die Botschaft des Buches war: »Diese Kinder brauchen ärztliche Hilfe, und ihnen kann geholfen werden!«

Den Vorschlag der Lehrerin hatte ich verdrängt, jedoch nicht vergessen. Ermutigt durch das Buch, gab ich meinem Herzen einen Ruck und rief in der Ambulanz für Kinder- und Jugendpsychiatrie der Uniklinik an. »Sie benötigen einen Überweisungsschein des Kinderarztes«, teilte man mir dort mit. Die Stimme klang warm und freundlich. Ich brachte kaum einen Satz heraus und hatte das Gefühl, mein Kind zu verraten. Geduldig erklärte die Dame am Telefon, wie der Erstkontakt ablaufen würde. Es gelang ihr, mir meine Ängste zu nehmen. Nun war ich sicher, wir würden versuchen, dort Hilfe zu erhalten.

Der Termin beim Kinderarzt war schnell vereinbart. Vorwurfsvoll sah mich der Arzt an. Nein, nicht Felix brauche Hilfe, wir seien es, die Rat brauchten, um mit unserem Kind besser umgehen zu können, war seine Meinung. Doch ich war jetzt fest entschlossen, diesen Strohhalm nicht wieder loszulassen, und bestand auf einem Überweisungsschein. Nach längerer Diskussion unterschrieb der Arzt, gleichzeitig riet er eindringlich dazu, stattdessen besser eine Psychologin aufzusuchen, mit der er zusammenarbeite.

Mit dem Überweisungsschein in der Hand eilte ich nach Hause und vereinbarte einen Termin in der Uniklinik, der leider erst fünf Monate später war. Früher hatten sie nichts frei. Deshalb rief ich auch die vom Kinderarzt empfohlene analytische Psychologin an.

Christoph und ich wollten keine Gelegenheit auslassen, nach Hilfe für unseren Sohn zu suchen. So saßen wir wenige Tage später erwartungsvoll bei der Kinderpsychologin und schilderten ihr die familiäre und schulische Situation.

Schnell stand ihre Diagnose fest. Felix würde zappeln, um sich aus unserer zu engen Umklammerung zu lösen. Sie erklärte uns, dass wir unseren Sohn zu sehr behüteten, ihm nicht genügend Raum ließen, um seine eigenen Erfahrungen zu machen. Die Zappelei würde Felix einsetzen, um für seine Selbstständigkeit zu kämpfen. Die weiteren Termine sollten mit ihm alleine stattfinden, in diesem Sinne wolle sie mit ihm arbeiten.

Wir beschlossen, unser Kind nicht von dieser Psychologin behandeln zu lassen, sondern auf den Termin in der Uniklinik zu warten. Zu groß war inzwischen unser Misstrauen gegenüber dieser Art psychologischer Schnelldiagnosen, die uns bisher noch nie weitergeholfen hatten. Im Gegenteil: Je mehr wir solcherlei Rat befolgten, desto schwieriger wurde die Situation für unseren Sohn.

Ende der fünften Klasse wurde in einer Klassenkonferenz beschlossen, auf uns Eltern einzuwirken, Felix aus der Schule herauszunehmen. Die Lehrerin erklärte uns, er stünde kurz vor einer Verweisung von der Schule. Ich war verzweifelt und teilte Frau Kirsch mit, dass wir im Oktober einen Termin in der Kinder- und Jugendpsychiatrie hätten, so wie von ihr empfohlen, und bat sie, bis dahin Geduld zu haben und mit uns das Untersuchungsergebnis abzuwarten. Sollte man uns dort nicht weiter helfen können, würden wir unseren Sohn sofort aus der Schule nehmen, versprach ich ihr. Angesichts dieses überschaubaren Zeitraums, der zudem von den Sommerferien unterbrochen wurde, erklärte sich Frau Kirsch einverstanden. Christoph und ich waren ihr sehr dankbar für diese letzte Frist. Denn wir wussten genau: Auch in einer anderen Schule, gleich welcher Schulform, würden die gleichen Schwierigkeiten wieder auftauchen. Felix schaffte es nicht, die Regeln des Schulalltags einzuhalten, genauso, wie es ihm während der Sport- und Musikstunden am Nachmittag in den verschiedenen Gruppen nicht gelungen war.

Anfang der sechsten Klasse fand die lang geplante Klassenfahrt statt. Felix freute sich sehr darauf, trotzdem überlegten wir, ob wir ihn in dieser angespannten Situation mitfahren lassen sollten. Es drohte der fristlose Verweis, falls es Schwierigkeiten gäbe. Andererseits: Sollten wir ihn wirklich ausschließen und ihm sagen, dass wir uns vor weiteren Konflikten fürchteten? Nein, das wollten wir ihm nicht antun. Wie sollte unser Kind das Vertrauen behalten, seine Situation ändern zu können, wenn wir als Eltern ihm offen signalisierten, dass wir selbst kaum noch daran glauben konnten? So ließen wir ihn bangen Herzens mitfahren, mit vielen guten Ratschlägen und Appellen im Gepäck.

Am Abend nach der Rückkehr von der Klassenfahrt rief Frau Kirsch uns an. Mir rutschte das Herz in die Hose, als ich ihre Stimme am Telefon hörte. »Ich habe ja gar nicht gewusst, was Felix für ein liebenswertes und hilfsbereites Kind ist«, erklärte sie zu meiner großen Überraschung.

Bei diesem Ausflug hatte sie unseren Sohn von einer ganz anderen Seite erlebt. Felix hatte ordentlich und zuverlässig seine Dienste erledigt, hatte sich an Absprachen gehalten und war jederzeit freundlich gewesen, berichtete Frau Kirsch.

Sie hatte ihn bewusst an dem Tisch platziert, an dem auch sie und der begleitende Lehrer saßen, sodass beide Felix gut im Blick hatten. Doch all ihre Befürchtungen waren nicht eingetreten, sie wusste nur Positives zu berichten. »Das wollte ich Ihnen erzählen«, beschloss sie das Gespräch. Ich freute mich, die Anspannung wich einer großen Erleichterung. Überglücklich sah ich meinen Sohn an und erzählte ihm, welch positive Dinge Frau Kirsch über ihn berichtet hatte.

Endlich hatte ein Außenstehender gemerkt, dass Felix eine wirklich liebenswerte Art an sich hatte. Christoph und ich waren glücklich. Solche Momente erlebten wir viel zu selten.

KAPITEL 13

Die Diagnose – Ein Licht am Ende des Tunnels

Die Herbstferien waren vorüber, der Termin in der Kinder- und Jugendpsychiatrie rückte näher. Christoph konnte für diesen Tag keinen Urlaub bekommen, so musste ich ohne ihn dorthin. Mit zwiespältigen Gefühlen setzte ich mich am Morgen ins Auto. Einerseits hatte ich große Angst vor dem Ungewissen, andererseits hatte ich das Gefühl, dies sei unsere letzte Chance.

Vor dem Gespräch mit der Ärztin musste ich seitenlange Fragebögen ausfüllen. Viele der aufgeführten Punkte trafen auf Felix zu. Doch durfte ich das wirklich alles ankreuzen? Ich hatte das Gefühl, meinem Kind in den Rücken zu fallen, es preiszugeben, würde ich den Fragebogen wahrheitsgemäß ausfüllen. Bei allen Fragen suchte ich nach positiven Gegenbeispielen, um meine Antworten relativieren zu können.

Felix saß mir gegenüber. Auch er musste einen Fragebogen ausfüllen. Weil er schon sehr früh in die Pubertät gekommen war – bereits zu Beginn des sechsten Schuljahres war er im Stimmbruch –, arbeitete er den Fragebogen für Jugendliche durch.

Ich war gerade fertig, da öffnete sich die Tür, und die Ärztin bat Felix und mich in ihr Sprechzimmer. Ich fühlte mich sehr unsicher. Was würde auf mich zukommen?

Meinen Sohn hatte ich gut auf diesen Termin vorbereitet. Er hatte keine Vorbehalte, als er das Wort Psychiatrie hörte, da er wusste, dass dieser Vorschlag von Frau Kirsch kam, die er sehr mochte. Felix war eher genervt, dass wir schon wieder eine neue Anlaufstelle suchten; er war müde geworden, hatte resigniert.

Die Ärztin forderte mich auf zu erzählen, warum wir zur Untersuchung gekommen waren. Nun sollte ich über mein Kind erzählen, während es dabei saß und alles mitbekam. Was durfte ich sagen? Würde es nicht schwer für Felix sein, wenn ich jetzt die Wahrheit aussprach und wirklich die Karten auf den Tisch legte?

Doch die Ärztin war sehr kompetent und einfühlsam. Sie spürte meine Ängste, als könne sie Gedanken lesen. Es gelang ihr mühelos, Felix mit in das Gespräch einzubinden.

Wenn ich ein Erlebnis schilderte, wandte sie sich immer sofort an Felix, um seine Sichtweise zu erfahren. Sie räumte ihm stets die Möglichkeit ein zu reagieren.

Durch ihre geschickte Gesprächsführung verlor ich die Angst, meinen Sohn bloßzustellen. Felix schien die Scheu, über seine Schwierigkeiten zu sprechen, schnell zu vergessen, denn er merkte, dass die Ärztin ihm ernsthaft zuhörte. So entspann sich ein Dialog zwischen Felix und mir unter ihrer Moderation.

Als ich von den schulischen Problemen erzählte und die Kritik der Lehrer ansprach, ergänzte Felix meine Schilderungen und berichtete Details. Eine Last schien von ihm abzufallen, er war froh, reden zu können. Ich staunte darüber, denn seitdem er in therapeutischer Behandlung war, war immer bemängelt worden, dass er nicht bereit sei, über sich und seine Probleme zu sprechen. Später erzählte mir Felix, dass er zum ersten Mal das Gefühl hatte, ernst genommen zu werden in dem, was er sagte. Sonst hätten die Psychologen immer ein fertiges Bild im Kopf gehabt und ihm gar nicht mehr richtig zugehört.

Während des Gesprächs ergriff die Ärztin nicht Partei.

Sie moderierte und nahm alles, was wir ihr berichteten, sehr ernst, gab uns Rückmeldungen und fragte beim jeweils anderen nach. Wenn wir unterschiedliche Sichtweisen über denselben Vorfall hatten, ließ sie es stehen, ohne eine Wertung vorzunehmen.

Es ging nicht um Verantwortung oder Schuld. Die Klärung der Situation stand im Vordergrund, nicht deren Bewertung.

Felix erklärte, dass er uns Eltern als zu streng empfand, und schilderte entsprechende Begebenheiten. Ich berichtete, dass unsere Erziehung ohne einheitliche Linie gewesen war, da wir versucht hatten, die Ratschläge umzusetzen, die wir in den unterschiedlichen Beratungsstellen erhalten hatten. Immer in der Hoffnung, dass wir diesmal alles richtig machten. Mal war uns geraten worden, uns intensiver mit unserem Sohn zu beschäftigen, mal sollten wir ihn mehr alleine machen lassen und ihn nicht so sehr behüten. Felix solle seine Schulsachen selbstständig erledigen, befanden die Erziehungsberater – während die Lehrer gleichzeitig einforderten, wir sollten uns mehr darum kümmern. So schwankten wir ständig zwischen verschiedenen Erziehungsstilen, probierten vieles – zum Teil Widersprüchliches – aus, wodurch Felix uns wohl nicht einschätzen konnte.

Felix berichtete aber auch sehr differenziert über seine Probleme in der Schule: dass er Schwierigkeiten habe, Freunde zu finden, und dass er oft zum Sündenbock abgestempelt würde.

»Wenn mein Papa mich morgens in die Schule bringt, nehme ich mir ganz fest vor, keinen Ärger zu kriegen. Und wenn ich in der Schule angekommen bin, dann geht der ganze Ärger wieder los, und die Lehrer schimpfen mit mir. Ich will das doch gar nicht. Ich habe schon so oft versucht, brav zu sein.«

Mich berührte das sehr. Wie oft hatte ich schon in seine verzweifelten Augen geschaut, wenn er mir von dem Ärger in der Schule erzählte. Wie oft hatte er sich schon vorgenommen, alles ändern zu wollen, und war dennoch an diesem Wunsch gescheitert.

»Du schaffst es also nicht, ruhig zu sein, obwohl du weißt, dass du Ärger bekommst?«, fragte die Ärztin.

»Wenn mich ein Lehrer ausgeschimpft hat, setze ich mich wieder hin und denke: Jetzt werde ich ganz still sitzen, doch dann bekomme ich wieder geschimpft und merke, dass ich mit dem Stuhl kippele.«

Die Zeugnisse der ersten und zweiten Klasse hatte ich zu dem Untersuchungstermin mitgenommen, außerdem einige Briefe, die wir von der Schule erhalten hatten. Durch ihren sensiblen Umgang mit Felix und ihre wertfreie Gesprächsführung hatte ich nun genügend Vertrauen zu der Ärztin gewonnen, um ihr diese Unterlagen geben zu können, damit sie sich einen umfassenden Eindruck verschaffen konnte.

Gegen Ende des Gesprächs sagte die Ärztin, dass es sein könne, dass Felix ein Medikament nehmen müsse. Zum ersten Mal hörte ich den Namen »Ritalin«.

Ich erschrak. Einerseits hatte ich Vertrauen zu der Ärztin, andererseits wollte ich meinem Kind nie ein Medikament wegen seiner Verhaltensschwierigkeiten geben. Ich war gerne bereit, weiter in eine Beratung zu gehen oder Felix zu einer Therapie zu begleiten. Aber ein Medikament, das in seine Psyche eingreifen könnte, davor hatte ich Angst.

Felix hatte zwei weitere Termine, während denen die Ärztin Gespräche mit ihm führte und ihn ausführlich testete. Ich konnte nicht dabei sein, doch Felix hatte keine Scheu. Er freute sich auf den zweiten Termin, die Tests fand er spannend.

Felix über den Termin in der Psychiatrie

Wir mussten lange auf einen Termin warten, aber am Anfang des sechsten Schuljahres war es dann soweit. Ich ging zur Untersuchung. Meine Mutter erzählte der Ärztin, welche Probleme ich in der Schule habe und dass sich die Lehrer dauernd beschweren. Sie musste berichten, wie ich als Baby und im Kindergarten war und welche Probleme ich zu Hause mit ihr und meinen Geschwistern habe.

Sie sollte aber auch erzählen, was ich alles gut kann, z. B.: dass ich gerne lese, male, Geschichten schreibe und viel Fantasie habe.

Die Untersuchung ist (...) nicht wie in einem Gericht, dass man selbst der Angeklagte ist und die Ärztin den Eltern jetzt beim Meckern helfen will. Es ist das genaue Gegenteil. Die Ärztin will nicht den Eltern helfen, das Kind vollzumeckern, sondern sie will dem Kind helfen, damit es nicht mehr so viele Probleme hat. Deshalb braucht sie die ganzen Informationen, damit sie feststellen kann, ob man ADS hat oder nicht.

Mit der Ärztin zusammen musste ich viele Fragebögen ausfüllen, ein Puzzle legen, Aufgaben rechnen und ein Diktat schreiben. Dann sollte ich über meine Probleme und meinen Lebensweg berichten. Das Puzzle, die Rechenaufgaben und das Diktat gingen auf Zeit. Die Tests waren eigentlich gar nicht anstrengend und haben Spaß gemacht. Aber über mich zu erzählen ist mir nicht leicht gefallen, denn wer erzählt anderen Leuten schon gerne von seinen Schwierigkeiten. Das war mir peinlich. Doch ich war froh, dass mir jemand helfen wollte, mit meinen Problemen fertig zu werden.

Damit man sicher sein konnte, dass mein Verhalten nicht an mangelnder Intelligenz liegt, wie auch immer wieder behauptet wurde, musste ich einen Intelligenztest machen.

Weil die Ärztin ausschließen wollte, dass ich eine andere Krankheit habe, wurde ein EEG gemacht. Dabei werden die Hirnströme elektrisch gemessen. Man bekommt dafür eine Kabelmütze auf den Kopf. Das Schlimmste ist, dass man ruhig liegen bleiben muss.

Alle Tests zusammen dauerten zwei Vormittage und einen Nachmittag. Das klingt bestimmt ätzend. Aber wenn man dauernd Ärger hat, ist das genauso ätzend, nur dass der Ärger viel länger dauert. Die Diagnose besagte, dass ich ADS/H+ (mit Hyperaktivität) habe.

Der Gedanke an das Medikament ging mir nicht mehr aus dem Kopf. War Felix bei dieser Ärztin wirklich gut aufgehoben? Ich war hin- und hergerissen.

Ich benötigte Informationen, um mein Gefühlschaos in den Griff zu bekommen. Also fragte ich in einer Apotheke, ob man dort »Ritalin« kenne. Die Apothekerin reagierte heftig und riet mir von dieser Arznei ab. »Es handelt sich um ein Betäubungsmittel, das können Sie Ihrem Kind nicht geben«, sagte sie mit vorwurfsvoller Stimme. »Lesen Sie den Beipackzettel!«

Sie drückte mir einen eng bedruckten Zettel in die Hand, der länger als ein DIN A4-Blatt war. Die Liste der Nebenwirkungen war beängstigend. Mit heftigem Herzklopfen und Tränen in den Augen gab ich den Zettel der Apothekerin zurück. Ein solches Medikament würde mein Kind nie einnehmen, das stand für mich fest.

Die Apothekerin erzählte, dass der Sohn einer Bekannten dieses Medikament nehmen sollte. Auch ihr habe sie davon abgeraten. Stattdessen bekäme er nun homöopathische Mittel. Auf meine Frage, wie diese wirkten, erhielt ich zur Antwort, dass es das Wichtigste sei, dass das Kind kein Ritalin nehmen müsse. Diese Frau sprach mir aus dem Herzen.

Sechs Wochen später hatten wir erneut einen Termin in der Kinder- und Jugendpsychiatrie. Diesmal bekam Christoph frei, und wir konnten gemeinsam zu dem Gespräch gehen.

Die Ärztin erklärte uns, welche Tests sie mit unserem Sohn durchgeführt hatte, und erläuterte uns die Ergebnisse. Während der Tests hatte sie Felix' Arbeitsweise und sein Konzentrationsvermögen beobachtet. Die Fragebögen hatte sie zwischenzeitlich ausgewertet und Felix noch einmal intensiv befragt. Das EEG war unauffällig.

»Ihr Kind hat das hyperkinetische Syndrom«, lautete ihre Diagnose.

Den Begriff hatten wir noch nie gehört. Was sollten wir uns darunter vorstellen? Die Ärztin erklärte uns die Diagnose und brachte dabei eine Linie in Felix' Lebensgeschichte.

Seine Lebhaftigkeit schon während der Schwangerschaft, dass er als Baby ein anstrengendes Schreikind war und nur wenig Schlaf brauchte, dass er nicht spielen konnte, alles ausräumte, aber nicht aufräumte, dass er so schnell das Interesse an neuen Spielen und Aktivitäten verlor, dass er seine Sachen nicht wiederfand, dass er so spät lernte, mit Besteck zu essen, seine laute hektische Art, mit der er schon als Kleinkind andere Kinder erschreckte, dass er sich so schlecht in Gruppen einfügen konnte, dass er so bestimmend auftrat und bei Spielen schlecht verlieren konnte, dass er sich im Unterricht nicht konzentrieren konnte und immer wieder störte, dass er viele Sachen mit Freude begann und kaum eine zu Ende brachte ...

Und auch, dass er Dinge von anderen einsteckte und hinterher behauptete, er hätte sie gefunden oder geschenkt bekommen, dass er sich sein Taschengeld so schlecht einteilen konnte, dass er seine Vokabeln erst in letzter Sekunde lernte, weil er seine Zeit schlecht überblicken konnte, dass er so viele Dinge verlor ...

Aber auch seine Kreativität, seine Gabe, sich immer neue Spiele auszudenken, sein unerschöpfliches Interesse an den Dingen, die um ihn herum passierten, seine große Fantasie, seine Spontaneität, seine Tierliebe, sein Interesse, neue Dinge kennen zu lernen und auszuprobieren, seine Sensibilität, seine Hilfsbereitschaft während der Klassenfahrt ...

Über all dem spannte die Ärztin einen Bogen und zeigte uns das Krankheitsbild auf. Sie erklärte, warum die Ratschläge aus der Erziehungsberatung, Felix früh in die Selbstständigkeit zu entlassen, nicht funktionieren konnten. Es fehlte ihm die Eigenstruktur. Deshalb konnte er auch nicht aus den eigenen Fehlern und den daraus folgenden Konsequenzen lernen, aus diesem Grunde wirkte unser Kind so uneinsichtig. Verminderte Aufmerksamkeit, Impulskontrollschwäche, hohe Vergesslichkeit, Distanzlosigkeit und eine zu geringe Fähigkeit zur Selbststeuerung waren Begriffe, die die Ärztin im Gespräch erwähnte und die ich erst im Laufe der folgenden Monate richtig verstehen konnte.

Die ganzen »Einzelbaustellen« der letzten Jahre – die in der Erziehungsberatung auch immer so behandelt wurden – fügten sich während dieses Gesprächs zu einem Gesamtbild zusammen.

Plötzlich erkannte ich den Zusammenhang. Ich sah die Parallele zwischen dem vergessenen Pausenbrot und dem nicht gepackten Turnbeutel. All die liegen gelassenen Jacken, der Schulranzen, der an der Bushaltestelle stehen geblieben war, und die Geige, die in der U-Bahn weiterfuhr, nachdem Felix schon ausgestiegen war – wir begannen zu verstehen, warum das so oft passierte.

Immer wieder fragten Christoph und ich nach. So umfassend hatte noch nie jemand unsere und Felix' Situation dargestellt. Mit dieser neuen Sichtweise mussten wir uns erst vertraut machen. Hatten wir bisher immer nur an einzelnen Schwierigkeiten gearbeitet und versucht, diese zu beheben, schien das Problem nun riesengroß zu sein.

Wenn doch alles zusammenhing, wie sollten wir Felix dann helfen können? Andererseits sprach die Ärztin davon, dass Hilfe für unser Kind möglich sei.

»Bei Felix ist das Hyperkinetische Syndrom sehr stark ausgeprägt«, erklärte die Ärztin und riet zu einer medikamentösen Behandlung.

Ich erzählte ihr von meinem Besuch in der Apotheke und meiner Angst davor, meinem Kind eine solche Arznei zu geben. Sie klärte uns über die Wirkung und möglichen Nebenwirkungen des Medikamentes auf. Ich spürte, dass sie über eine große Erfahrung verfügte und meine Ängste ernst nahm.

Dennoch: Wir würden uns als Eltern anleiten lassen, wie wir mit Felix umgehen konnten, und Felix würde eine Therapie machen, aber das Medikament würde er nicht bekommen. In diesem Punkt blieben wir hartnäckig.

»Ich denke, Ihr Kind braucht diese Unterstützung, bis andere zielgerichtete Therapien greifen können.« Die Ärztin stellte ein Rezept für einen Amphetaminsaft aus, der länger wirken würde als Ritalin, und bat uns, unsere Entscheidung, das Medikament nicht geben zu wollen, noch einmal zu überdenken.

Angefüllt mit neuen Erkenntnissen, einer neuen Sichtweise auf unser Kind, aber auch sehr unsicher darüber, wie es nun weitergehen sollte, verließen wir das Sprechzimmer der Ärztin.

Wir brauchten mehrere Tage, um all das Gehörte zu verarbeiten. Im Nachhinein betrachtet war die Diagnose eine große Erleichterung für uns alle. Das Erkennen der Zusammenhänge brachte erstmals die Möglichkeit, umfassend zu helfen. Dies war all die Jahre zuvor durch das getrennte Betrachten der einzelnen Konflikte nie ein Thema gewesen.

KAPITEL 14

Medikamente – wirklich eine Chance?

Felix wollte unbedingt wissen, was die Ärztin uns erzählt hatte. Als wir zu Hause ankamen, erzählte ich ihm zuerst, in welchen Tests er sehr gut abgeschnitten hatte und welche Stärken die Ärztin bei ihm erkannte. Ein Lächeln huschte über sein Gesicht, denn wir alle schauten sonst viel zu sehr auf seine Probleme. Es tat ihm sichtbar gut zu hören, welche Fähigkeiten er besaß.

»Felix, die Ärztin sagte, du bist ein hyperaktives Kind«, fuhr ich fort. In möglichst kindgerechter Weise erklärte ich ihm, was ich gerade eben selbst über das Hyperkinetische Syndrom gelernt hatte.

»Weißt du, hyperaktive Kinder haben eine Stoffwechselstörung, ihr Körper funktioniert anders. Deshalb haben sie bei manchen Sachen mehr Schwierigkeiten als andere Kinder. Du hast der Ärztin ja selbst von solchen Situationen erzählt.« Felix nickte zustimmend.

»Nun gibt es auch andere Menschen, deren Körper an manchen Stellen anders funktioniert, bei Papa sind es zum Beispiel die Augen.«

»Deshalb trägt Papa eine Brille, weil er sonst nicht richtig sehen kann.«

»Genau, Felix. Und nun stelle dir mal vor, keiner hätte gemerkt, dass Papa kurzsichtig ist, also dass seine Augen anders funktionieren. Dann hätte er ziemliche Probleme in der Schule bekommen, zum Beispiel beim Vorlesen.«

»Der Papa kann doch die Buchstaben gar nicht genau erkennen«, ergänzte Felix.

»Richtig! Aber das hätte ja keiner gewusst. Jeder hätte gesagt, der Papa strengt sich nicht genug an, der ist zu faul zum Lesen lernen.«

»Der Papa ist aber gar nicht faul«, protestierte Felix.

»Genau«, stimmte ich ihm zu. »Aber keiner hätte es gemerkt. Die Lehrer hätten ihm Strafarbeiten aufgegeben, und seine Mutter hätte ihm gesagt, er solle mehr üben, fleißiger sein und schneller arbeiten.«

Felix begann zu verstehen. »Wie bei mir«, sagte er leise.

»Wie bei dir«, bestätigte ich. »Keiner hätte gemerkt, dass der Papa eigentlich lesen lernen will, weil er Bücher so sehr mag. Und wenn Papa gesagt hätte, dass er doch ganz fleißig übe, hätte ihm das keiner geglaubt.«

Felix wurde still. Genauso war es ihm auch ergangen.

»Glücklicherweise«, fuhr ich fort, »wissen die Leute schon sehr lange, dass Kinder kurzsichtig sein können, und die Oma ist deshalb mit dem Papa zum Augenarzt gegangen. Er konnte ganz normal lesen lernen, obwohl seine Augen anders funktionieren.«

»Und ich?«, fragte Felix.

»Bei dir funktioniert dein Körper anders. Der Unterschied ist, dass wir das nicht wussten. Wir sind von Pontius zu Pilatus gelaufen, du weißt, wo wir überall waren.«

Felix nickte. Die Belastung durch all die vielen Termine stand ihm ins Gesicht geschrieben.

»Niemand wusste, warum du diese Schwierigkeiten hattest. Deshalb dachten alle, du strengst dich nicht genug an. Die Lehrer haben mit dir geschimpft, und ich habe dir dauernd gesagt, du sollst dir mehr Mühe geben. Wir alle konnten es nicht richtig glauben, wenn du beteuert hast, dass du dich bemühst.«

»Keiner hat mir das geglaubt«, sagte Felix.

»Es tut mir Leid«, entschuldigte ich mich bei ihm. »Jetzt weiß ich, dass ich viele Situationen falsch bewertet und oft nicht richtig reagiert habe. Ich habe viele Fehler gemacht.« Einzelne Momente schossen mir wie Blitze durch den Kopf. Mühsam musste ich meine Tränen zurückhalten. Die Uhr ließ sich nicht zurückdrehen. Ab heute konnten wir neu beginnen, doch all die Jahre zuvor waren verloren.

»Mama, du wusstest doch nicht, dass mein Körper anders funktioniert«, sagte Felix. »Bekomme ich jetzt auch eine Brille?«

»Nein«, lächelte ich ihn an. »Du wirst eine Therapie machen. Die Ärztin hat versprochen, uns allen zu helfen.«

Felix fiel mir in die Arme. Er spürte meine Zuversicht, dass es nun besser würde, und ließ sich davon anstecken. Glücklich drückte ich meinen Jungen an mich und genoss diesen entspannten Augenblick. Wie lange schon waren solch schöne Momente in all den Sorgen untergegangen.

»Die Ärztin erwähnte noch ein Medikament«, sagte ich nach einer Weile. »Aber das brauchst du nicht. Wir wollen nicht, dass du das nimmst.«

»Was ist das für ein Medikament?«, fragte Felix. »Was ist daran so schlimm?«

»Es hat sehr viele Nebenwirkungen. Ich war in der Apotheke und habe den Beipackzettel gelesen. Weißt du Felix, ich habe riesige Angst davor, den nächsten Fehler zu machen.«

Er schwieg ein paar Sekunden, dann sah er mich nachdenklich an. Nie werde ich vergessen, wie er sagte, »Mama, wenn es für mich noch irgendeine Chance gibt, dann lass es mich probieren.«

Ich musste mich dringend weiter informieren. Dabei stieß ich auf das gerade in diesem Monat erschienene Buch von Cordula Neuhaus *Das hyperaktive Kind und seine Probleme*.

»Woher kennt Frau Neuhaus unsere Familie?«, fragte ich mich beim Lesen des Buches und markierte ganze Absätze.

Wegen der unzähligen Parallelen zu unserer Situation war das Buch überaus glaubhaft für mich. Diese Frau weiß genau, worüber sie schreibt, dachte ich. Deshalb brachte mich ihre Einschätzung, dass es hyperaktive Kinder gibt, die Medikamente benötigen, um sich emotional und sozial gut weiter entwickeln zu können, ins Grübeln.

Mit dem Wissen aus diesem Buch und dem Satz von Felix im Hinterkopf – »Wenn es für mich noch irgendeine Chance gibt, dann lass es mich probieren« – ging ich zur Apotheke und löste das Rezept ein, das die Ärztin uns mitgegeben hatte. Sichtbar widerwillig nahm die Apothekerin das Rezept an. »Werden Sie Ihrem Sohn nun doch das Medikament geben?«, fragte sie vorwurfsvoll.

»Wir werden es ausprobieren«, erwiderte ich mit leiser Stimme. Ich war noch immer sehr unsicher, ob ich gerade das Richtige tat.

Der Amphetaminsaft musste in der Apotheke zubereitet werden, es dauerte zwei Tage, bis ich das Medikament abholen konnte. Am darauf folgenden Wochenende nahm Felix das Medikament zum ersten Mal.

Die Wirkung war verblüffend.

Zum ersten Mal konnte Felix bei einem Spiel sitzen bleiben und bis zum Ende mitspielen. Wir spielten Mensch-ärgere-dich-nicht, wie so häufig. Wachsam schaute Felix auf das Spielbrett, setzte seine Züge geschickt ein. Welch ein Unterschied zu anderen Tagen. Sonst verlor er in dem Gewimmel der Spielfiguren den Überblick über die Position der eigenen Männchen. Sonst sprang er immer wieder auf, konnte kaum abwarten, bis er wieder am Zug war, und brach meist vorzeitig ab. Doch an diesem Sonntag blieb er am Tisch sitzen und spielte ruhig und konzentriert. Welch ein Unterschied! Wir konnten es kaum fassen.

Ich merkte, dass Felix sich wohler fühlte, er war viel ausgeglichener. Seine positiven Eigenschaften, seine offene Art, auf andere zuzugehen, traten deutlich stärker hervor.

Wenn man mit ihm sprach, konnte er länger zuhören und das Gesagte besser erfassen. Felix war glücklich über diese Wirkung. Das war für mich das wichtigste Argument.

Zu beobachten, wie gut es Felix nun ging, erleichterte mich nicht nur, sondern es bekümmerte mich auch. Ich weinte oft in dieser Zeit. Dass diese Veränderung auf ein Medikament zurückzuführen war, widersprach allem, wofür ich bislang in der Erziehung meiner Kinder gekämpft hatte.

Es war ein schwieriger Lernprozess für mich, diesen neuen Weg zu akzeptieren.

Auch Felix' Lehrerin meldete uns schon sehr bald zurück, dass er wesentlich weniger störe und konzentrierter arbeite.

Er konnte auf seinem Stuhl sitzen bleiben und rief nicht mehr ständig rein, ohne an der Reihe zu sein. Wenn er ermahnt werden musste, akzeptierte er das und bemühte sich sichtbar, sein Verhalten zu kontrollieren. Sie hatte den Eindruck, dass er sich wesentlich besser steuern konnte. Er sei nicht mehr so chaotisch.

»Der Termin in der Uniklinik ist anscheinend positiv verlaufen?«, fragte Frau Kirsch nach. »Ich habe den Eindruck, dass Felix viel fröhlicher ist und freundlicher auf seine Klassenkameraden zugeht.«

Ich war froh über diese Reaktion. Doch als ich der Lehrerin von dem Amphetaminsaft erzählte, war sie offensichtlich nicht glücklich darüber, dass Felix nun ein Medikament bekam. Ich berichtete ihr von unseren eigenen Ängsten, sagte ihr, dass auch uns die Entscheidung nicht leicht gefallen sei, dass aber Felix es selbst ausprobieren wollte. Sie respektierte unsere Entscheidung. Wir hatten einige Abschnitte aus dem Buch von Cordula Neuhaus zusammengestellt, die wir ihr nun gaben, damit sie unseren Sohn besser verstehen konnte. Frau Kirsch nahm die Informationen mit Interesse an. Mir fiel ein Stein vom Herzen.

Aufgrund der positiven Wende in Felix' Verhalten verzichtete sie schließlich darauf, einen Schulverweis in die Wege zu leiten.

Damit war die Sache für mich entschieden. Ich würde ein zweites Rezept für den Amphetaminsaft holen, auch wenn es mir schwer fiel. Der Ärztin erzählte ich, dass es Felix nun sehr viel besser ging. Ich erzählte ihr von dem Gespräch mit der Lehrerin und von meinen Beobachtungen.

Um zu testen, wie Felix auf das Medikament ansprach, hatten wir zunächst ein Rezept für eine kleine Flasche mit 100 ml Saft bekommen.

Nun erhielt ich ein Rezept über 200 ml Saft, den ich nach zwei Tagen fertig zubereitet aus der Apotheke abholen konnte.

Einige Tage später meldete sich die Klassenlehrerin Frau Kirsch telefonisch. »Sie haben offenbar Ihren Ängsten nachgegeben – oder? Felix nimmt das Medikament wohl nicht mehr, wie ich an seinem Verhalten erkennen kann.«

»Doch, er bekommt es noch ...«, erwiderte ich irritiert.

Felix war wieder hyperaktiv und chaotisch wie in der Zeit vor der Diagnose. Ich fühlte mich bestärkt in meiner Ablehnung. Die Wirkung war wohl doch nur Einbildung – eine Eintagsfliege.

Es war alles wie in den Wochen, bevor er das Medikament bekam – doch unser Sohn nahm unverändert seinen »Saft«!

Ich vereinbarte einen neuen Termin in der Uniklinik und erklärte der Ärztin, dass der Amphetaminsaft nicht mehr wirke. »Nun, Ihr Sohn bekommt das Medikament erst drei Wochen. Oft dauert es eine Weile, bis die richtige Dosierung gefunden ist. Bei manchen Kindern ist das schwierig.«

Die Dosis wurde von 7 ml auf 10 ml erhöht. Eine leichte Wirkung war zu erkennen, aber längst nicht so wie zu Beginn der Behandlung.

Felix war sehr enttäuscht. Er hatte große Hoffnung geschöpft, dass sich seine Situation nun bessern würde. Er hatte so sehr auf eine Chance gehofft – und nun dieser Rückschlag.

Zwischenzeitlich hatte ich mich einer Selbsthilfegruppe für Eltern hyperaktiver Kinder angeschlossen. Sie war zwar leider nicht in unserer Nähe, aber ich war froh, eine Gruppe von Müttern gefunden zu haben, die sich in einer ähnlichen Situation befanden. Ich fühlte mich gut aufgehoben und verstanden. Dort konnte ich offen über unsere Probleme reden.

Ich lernte eine Mutter kennen, die ein etwa gleichaltriges Kind mit ähnlichen Schwierigkeiten hatte. Sie erzählte, dass es ihrem Sohn nach einiger Zeit mit dem Medikament sehr viel besser ging, er sich in der Schule stabilisiert habe und, was noch viel wichtiger sei, er habe erstmalig Freunde gefunden. Sie ermutigte mich, die Anfangszeit durchzuhalten und noch eine Weile zu beobachten.

Im Gespräch mit dieser Mutter wurde mir bewusst, dass sich einiges zum Positiven verändert hatte, also blieb es dabei, dass Felix den Saft erst mal weiter einnehmen sollte.

Als die Flasche aufgebraucht war, ging ich erneut in die Apotheke, um ein Rezept einzulösen.

»Oh, Frau Dietz«, kam die Apothekerin auf mich zu, »uns ist ein großer Fehler unterlaufen. Beim Registrieren unseres Medikamentenbestandes ist uns aufgefallen ...«

Ich schaute sie verblüfft an. »Was ist denn passiert?«

»Wir haben zu spät bemerkt, dass Ihr Rezept nicht wieder über 100, sondern diesmal über 200 ml Saft ausgestellt war. Wir haben das Medikament für 100 ml zubereitet und mit der doppelten Menge Wasser aufgefüllt. In dem Saft befand sich nur die Hälfte des Wirkstoffs.«

Nun wurde mir alles klar. Als Felix die 7 ml Saft einnahm, befand sich darin nur Wirkstoff für 3,5 ml. Er war völlig unterdosiert, deshalb konnte keiner eine Wirkung erkennen. Nach der Erhöhung bekam er 10 ml, durch die falsche Zusammensetzung enthielten diese aber eine Wirkstoffmenge, die sonst in 5 ml enthalten wäre. Das war immer noch weniger als vorher, doch die Wirkstoffmenge lag dicht bei der erforderlichen Dosierung. Deshalb konnte man eine leichte Wirkung erkennen, die aber nicht ausreichte.

Wir hatten unfreiwillig und ohne es zu wissen einen »Doppel-Blind-Versuch« in Bezug auf die Wirkung des Medikamentes gemacht. Alle Beteiligten beobachteten, dass Felix wieder zu seinem alten Verhalten und Arbeitsstil zurückkehrte, obwohl er das Medikament – allerdings in einer wirkungslosen Zubereitung – weiter einnahm.

Psychische Ursachen waren ausgeschlossen, denn Felix' Verhalten änderte sich schlagartig mit dem Beginn des falsch zubereiteten Medikamentes. Auch nahm Felix die ganze Zeit den Saft weiter, sodass wir ausschließen konnten, dass die Verbesserung darauf beruhte, dass er dachte, wenn er ein Medikament nähme, müsste er sich anders verhalten. Was wir beobachtet hatten, war also kein Placebo-Effekt, sondern das Medikament hatte tatsächlich diese positive Wirkung.

Ich führte ein langes Gespräch mit der Ärztin, in dem mir sehr deutlich bewusst wurde, dass dieser Amphetaminsaft Felix unterstützte und ihm ermöglichte, soziale Erfolge zu haben: zu Hause mit den Geschwistern und in der Schule mit den Klassenkameraden.

Das gab mir den letzten Anstoß zu akzeptieren, dass dieses Medikament notwendig für ihn war.

Felix über den Amphetaminsaft

Das Medikament, das ich nehme, hilft mir sehr. Es ist ein Amphetamin in flüssiger Form, das sehr süß ist und nach Himbeeren schmeckt. Deshalb nennen wir es in unserer Familie schlicht und einfach »Saft«. (...)

Mir gelang es jetzt auch besser, mit den Aufgaben anzufangen. (...)

Die Lehrer waren fast alle begeistert von mir. Sie merkten, dass ich nicht der böse unruhige Felix war, der ständig den Unterricht störte, sondern dass ich jetzt ruhig auf meinem Stuhl sitzen konnte. (...)

Ich freute mich, dass es etwas gab, das mir bei der Lösung von vielen meiner Probleme half.

Ich kippelte nicht mehr so viel mit meinem Stuhl und klapperte nicht mehr ständig mit meinen Stiften und anderen Sachen. Das wollte ich ja vorher auch nicht, aber da schaffte ich es einfach nicht aufzuhören. Plötzlich ging das.

Mittags klappte das Konzentrieren und Dabeibleiben bei den Hausaufgaben jetzt besser, was mir vorher trotz großer Anstrengung nicht gelungen war. (...)

Ich bekam plötzlich mit, was da im Unterricht passierte, konnte den Lehrern zuhören und wurde nicht durch meine Mitschüler, aber auch durch meine eigenen Gedanken abgelenkt. (...)

Ich wurde plötzlich von meinen Mitschülern auf Geburts-

tagspartys eingeladen. Ich bekam richtige Freunde, mit denen ich mich mittags mal treffen konnte. Zur Krönung wurde ich im nächsten Schuljahr zum stellvertretenden Klassensprecher gewählt.

...

Der verstorbene Arzt Dr. Walter Eichlseder spricht in seinem Buch *Unkonzentriert?* (Beltz, 1992) davon, dass die medikamentöse Behandlung das Kind ermächtigt, das zu tun, was es schon immer tun wollte, zuvor aber nie zu Stande brachte.

Das entsprach genau meinen Beobachtungen. Felix hatte nun die Möglichkeit, seinen Willen umzusetzen, und wurde nicht von seinem ADS daran gehindert. Er hatte schon immer den Wunsch, in der Schule nicht negativ aufzufallen und Freunde zu finden. Als das Medikament wirkte, konnte er genau dies realisieren und freute sich darüber.

Während er das Medikament in unwirksamer Dosierung nahm, wünschte er sich immer noch das Gleiche, nur hatte er nicht mehr die Möglichkeit, es in die Tat umzusetzen.

Felix bemerkte dies sehr genau und war enttäuscht. Er zweifelte an sich selbst. »Vielleicht bin ich doch zu faul«, stellte er resigniert fest. Umso mehr freute er sich, dass das Chaos der letzten Wochen nicht an seinem fehlenden Willen, sondern an der falschen Dosierung gelegen hatte.

Seit diesem Tag habe ich mich mit dem Medikament arrangiert, obwohl es mir noch nicht ganz gelingt, mein schlechtes Gewissen darüber abzulegen, dass mein Kind überhaupt ein Medikament nehmen musste.

Felix zu seinem Medikament

Der Saft hat mich aber nicht intelligenter oder freundlicher gemacht. Er hilft mir nur dabei, Dinge zu tun, die ich ohne mein ADS sowieso auch tun könnte! (...)

Ich habe heute nicht mehr so viel Streit mit meinen kleinen Geschwistern. Wenn sie mich ärgern, gehe ich nicht mehr gleich an die Decke. Ich kann dann meistens ganz cool bleiben. Das kommt, weil ich mit dem Saft nicht mehr so impulsiv bin. Ich bekomme jetzt schon schneller mit, wenn jemand sauer wird (das merkt man als ADSler meistens zu spät), und deshalb gibt es nicht mehr so viel Streit.

Ich habe jetzt ziemlich viele Vorteile beschrieben. Deshalb wünsche ich mir manchmal, dass ich das Medikament schon früher bekommen hätte. Aber ich bin sehr froh, dass ich überhaupt von meinem ADS erfahren habe. (...)

Es ist auch mit Medikament noch schwer, und ich muss mich sehr anstrengen. Mit dem Medikament fällt es mir leichter, mich zu konzentrieren, aber ich werde immer noch leicht abgelenkt. Ich bin auch noch zappelig, wenn ich das Medikament genommen habe, aber weniger.

Leider kann das Medikament mein ADS nicht wegzaubern ... aber heute habe ich schon besser gelernt, mit meinem ADS umzugehen.

Mir war es wichtig, Felix klar zu machen, dass das Medikament nicht seine Anstrengungen ersetzte, im Ungang mit anderen zurechtzukommen. »Du bist immer verantwortlich für dein Handeln. Der Saft hilft dir nur, deine Vorhaben besser umsetzen zu können, weil du deine Handlungen besser steuern kannst. Viele Sachen fallen dir schwerer. ADS ist eine Erklärung dafür, du darfst es aber nie als Ausrede benutzen.«

Dann nahm ich ihn liebevoll in die Arme, meinen großen Jungen.

Wenig später wollte ich Felix zum Konfirmandenunterricht anmelden. Der Pfarrer hatte ihn fünf Jahre nicht mehr gesehen, aber er hatte eine feste Meinung über Felix, da er ihn noch aus seiner Kindergartenzeit kannte. Damals hatte Felix an der Musikgruppe der Pfarrfrau teilgenommen. Er war gerne dorthin gegangen, doch schon nach wenigen Wochen war er wegen seines wilden Verhaltens ausgeschlossen worden. Später hatte Felix an einer Ferienfreizeit teilgenommen, die die Pfarrfamilie anbot. Auch damals waren die Betreuer nicht mit Felix zurechtgekommen, und er war von weiteren Freizeiten ausgeschlossen worden. All dies hatte der Pfarrer nicht vergessen. »An der Konfirmandenfahrt nimmt Felix nicht teil!«, war seine spontane, aber auch entschiedene Reaktion.

Nicht schon wieder sollte mein Kind ausgeschlossen werden! Erschrocken über die Reaktion, warb ich mit dem Wissen über ADS um Verständnis und fand es schließlich auch, denn nun gab es eine Erklärung für Felix' Verhalten!

Der Pfarrer war bereit, Felix eine Chance zu geben, er durfte an der Konfirmandenfahrt teilnehmen. Aufgrund der Behandlung war unser Kind nun in der Lage, sich an Regeln und Absprachen zu halten. Der Pfarrer und seine Frau waren von Felix' positiver Veränderung überrascht und äußerten sich nach der Rückkehr sehr lobend über ihn.

Die ADS-Diagnose und die Behandlung machten möglich, was alle Therapien zuvor nicht vermocht hatten. Felix konnte den Kreislauf aus Ausgrenzung und Stigmatisierung durchbrechen!

KAPITEL 15

Auf Diät – die Suche nach Alternativen

Monatlich fuhr ich zu den Treffen der Elternselbsthilfegruppe, den weiten Weg nahm ich gerne in Kauf. Jahrelang hatte ich den Eindruck gehabt, die Einzige mit einem schwierigen Kind zu sein. Doch hier saß ich in einer Runde von Eltern, die alle in einer ähnlichen Situation waren. Wenn eine Mutter erzählte, sah ich das Nicken der anderen Eltern, sie alle hatten vergleichbare Erfahrungen. Wie war das möglich?

So viele Jahre der Suche nach Hilfe, wie oft hatte ich mich einsam inmitten der glücklichen Familien gefühlt. Hätte ich diese Gruppe doch Jahre vorher gefunden. Warum hatte nicht einer der vielen Erziehungsberater uns etwas über hyperaktive Kinder erzählt?

Einige Eltern wussten schon seit längerer Zeit, dass ihr Kind hyperaktiv war. Sie hatten schon viele Erfahrungen gesammelt. Andere Eltern waren neu in der Gruppe, genau wie ich. Es tat mir gut, den erfahrenen Müttern zuzuhören, denn viele ihrer Tipps konnte ich zu Hause ausprobieren, Tipps, die nun wirklich zum Erfolg führten.

Verunsichert wurde ich nur durch die Haltung der Leiterin der Selbsthilfegruppe, denn sie war absolut gegen Medikamente eingestellt. Sie erklärte stolz, ohne dieses Mittel auszukommen, und setzte stattdessen bei ihrem Sohn auf eine Ernährungsumstellung: die »oligo-antigene-Diät«, von deren Erfolg sie uns regelmäßig und überschwänglich berichtete.

Die Theorie dahinter ist: Diese Diät beruht auf der Annahme, dass Kinder auf bestimmte Nahrungsmittel allergisch reagierten und dadurch körperlich unruhig würden. Die Hyperaktivität resultiere demnach aus versteckten (maskierten) Allergien, die, insbesondere durch Lebensmittelzusätze wie Konservierungs- und Farbstoffe, aber auch durch Milch, Eier, Fisch und Zucker hervorgerufen wurden.

Das passte zu meiner Grundüberzeugung.

Ich hatte von jeher darauf geachtet, meine Kinder gesund zu ernähren und nach Möglichkeit in Bioläden einzukaufen. So war ich leicht für diesen Gedanken zu gewinnen, zumal ich immer noch auf der Suche nach einer Behandlung ohne den Amphetaminsaft war, den ich als »notwendiges Übel« betrachtete.

Begeistert von der Idee, eine Alternative zu dem Medikament zu finden, vereinbarte ich umgehend einen Termin bei einem Allergologen, der »das große Programm« testete. Felix ließ die Prozedur geduldig über sich ergehen, doch der Arzt fand nicht einen einzigen Stoff, auf den er allergisch reagierte.

Enttäuscht berichtete ich darüber in der Selbsthilfegruppe. Das Testergebnis wurde von der Gruppenleiterin in Frage gestellt, niedergelassene Allergologen untersuchten zu ungenau, ich sollte mit Felix eine Privatklinik, die sie mir empfahl, aufsuchen.

Ich vereinbarte dort telefonisch einen Termin und fragte auch gleich nach möglichen Ursachen von Hannahs Bauchschmerzen. Bei Jonas war auffällig, dass er von früher Kindheit an mit Blähungen zu kämpfen hatte.

Der Arzt schlug daraufhin vor, auch Jonas und Hannah auf Allergien zu testen und bei beiden einen Atemgastest durchzuführen.

Fünf Monate nach Felix' ADS-Diagnose fuhren wir schließlich in die empfohlene Klinik in der Nähe von Kassel – meine drei Kinder und ich.

Bei dem Aufnahmegespräch erläuterte der Arzt, dass bei diesem Verfahren die Allergene in verschiedenen Dosierungen unter die Haut gespritzt werden und das Verfahren deswegen genauer sei als beim niedergelassenen Arzt. Zusätzlich würden umfangreiche Bluttests durchgeführt. Wenn das Kind ausgetestet sei und man sich an die erforderliche Diät halte, könnte man auf das Medikament verzichten – bei gleichem Erfolg.

Die Testungen dauerten eine Woche, in der meine Kinder alle zehn Minuten eine Spritze in den Arm bekamen. Sie waren erstaunlich tapfer. Außerdem wurde bei Jonas und Hannah der Atemgastest durchgeführt.

Bei Felix und Hannah wurden sehr leichte Allergien auf ganz wenige Stoffe festgestellt. Bei Jonas hingegen wurden recht ausgeprägte Allergien gefunden. Der Atemgastest ergab eine Milchzucker-Unverträglichkeit, wodurch die Bauchschmerzen und Blähungen erklärt wurden.

Beeindruckend war der Test auf Natriumglutamat, ein Geschmacksverstärker. Als Jonas dieser Stoff gespritzt wurde, bekam er einen Wutanfall, der nach zehn Minuten wieder verschwand. Auch Hannah reagierte darauf. Sie begann zu weinen und wirkte depressiv. Felix reagierte auf diesen Stoff gar nicht.

Diese Reaktionen meiner Kinder nahmen mir die letzten Zweifel am Sinn einer Diät. Nun schien die Ursache gefunden, es handelte sich also um eine Nahrungsmittelallergie. Natürlich musste dies auch für Felix' Hyperaktivität gelten, folgerte ich.

Am Ende der Woche, nachdem die Untersuchungen abgeschlossen waren, erläuterte uns eine Ernährungsberaterin das Prinzip der »Rotationsdiät«, die wir nun durchführen sollten.

Die Nahrungsmittel, auf die ein Kind allergisch reagierte, durften nur ein- bis zweimal pro Woche gegessen werden, die Stoffe, auf die sie sehr stark reagierten, mussten ganz gemieden werden.

Für all die Untersuchungen bezahlten wir eine fünfstellige DM-Summe. Ich erschrak, als der Arzt mir am Ende der Woche die Rechnung übergab, doch schien eine alternative Behandlung nun endlich möglich zu sein.

Wieder zu Hause angekommen, vereinbarte ich einen Termin beim Kinderarzt, um ihm die Testergebnisse mitzuteilen. Zur Überprüfung der Milchzucker-Unverträglichkeit bei Jonas und Hannah schrieb er einen Überweisungsschein für eine weitere Abteilung der Uniklinik aus. Dort wurden wiederum Atemgastests durchgeführt, diesmal auch auf Fruchtzucker. Die in der Umweltklinik festgestellte Milchzucker-Unverträglichkeit bestätigte sich bei beiden Kindern, bei Hannah stellte sich zusätzlich eine Unverträglichkeit von Fruchtzucker heraus. Auch von der Uniklinik bekam ich eine lange Liste mit Ratschlägen zur Ernährungsumstellung.

»Was soll ich jetzt noch kochen?«, fragte ich mich, denn es waren nun die allergenen Stoffe zu berücksichtigen, aber auch die Essgewohnheiten mit Lieblingsspeisen und Abneigungen meiner Kinder. Darüber hinaus die Unverträglichkeiten von Milchzucker, Fruchtzucker und Gluten. Ich kaufte neue spezielle Kochbücher, doch auf eine so umfangreiche Diät war keines von ihnen abgestimmt.

Christoph und ich erstellten aus den vielen Unterlagen erst einmal eine Übersicht, auf welche Stoffe, jedes Kind reagiert hatte und wie stark die Reaktion war. Weit über 100 Stoffe waren bei jedem Kind ausgetestet worden. Nun mussten die Lebensmittel herausgefiltert werden, die gar nicht mehr gegessen werden durften, solche, die nur an wenigen Tagen auf dem Speiseplan stehen durften, und solche, die unbegrenzt gegessen werden konnten, wenngleich nicht mehr viel übrig blieb.

Ein komplizierter Speiseplan musste nun ausgetüftelt werden, der die zugelassenen Lebensmittel für die einzelnen Tage festlegte.

Mein Mann stand dieser neuen Phase in unserem Leben sehr skeptisch gegenüber, aber ich war zu sehr darauf bedacht, eine Alternative zu dem Medikament zu finden, und zerstreute seine Bedenken.

Milch war vom Speiseplan gestrichen, Sojamilch gab es an ungeraden Tagen, Ersatzmilch an den geraden. Hannah hatte stark auf glutenhaltiges Getreide reagiert, weshalb die heimischen Getreide – Hafer, Roggen, Weizen, Gerste gestrichen waren. Beim Brotbacken verwendete ich stattdessen Maismehl, Reismehl, Amarant, Buchweizen, getrocknete und gemahlene Erbsen. Zucker war komplett gestrichen, einmal pro Woche war Rohrzucker erlaubt.

Fürs Einkaufen benötigte ich Stunden, da ich nun von allen Produkten die Zutatenliste durcharbeiten musste, ob nicht für diesen Tag verbotene Inhaltsstoffe enthalten waren. Ich begann, ein eigenes Kochbuch zu schreiben, mit vollkommen neuen Kreationen, denn all das, was wir zu essen gewohnt waren, war vom Speiseplan gestrichen.

Auch Eis, Kekse, Kuchen und Süßigkeiten waren verboten, denn sie beinhalten Weizenmehl und Zucker. Ich gab mir große Mühe, den Kindern alternative Naschereien anzubieten, aber sie lehnten die Diät mit jedem Tag mehr ab. Mein Tagewerk bestand im Wesentlichen aus Einkaufen, Lebensmittel katalogisieren, Kochen und Backen.

Morgens bereitete ich den Kindern nun statt ihres geliebten Müslis Buchweizengrütze mit etwas Obst zu. So fing der Tag schon mit langen Gesichtern an. Es gelang mir zwar, trotz der sehr eingeschränkten Zutatenliste, leckere Gerichte zuzubereiten. Doch bei aller Mühe, die Kinder mussten auf viele ihrer Lieblingsspeisen verzichten. Eisern hielt ich an der Diät fest, weil ich mir große Erfolge versprach.

Zuspruch erhielt ich von der Leiterin der Selbsthilfegruppe. Immer wieder berichtete sie über die Erfolge ihres Sohnes mit der Ernährungsumstellung. Damals betrachtete und hinterfragte ich ihre Berichte nie. Zu sehr war ich in dem Gedanken gefangen, eine Alternative zum Medikament finden zu wollen.

Den Amphetaminsaft setzten wir bei Felix ab. Sofort wurde die Situation wieder schwieriger, was ich auf die Umstellung zurückführte. Er brauchte Zeit, um sich einzugewöhnen, redete ich mir ein. Kleinigkeiten, die er gut schaffte, wertete ich als Erfolg der Diät, darüber hinwegsehend, dass es solche positiven Momente schon immer, auch vor der Diagnose gegeben hatte. All die Mühen, der große Aufwand, die vielen Einschränkungen, sie mussten doch Erfolg haben. Alles andere wollte ich nicht sehen.

Christoph, der der Diät von Beginn an sehr skeptisch gegenüber gestanden hatte, behielt einen objektiveren Blick. Immer wieder wies er mich darauf hin, dass meine Sicht zu einseitig sei, dass ich mir viele Verbesserungen einredete und Situationen umdeutete. Doch für seine mahnenden Worte war ich taub.

Nach den Sommerferien kamen wieder verstärkt Klagen von Felix' Lehrern. Er verhielt sich nach ihren Schilderungen genau wie vor der Diagnose. Wie konnte das sein? Schweren Herzens stimmte ich zu, dass er wieder seine Medikament nahm. Die Diät führten wir fort, weiterhin auf einen Erfolg hoffend.

Bei Jonas brachte die Diät eine leichte Verbesserung, dennoch verhielt er sich in der Schule immer auffälliger. Außerhalb der Familie war er sichtlich ungesteuert. Trotz der Diät waren seine ADS-typischen Arbeits- und Verhaltensweisen eindeutig erkennbar und führten schließlich zu einer ADS-Diagnose.

Felix, Jonas und Hannah begannen zunehmend die Diät zu hassen.

Irgendwann wurden die Spannungen innerhalb der Familie und ihr Widerstand so groß, dass ich die Segel strich, obwohl mir die Leiterin der Selbsthilfegruppe viel Mut zusprach. Warum der Verzicht, warum der ganze Streit um die Diät, wenn der gewünschte Effekt ausblieb?

Meine Kinder waren froh und erleichtert, endlich wieder normal essen zu dürfen. Sie gewannen ein großes Stück Lebensqualität zurück.

Vor einigen Wochen stöberte ich in einem vegetarischen Kochbuch, weil Hannah sich entschieden hatte, auf Fleisch und Fisch zu verzichten. Als die Kinder von der Schule nach Hause kamen und mich mit einem aufgeschlagenen Kochbuch sahen, herrschte helle Aufregung.

»Mama!!!«, riefen sie erschrocken und alarmiert.

»Willst du mit uns wieder eine Diät machen?«

Mir erschienen meine Kinder wie traumatisiert – Mama mit einem Kochbuch! –, und ich bereue heute zutiefst, dass ich sie dieser Diät ausgesetzt habe.

Die langfristigen Folgen waren damals für mich nicht absehbar. Essen hat so viel mit unserem Wohlbefinden, mit Geborgenheit und sozialem Miteinander zu tun.

Gemeinsam essen, sich freuen, fröhlich miteinander plaudern, das Essen teilen, beim anderen probieren, das Pausenbrot tauschen, auf einem Fest gemeinsam schlemmen, all das war während der Diät nicht mehr möglich.

Es war ein großer Fehler, einen so zentralen Bestandteil des sozialen Miteinanders so negativ zu besetzen.

Felix zur Rotationsdiät

Einige Ärzte und Eltern denken, dass ADS durch Allergien ausgelöst wird. Deshalb müssen manche ADSler strenge Diäten machen.

Ich musste auch eine solche Diät machen. Aber sie hat nicht gewirkt.

Ich habe sie richtig gehasst, weil ich nicht mehr essen durfte, was mir gut schmeckte.

Wenn ein Klassenkamerad Geburtstag hatte und er dann Süßigkeiten oder Kuchen in die Schule mitbrachte und in der Klasse verteilte, durfte ich dann nie mitessen.

Das ist ganz schön blöd, so ausgeschlossen zu sein, wenn man sowieso schon keine Freunde hat.

Ich bin froh, dass das vorbei ist.

Zu diesem Zeitpunkt erfuhr ich von einer weiteren Selbsthilfegruppe. In dieser Gruppe behandelte man Themen wie etwa eine Diät nicht so kategorisch, sondern die Eltern stellten die Hilfe für ihre Kinder in den Mittelpunkt.

Das half mir, mich von dem Gedanken zu verabschieden, eine Ernährungsumstellung könnte eine Alternative zu dem Medikament sein.

Heute spielen die gefundenen Allergien in unserer Ernährung keine Rolle mehr. Meine Kinder können alle Lebensmittel, auf die sie angeblich allergisch reagieren, ohne Einschränkung essen. Auch Natriumglutamat führt zu keinem veränderten Verhalten, weder zu Wutausbrüchen noch zur Weinerlichkeit.

Lediglich die Milchzucker- und Fruchtzucker-Unverträglichkeiten müssen in der Ernährung berücksichtigt werden. Hier verzichten Jonas und Hannah freiwillig auf Lebensmittel, die sie nicht vertragen. Doch sie gönnen sich Ausnahmen: Omas Käsekuchen essen sie weiterhin, auch wenn Hannah weiß, dass sie davon Bauchschmerzen bekommt und Jonas Blähungen. Auch auf Festen und Ausflügen der Schule essen sie mit den anderen, die Folgen in Kauf nehmend. Sich in die Gemeinschaft zu integrieren, die sozialen Kontakte aufrechtzuerhalten, ist ihnen wichtiger. Doch diese Entscheidung treffen sie bewusst, denn sie wissen, dass das Beachten dieser Ernährungsregeln ihnen wirklich in ihrem Wohlbefinden hilft.

Heute weiß ich: Manche Kinder haben, wie Jonas und Hannah, zusätzlich zum ADS weitere Stoffwechselstörungen, Allergien oder Nahrungsmittel-Unverträglichkeiten, die auch zu motorischer Unruhe oder zur verstärkten Impulsivität führen können. Diese müssen, wenn sie einschränkend sind, selbstverständlich behandelt werden, möglicherweise auch durch eine Diät. Diese ist jedoch unabhängig von ADS und seiner Behandlung zu sehen, auch wenn sich Symptome in Teilbereichen ähneln.

Der Sinn der »oligo-antigenen-Diät« zur Behandlung des ADS beziehungsweise der motorischen Unruhe war meinen Kindern nie zu vermitteln, denn ein Erfolg der Diät war für keines von ihnen sichtbar. Diese Art der Ernährung hat mehr zerstört, als sie hätte nützen können.

In einem Leserbrief blickt Christoph auch auf die Diät zurück

Als Vater von drei betroffenen Kindern haben ich und mehr noch meine Frau einen langen Leidensweg beschritten, bis Diagnosen und medikamentöse Therapien eingeleitet waren. (...)

Zu unserem Leidensweg gehört auch, dass der diätetische Ansatz zunächst an erster Stelle stand. Wir wissen heute alle, dass unsere Ernährung vielfach nicht ideal ist. Der Gedanke, mit einer bloßen Ernährungsumstellung das ADS meistern oder zumindest maßgeblich beeinflussen zu können, ist einfach verlockend, und wenn es im Sinne einer vollwertigen Ernährung dann auch noch generell gesund ist, umso besser!

Nur leider hält die Realität den Erwartungen in der überwiegenden Zahl der Fälle nicht stand.

»Warum denn gleich Pillen, wenn es auch mit Kamillentee geht?«, ist in meinen Augen eine gesunde Lebenseinstellung, wenn es um harmlose Wehwehchen geht.

Die besondere Tragik der Medikamentenkritiker liegt insofern darin, dass es sich überwiegend um klar denkende, sensible Mitmenschen handelt. (...)

Der Allergologe vor Ort konnte uns nicht helfen. Auf den Rat anderer Eltern suchten wir Hilfe bei einer in ADS-Kreisen recht bekannten Umweltklinik. (...)

Der Erfolg der nach den Untersuchungen begonnenen Diät war wenig ermutigend.

Es stellte sich als sehr schwierig heraus, für drei Kinder mit unterschiedlichen Allergien einen Speiseplan zusammen zu stellen, zudem harmonierte der absolut nicht mit den Vorstellungen unserer Kinder, was zu zusätzlichen Spannungen führte. (»Von deinem Allergiefraß haben wir die Nase voll!«, »Wann gibt es endlich wieder mal ...« usw.)

Auch die praktischen Wirkungen auf das ADS hielten sich in Grenzen. Dafür verschärften sich bedingt durch den zusätzlichen Aufwand der Diätküche und die negative Reaktion der Kinder die familiären Spannungen.

Von Erfolg keine Rede.

Die Frage, ob man diesen Kindern, die es ohnehin schon schwer genug haben, Nahrungsmittel vorenthalten sollte, die zu ihren liebsten gehören, würde ich zumindest dann verneinen, wenn die Notwendigkeit nicht zwingend gegeben ist.

Ohnehin müssen wir davon ausgehen, dass Kinder mit steigendem Alter Möglichkeiten finden werden, sich die begehrten Leckereien auf irgendeine Weise zu beschaffen. (...)

KAPITEL 16

Hannah in der Schule

Als Hannah eingeschult wurde, wechselte Felix gerade auf das Gymnasium. Ihre neue Lehrerin kannte sie bereits, es war Frau Kupfer, die sich so hervorragend um Felix gekümmert hatte.

Christoph und ich sahen Hannahs Schulzeit gelassen entgegen. Unsere Tochter war schon immer sehr an neuen Dingen interessiert. Sie wollte schon früh schreiben und rechnen lernen. Dazu ließ sie sich von ihren Brüdern Buchstaben aufschreiben, die sie abmalte, und sie konnte bereits bis zehn rechnen. Noch im Kindergarten fand sie einen Trick, wie sie große Zahlen zusammenzählen konnte, z. B. 2000 plus 3000. Sie addierte zwei und drei gleich fünf und hängte genauso viele Nullen an, wie eine der Zahlen hatte. Das hatte sie sich bei Felix abgeguckt.

Hannah war im Kindergarten sehr beliebt. Sie spielte und bastelte ausdauernd, geschickt und fantasievoll. Schon immer war sie ein Mädchen mit einer hohen sozialen Kompetenz. Dass sie sehr schlecht sprach, störte niemanden; bei all ihren Fähigkeiten war jeder sicher, dass sich das nach der Einschulung schnell legen würde.

Auch der Kinderarzt winkte ab, als ich ihn im letzten Kindergartenjahr darauf ansprach. »Wissen Sie, Hannah ist Ihr drittes Kind. Das ist normal, dass diese Kinder später sprechen lernen. Sie ist ein so aufgewecktes Mädchen, seien Sie nicht so ehrgeizig.« Eine logopädische Behandlung hielt er nicht für nötig.

Die Einschulung fand wieder in feierlichem Rahmen statt. Als wir unsere Kinder aus dem Klassenraum abholten, sagte ich euphorisch zu den anderen Eltern: »Ich bin so froh, dass Hannah zu Frau Kupfer kommt. Sie war schon die Klassenlehrerin unseres ältesten Sohnes, und wir haben nur die besten Erfahrungen gemacht. Sie ist eine super Lehrerin!«

Die anderen Eltern schauten mich etwas verwundert an ob dieser Lobesrede, aber es war mir ein Bedürfnis, meinen Dank und meinen Respekt gegenüber dieser Lehrerin auszudrücken.

Hannah ging jeden Morgen gerne zur Schule und fand schnell Freundinnen. Ihre Schwungübungen erledigte sie sehr ordentlich. Auch das Lesen übte sie fleißig. Frau Kupfer hatte die kleinen Texte in der Schule schon vorgelesen, und Hannah konnte sie perfekt vortragen.

Machte sie einen kleinen Fehler, bat ich sie, das Wort noch einmal zu lesen, doch sie bestand darauf, den Text von vorne zu beginnen. Sollte sie wirklich nur dieses eine Wort wiederholen, fing sie an zu weinen und wehrte sich dagegen. Ich wollte ihr den Schulbeginn nicht verderben, die Freude am Lesen nicht nehmen, also ließ ich sie die Texte wiederholen.

Beim Lesen war deutlich zu hören, dass Hannahs Sprachentwicklung verzögert war. Viele Buchstaben und Buchstabenkombinationen konnte sie nicht aussprechen. Wieder war ich auf der Suche nach Büchern mit Tipps und übte auf vielfältige Weise mit ihr.

Hannah liebte Geschichten von klein an. Sie schaute gerne Bilderbücher an und hörte gern zu. Nun gab ich ihr, um ihr eine Freude zu bereiten, Erstlesebücher mit kurzen Geschichten, großer Schrift und einigen Bildern, die sie selbst lesen konnte.

Doch immer wieder fiel mir auf, dass die Bücher bekritzelt waren. Sollte es Hannah gewesen sein? Den Gedanken verwarf ich gleich wieder, das passte so gar nicht zu ihr. Doch eines Tages kam ich gerade hinzu, als sie versuchte, einige Seiten aus einem Buch herauszureißen. Ich war schockiert, blieb vor der Tür stehen und beobachtete sie. Ich konnte nicht glauben, was ich sah. Hannah saß inmitten ihrer Bücher auf dem Boden, öffnete hektisch ein Buch nach dem anderen und versuchte, es zu zerreißen. Sie wirkte vollkommen verzweifelt, Tränen liefen ihr über die Wangen.

Ich ging zu ihr ins Zimmer und nahm sie in die Arme. Hannah schien frustriert. Warum nur? Für mich war ihr Verhalten überhaupt nicht einzuordnen. Die Bücher räumte ich erst einmal aus ihrer Reichweite. Doch der Vorfall blieb rätselhaft. Es tat mir weh, meine Tochter so traurig zu erleben.

Ab August hatte ich eine neue Arbeitsstelle. Deshalb wechselte Hannah, als sie ins zweite Schuljahr kam, an die Privatschule, die Jonas besuchte; so konnten beide Kinder den Weg gemeinsam gehen.

Ihre neue Lehrerin, eine sympathische junge Frau, arbeitete im Unterricht ausschließlich mit Wochenplänen. Das heißt, die Kinder bekamen montags einen Bogen, auf dem alle Aufgaben aufgeführt waren, die in dieser Woche zu erledigen waren. Darüber hinaus gab es freiwillige Zusatzaufgaben. Die Zweitklässler mussten sich ihre Zeit selbst einteilen und die Aufgaben eigenständig erarbeiten.

Die Lehrerin war aufgrund ihrer Beobachtungen im Unterricht der Meinung, Hannah sei nicht in der Lage, die Leistungsanforderungen zu erfüllen. »Hannah ist sehr lieb und ruhig, aber sie ist äußerst leistungsschwach.«

Ich wurde unsicher, denn selbst lesen konnte unsere Tochter nicht mehr, was im vergangenen Schuljahr so hervorragend geklappt hatte. Durch die Wochenplanarbeit wurden die Lesetexte nicht mehr in der Schule vorgetragen. War das wirklich so wichtig?

Hannah wurde immer stiller, die Freude an der Schule war verflogen. Sie trödelte bei den Hausaufgaben und brach immer häufiger in Tränen aus. Was war geschehen? Wurde sie geärgert? Mochte sie die Lehrerin nicht leiden? Hannah verneinte all diese Fragen. Ich wurde nicht schlau aus ihr.

»Ich werde eine Überprüfung auf Lernhilfe einleiten«, eröffnete mir die Klassenlehrerin während eines Gesprächs. Ich war wütend. Die schulpsychologische Untersuchung würde das Gegenteil beweisen, da war ich mir sicher.

Der Gang zur Schulpsychologin fiel mir deswegen nicht schwer. Doch die Tests ergaben, dass Hannah weder lesen noch schreiben könne. Auch das Rechnen fiele ihr schwer. Die Einschätzung der Klassenlehrerin wurde durch die Tests bestätigt: Hannah schien minderbegabt zu sein.

Ich erzählte ihre Krankengeschichte und von ihrer Sprachentwicklungsverzögerung, auch von der Einschätzung des Kinderarztes, dass sich alles auswachsen werde, aber das zählte nicht. Auch ein Gespräch mit der Schulleitung blieb erfolglos.

Die einzige Möglichkeit, die Anmeldung an einer Sonderschule für Lernhilfe zu umgehen, war ein erneuter Schulwechsel.

Verzweifelt begab ich mich auf den Weg zu Hannahs alter Schule und bat Frau Kupfer inständig: »Bitte nehmen Sie meine Tochter wieder auf.«

Frau Kupfer konnte die Einschätzung, Hannah sei minderbegabt, nicht nachvollziehen. Der Schulleiter gab sein

Einverständnis, als ich ihm erklärte, dass ich seine öffentliche Schule besser fände als die private.

Ein großer Stein fiel mir vom Herzen.

Natürlich waren mir Hannahs Schwierigkeiten beim Lesen und Schreiben auch aufgefallen, ihre langsame Art zu arbeiten – doch mit großer Sicherheit wusste ich, dass unsere Tochter ein intelligentes Mädchen war. Ein Beispiel:

Ich hatte einen Kurs nach Thomas Gordons »Familienkonferenz« absolviert. Vieles daraus hatten wir für unsere Familie übernommen. Sonntags setzten wir uns zum Familienrat zusammen, um über die Woche zu reden oder unsere gemeinsamen Aktivitäten am Wochenende abzustimmen.

Jeder konnte seinen Wunsch vortragen, und wenn der Letzte geendet hatte, blickte Hannah hoch und sprudelte die perfekte Lösung hervor. Sie überblickte schon mit fünf Jahren solche Situationen sofort, analysierte sie und schlug eine Kompromisslösung vor, die alle zufrieden stellte.

Wenn zum Beispiel Felix sich am Sonntag ins Bett legen und in Ruhe lesen wollte, Christoph, Hannah und ich gerne einen Nachmittag an der frischen Luft verbringen würden und Jonas zum Wasserspielplatz gehen wollte, dann hatte Hannah sofort eine Idee. »Wir können in den Zoo gehen. Felix nimmt sich eine Decke mit und legt sich unter einen Baum. Jonas kann in das Wasserbecken gehen und planschen. Und wir drei gehen in den Streichelzoo. So wissen die Jungs, wo wir sind.«

Oft waren wir sprachlos und freuten uns über das diplomatische Geschick und die soziale Kompetenz unserer Tochter.

Für solch eine Intelligenz gibt es keine Noten, aber für uns stand fest: Unsere Tochter ist kein minderbegabtes Kind.

Nach den Herbstferien saß sie wieder in der Klasse von Frau Kupfer. Der Kontakt zu den Mitschülerinnen war noch nicht abgerissen.

Doch auch bei Frau Kupfer bekam Hannah Lernschwierigkeiten. Die Lesetexte wurden länger, sie schaffte es nicht mehr, sie vorzutragen. Auch hatte sie Schwierigkeiten, seltener gebrauchte Buchstaben wieder zu erkennen – q, ß oder x und y. Beim Schreiben war es ähnlich. Sie arbeitete ordentlich, doch bei einigen Buchstaben musste sie häufig nachfragen, wie sie geschrieben werden, denn die Schreibweise war nicht eingeschliffen.

Auch das Rechnen fiel ihr schwer. Bis zehn konnte sie schon vor der Einschulung rechnen, doch den Zehnerübergang hatte sie nicht verinnerlicht. Sie behalf sich mit Zählen, doch in den ersten kleinen Arbeiten schaffte sie mit dieser Methode gerade die Hälfte der Aufgaben.

Die ersten Diktate – die Sätze hatten wir zu Hause gut geübt – waren von oben bis unten rot markiert. Noten standen noch nicht darunter, aber die Bewertung war eindeutig. Hannah wusste durch ihre beiden Brüder genau, wie eine gute oder eine schlechte Arbeit aussah.

Hannah wurde sehr depressiv.

Es war für sie belastend gewesen, dass sie für die Sonderschule überprüft werden sollte und jetzt auch noch diese Misserfolge in der neuen alten Klasse. »Ich kann das nicht ...«, »Ich bin zu blöd ...«, solche Sätze hörte ich immer häufiger von ihr.

In der Klasse gab es nur fünf weitere Mädchen, die alle recht gute Leitungen brachten und an denen sie sich maß. Einige Jungen der Klasse lachten sie wegen ihrer Fehler aus und hänselten sie. Hannah schaffte es nicht, sich gegen die dummen Sprüche abzugrenzen, sie hatte bereits resigniert. Immer wieder versuchte ich, sie aufzubauen, doch sie konnte Lob nur noch schwer annehmen. Sie sah ausschließlich ihre Fehler.

Aus unserer fröhlichen Tochter war ein trauriges Mädchen geworden. Sie weinte viel und verlor ihr fröhliches Lachen. Sie mochte nicht mehr zur Schule gehen, klagte über Bauch- oder Kopfschmerzen.

Kurz vor Weihnachten stand Hannah das erste Mal mit einem Messer in der Hand in der Küche.

»Ich will tot sein.«

Erschrocken nahm ich ihr das Messer ab, umarmte sie fest und versuchte, sie zu trösten. »Wir haben dich doch lieb«, sagte ich ihr immer wieder. »Das andere schaffst du schon.«

In der Erziehungsberatungsstelle berichteten Christoph und ich von dem Vorfall. »Das Kind will Ihre Aufmerksamkeit erwecken. Sie verbringen zu viel Zeit mit Ihrem ältesten Sohn.« Hatte man uns sonst nicht genau dieses immer geraten? Nun war das auch wieder falsch. Wir sollten den Vorfall nicht hochspielen.

Hannah zog sich immer mehr zurück, aber in der Erziehungsberatung nahm man ihr Verhalten nicht ernst. Ich würde Hannahs Probleme aufbauschen, um von meinen Schwierigkeiten mit Felix abzulenken, bekam ich zu hören, als ich meine Ängste um meine Tochter schilderte.

Mein Kind war in tiefster Verzweiflung, immer wieder wiederholten sich vergleichbare Situationen.

Ich fing an, Hannah zu »beglucken«. Ich ließ sie kaum einen Schritt alleine gehen, weil ich tiefe Angst hatte, ihr nächster Versuch könnte erfolgreich sein. Es war eine hilflose Reaktion, aber ich konnte sie nicht mehr loslassen, obwohl sie früh sehr selbstständig war.

Nun begann auch Frau Kupfer Druck auszuüben, da Hannah im Lesen und Schreiben kaum sichtbare Fortschritte aufwies. Das bemerkte ich natürlich auch. Was sie mir zum Muttertag schrieb, konnte ein nicht eingeweihter Mensch kaum lesen.

Felix' ADS-Diagnose lag ein halbes Jahr zurück, und in der Elterngruppe erzählte ich von meinen Sorgen mit unserer Tochter. Eine Mutter schlug mir vor, Hannah auf Legasthenie testen zu lassen. Diesen Strohhalm ergriff ich gleich und vereinbarte einen Diagnosetermin.

Es stellte sich heraus, dass Hannah eine hochgradige Legasthenie hatte. Nun war klar, warum sie die bekannten Texte in der ersten Klasse lesen konnte, fremde Texte aber nicht. Hannah wusste die Texte sofort auswendig, nachdem Frau Kupfer sie vorgelesen hatte. Deshalb konnte sie auch nicht einzelne Worte erlesen, sondern wollte den Text unbedingt von vorne beginnen. Auch ihr Umgang mit den Erstlesebüchern war nun verständlich. Sie hatte große Lust, die Geschichten zu lesen, konnte es aber nicht und verzweifelte darüber. In der zweiten Klasse konnte sie die Texte nicht vortragen, weil sie von der Lehrerin nicht mehr vorgelesen wurden, und in der anderen Schule wurden sie zu lang, um sie spontan auswendig aufsagen zu können. Plötzlich wurde vieles erklärbar.

Mit dem Gutachten ging ich zur Lehrerin und bat sie um Notenschutz. Legasthenie-Kindern wird, wenn sie in Diktaten mit fünf oder sechs abgeschnitten hätten, die Note ausgesetzt.

Doch Frau Kupfer reagierte mit Härte. Sie hielt nichts von dem Gutachten und dem »Notenschutz«. Die Kinder würden sich darauf ausruhen und dadurch zur Bequemlichkeit erzogen. Ich war erschrocken, hatte die Lehrerin doch immer so großes Verständnis für Felix. Und nun? Warum reagierte sie bei unserer Tochter so anders?

Ich wies die Lehrerin auf den Erlass hin, der gerade in Kraft getreten war, nach dem Notenschutz gewährt werden musste, falls eine Therapie durchgeführt wird.

Hannah war nun im dritten Schuljahr und hatte eine Legasthenie-Therapie begonnen. Die Noten ließ Frau Kupfer daraufhin tatsächlich weg, aber sie schrieb unter die Arbeiten Sätze wie: »Du hast die meisten Fehler der Klasse gemacht!« Oder: »Du musst mehr üben!«

Das deprimierte Hannah natürlich ebenso.

Den Schutzraum, den ich ihr wünschte, fand sie nicht. Sie wurde weiterhin von ihren Mitschülern gehänselt und schaute nur auf die vielen roten Striche in ihrem Diktatheft.

Hannah ging gerne zur Legasthenie-Therapie. Die junge Therapeutin ging sehr sensibel mit ihr um. Schnell fand unser Kind Vertrauen und erlernte mühsam das Lesen.

Während eines Gesprächs erzählte die Therapeutin, sie sei selbst Legasthenikerin. »Ich habe eine Winkelfehlsichtigkeit und lange Zeit eine Prismenbrille getragen.« Sie schlug vor, Hannah testen zu lassen.

Ich fand eine Optikerin, die die Untersuchungen durchführen konnte. Tatsächlich litt Hannah unter einer Winkelfehlsichtigkeit und sah Doppelbilder. Sie nahm alles, was sich in einem Augenabstand von bis zu sechzig Zentimetern befand, doppelt wahr. Erst außerhalb dieser Entfernung brachte sie die Bilder beider Augen zu einem Bild zusammen.

»Warum hast du uns denn nicht gesagt, dass du alles doppelt siehst?«, fragte ich sie.

Hannah blickte mich überrascht an. »Woher sollte ich denn wissen, dass das nicht normal ist und andere Kinder keine Doppelbilder sehen?«.

Natürlich, sie hatte Recht. Sie hatte nie anders sehen können. Wie hätte sie uns also davon erzählen können?

Dass sie nicht schreiben und lesen konnte, lag einfach daran, dass sie die Buchstaben nicht richtig wahrnehmen konnte. Ich war erleichtert, dass die Ursache gefunden war. Jetzt müsste die Legasthenie-Therapie schnell Erfolge zeigen.

Außer der Prismenbrille benötigte Hannah auch ein Sehtraining.

Die Sehschule des städtischen Krankenhauses hatte einen guten Ruf, weshalb ich Hannah dort anmelden wollte. Schnell bekamen wir einen Termin für die Voruntersuchung, doch der Befund der Optikerin konnte nicht bestätigt werden. Wegen meiner Hartnäckigkeit erhielt ich einen Termin beim Oberarzt, der mir kurzerhand erklärte, eine Winkelfehlsichtigkeit gäbe es nicht, dies sei eine erfundene Diagnose der Optiker, um Geld zu verdienen. Die Angaben von Hannah während der Untersuchung waren für ihn nicht glaubhaft. Das hätte die Optikerin ihr eingeredet, war seine Überzeugung.

Wäre der Hinweis auf die mögliche Winkelfehlsichtigkeit nicht von der Legasthenie-Therapeutin gekommen, hätte ich dem Oberarzt sicher vertraut. Doch ich konnte nicht glauben, dass mein Kind einer Suggestion erlegen war, schließlich war ich während der Untersuchung anwesend gewesen. So begann ich noch am selben Tag mit der Suche nach einer weiteren Sehschule in einem anderen Krankenhaus. Sowohl die Orthoptistin als auch der Arzt dort bestätigten den Befund der Optikerin.

Regelmäßig besuchte Hannah nun die Sehschule, zu Hause musste sie die Übungen täglich konsequent wiederholen. Die Augen taten ihr zwar weh, doch als Hannah erste Erfolge spürte, holte sie in jeder freien Minute ihr Übungsmaterial hervor und trainierte hoch motiviert mit großem Elan und bewundernswerter Ausdauer.

Ihre besondere Zähigkeit verhalf ihr zu einem schnellen Erfolg. Schon nach einem halben Jahr sah sie keine Doppelbilder mehr und konnte selbst bei kleiner Schrift die Buchstaben scharf erkennen. In der Sehschule hatte man mit mindestens einem Jahr Trainingsdauer gerechnet. Hannah freute sich über das Ergebnis ihrer Mühe, und wir bewunderten sie dafür, dass sie das geschafft hatte.

Nachdem die Winkelfehlsichtigkeit festgestellt war, teilte ich dies umgehend der Klassenlehrerin mit. Nun war klar, dass Hannah nicht zu faul zum Üben war, sondern dass ihre Schwierigkeiten beim Lesen und Schreiben eine handfeste Ursache hatten. Das konnte Frau Kupfer besser akzeptieren.

Eine Zeit lang schrieb ich sämtliche Texte aus ihrem Lesebuch auf dem PC ab und druckte sie in einer großen Schrift aus, damit ihr die Buchstaben nicht vor den Augen verschwammen. Arbeitsblätter kopierte ich auf doppelte Größe.

Ich bastelte eine Leseschablone aus schwarzem Tonpapier, die sie so auf einen Text legen konnte, dass nur eine Zeile sichtbar war. Die Doppelbilder, die bewirkten, dass die Buchstaben noch einmal eine Reihe darüber abgebildet wurden, wurden nun von der Schablone absorbiert.

Alle diese Hilfen konnte die Lehrerin nun akzeptieren. Hannah schämte sich zu Beginn, die Leseschablone und die vergrößerten Arbeitsblätter im Unterricht auszupacken, zumal sie befürchtete, noch stärker ausgelacht zu werden. Doch als sie merkte, dass sie mit diesen Hilfsmitteln besser zurechtkam als ohne, wurde sie mutiger.

Zweimal wöchentlich war ich mit Hannah zum Sehtraining und zur Legasthenietherapie unterwegs. Das Lesen verbesserte sich sichtbar. Ich kaufte ihr neue Erstlesebücher, mit großer Schrift und vielen Bildern. So konnten wir langsam zusammen beginnen, fremde kleine Texte zu lesen. Zuerst las Hannah nur die Überschriften, später lasen wir abwechselnd einzelne Sätze, bis sie schon ganze Abschnitte bewältigte. Mitte des dritten Schuljahres hatte Hannah es geschafft: Sie konnte lesen!

In Mathematik kam Hannah gar nicht mehr mit. Sie zählte noch immer mit den Fingern, obwohl sie bereits mit Zahlen im Tausender-Raum rechnen musste. Sie verdrehte die Zahlen beim Rechnen und Aufschreiben. Ich übte mit ihr, doch der Erfolg blieb aus. In den Büchern, die ich über Legasthenie las, wurde eine weitere Teilleistungsstörung, die Dyskalkulie (Rechenschwäche) beschrieben. Wir ließen unsere Tochter darauf untersuchen, und die Diagnose war eindeutig. Sie litt zusätzlich unter einer Dyskalkulie und benötigte auch hierfür eine spezielle Therapie.

Einerseits war ich froh, denn die Diagnose eröffnete weitere Möglichkeiten, Hannah zu helfen, andererseits waren die Therapien doch eine große Belastung – es fehlte die Zeit zum Spielen. So besprach ich mit der Therapeutin, dass ich die Termine wahrnehme, um mich von ihr anleiten zu lassen, und zu Hause die Übungen mit Hannah durchführte. So könnte ihr ein weiterer Therapietermin erspart bleiben. Die Therapeutin war einverstanden, und ich musste mich in ein neues Gebiet einarbeiten.

Auch für Hannah war es eine große Belastung, ständig neue Diagnosen und zusätzliche Therapien zu erhalten. Sie hatte das Gefühl, kaum etwas richtig zu können. Für die Schule stimmte das auch, denn ihre Erfolge in der Therapie waren noch nicht ausreichend sichtbar.

Hannahs Traurigkeit und ihre Verzweiflung übertrugen

sich auf unseren Umgang miteinander. Bei jeder Gelegenheit wies ich sie auf ihre Erfolge hin, versuchte sie aufzubauen und noch stärker vor den Hänseleien der Mitschüler zu beschützen. Ich unternahm mit ihr viele schöne Dinge und unterstützte sie, wo immer ich konnte. Hannah ging gerne zum Jazztanz und zum Ballett. Schnell nahm sie die Tänze auf und setzte sie mit großem Geschick um. Die Ballett- und Jazztanzlehrerinnen waren begeistert von ihr.

Doch all die Ermutigung, das Aufzeigen ihrer Erfolge, das Tanzen half Hannah nicht, ihre innere Verzweiflung darüber zu überwinden, dass sie ihren Wunsch, so zu sein wie andere Mädchen, nicht umsetzen konnte.

Sie kam aus ihrer depressiven Phase nicht mehr heraus. Beständig suchte ich nach Wegen, sie aus ihrer Traurigkeit zu befreien. In einer Selbsthilfezeitschrift las ich den Artikel einer Ärztin über depressive Kinder. Ich hatte das Gefühl, dieser Text bezöge sich von der ersten bis zur letzten Zeile auf Hannah. Vielleicht konnte diese Ärztin meiner Tochter helfen.

Neuer Optimismus keimte in mir auf.

Der Ärztin erzählte ich unsere Familiengeschichte und schloss dann: »Ich habe Ihren Artikel gelesen und habe die Hoffnung, dass Sie Hannah helfen können.«

Sie testete Hannah sehr ausführlich, und dann stand die Diagnose fest.

»Ihre Tochter hat ADS«, teilte sie mir schließlich mit, fünfzehn Monate, nachdem Felix diagnostiziert worden war.

Ich fiel aus allen Wolken. Hannah war so anders als Felix. Sie war gewissenhaft, sanft, ein Kind mit hoher sozialer Kompetenz. Sie war nicht so unruhig wie Felix, sie war beliebt. Und sie sollte auch ADS haben? Ich ließ mir das alles sehr genau von ihr erläutern.

Abschließend erklärte die Ärztin, Hannah sollte das Medikament Ritalin nehmen.

Weil ich sah, wie sehr das Medikament Felix in seiner Entwicklung half, tat ich mich nicht mehr so schwer mit dieser Therapie und stimmte zu.

Hannah allerdings konnte sich mit der Diagnose überhaupt nicht anfreunden. Sie wollte kein ADS haben, sie wollte nicht so sein wie ihr Bruder Felix. Diese Probleme wollte sie nicht auch noch haben. Es gelang mir, ihr den Unterschied zu erklären, damit sie die Therapie akzeptierte.

Nachdem Hannah das Medikament einige Tage genommen hatte, fand ich sie eines Morgens weinend inmitten ihrer Schulsachen.

»Mama! Du hast meine Sachen unordentlich gemacht.«

Ich verstand überhaupt nicht, was sie mir vorwarf. »Hannah, was meinst du?«

Sie nahm ein Heft und zeigte mir die Eselsohren. »Du hast in meinem Heft gekritzelt.« Ich sah das Durchgestrichene und die Löcher im Papier, die durch das viele Radieren entstanden waren. Ich wusste, wie ihre Schulsachen aussahen. »Das hast du gemacht«, sagte sie zu mir und weinte.

Wie kam Hannah auf diese Idee?

Inzwischen weiß ich, dass durch das Medikament ihre Wahrnehmung geschärft wurde. Sie konnte ihr eigenes Chaos plötzlich erkennen, das sie vorher nie wahrgenommen hatte. Oft hatte ich sie darauf hingewiesen, sie solle ein falsches Wort nur einmal durchstreichen und nicht so lange darüberkritzeln, bis die Tinte auf das Blatt darunter durchfärbte. »Mach ich doch«, war dann ihre Antwort. Nun war klar, sie wollte nicht ausweichen, wie ich so oft dachte, sie konnte es tatsächlich zuvor nicht erkennen.

An diesem Tag ging Hannah nicht zur Schule.

Stattdessen besorgten wir neue Schulhefte und schöne Umschläge.

Für Hannah war es nicht leicht, als sie begriff, dass sie selbst für ihre Unordnung verantwortlich war. Sie sah ihren Ranzen, die Hefte und die Unordnung in ihrem Zimmer.

Nun wurde ihr noch stärker bewusst, wie wenig es ihr gelang, die Dinge so zu erledigen, wie sie es sich vorgenommen hatte. Sie nahm die Diskrepanzen noch genauer wahr.

Nachdem wir das Schulzeug in Ordnung gebracht und den Schulranzen ausgewaschen hatten, fing sie an, ihr Zimmer aufzuräumen. Sie war total frustriert über ihr bisheriges Verhalten.

Ich sprach ihr Mut zu, jetzt würde sie es schaffen, das zu tun, was sie sich vornahm.

Von dem Legasthenie-Therapeuten – inzwischen hatte es einen Wechsel gegeben, aber unsere Tochter war auch bei dem neuen Therapeuten in guten Händen – bekam ich die Rückmeldung, dass sie sich viel besser konzentrieren könne und große Fortschritte mache. Auch die Lehrerin bemerkte Verbesserungen in der Schule. Endlich! Hannah freute sich, als ich ihr von dem Gespräch mit der Lehrerin erzählte. Christoph und ich waren erleichtert.

Als ich der Lehrerin von einem weiteren Arztbesuch berichtete, bei dem auditive Wahrnehmungsstörungen festgestellt wurden, war sie bereit, Hannah nach vorne in die erste Reihe zu setzen. So konnte sie besser hören.

Doch der ADS-Diagnose und der Behandlung mit Ritalin stand Frau Kupfer sehr skeptisch gegenüber. Sie hatte den Eindruck, ich würde Hannah ein Dopingmittel geben. »Hannah reicht von ihrer Leistungsfähigkeit nicht an Felix heran. Ich würde heute auch eine Sonderschulüberprüfung in Erwägung ziehen. Mit diesen Tabletten versuchen Sie doch nur, Hannah künstlich aufzuputschen.«

Auch im Unterricht hatte Frau Kupfer ähnliche Bemerkungen gegenüber unserer Tochter geäußert.

Ich war enttäuscht. Das hatte ich nicht erwartet.

So konnte es nicht weitergehen. Hannah machte hervorragende Fortschritte in der Therapie. Doch in der Schule wurde sie weiter gehänselt. Wie konnte sie auch Schutz von ihrer Lehrerin erwarten, wenn diese den Diagnosen so skeptisch gegenüberstand? Ich hatte den Eindruck, Frau Kupfer hatte Hannah aufgegeben.

Wir beschlossen, für unsere Tochter eine neue Schule zu suchen, wo sie ganz unvorbelastet beginnen konnte. Keiner ihrer Klassenkameraden würde ihre Schwierigkeiten kennen, dort würde sie nicht mehr ausgelacht werden. Sie bekäme eine neue Chance.

Ich traf auf eine Schulleiterin, die großes Verständnis für Hannahs Situation äußerte, nachdem ich ihr die ganze Entwicklungsgeschichte erzählt hatte.

Nach Pfingsten besuchte Hannah die neue Schule. Ihre neue Lehrerin, Frau Lang, war ein absoluter Glücksgriff – eine ganz liebe Frau, von der Hannah noch heute schwärmt. Christoph und ich waren nach unserem ersten Gespräch von ihrer Sensibilität hingerissen und hatten ein gutes Gefühl.

Frau Lang machte es sich wirklich zur Aufgabe, Hannah aufzubauen und in die Klasse zu integrieren. Wenn ich mir eine Lehrerin für meine Tochter hätte backen können, hätte sie nicht anders ausgesehen. Sie legte viel Wert auf das soziale Miteinander und gliederte Hannah einer Gruppe von Mädchen an, die alle sehr sozial waren.

Ich bin ihr sehr dankbar, dass sie unsere Tochter mit ihrer Geduld und Einfühlsamkeit stärkte, dass sie sie akzeptierte und förderte.

Hannah gewann Vertrauen zu Frau Lang und fühlte sich geschützt. So wagte sie sich wieder in der Schule vorzulesen und sich zu melden. Die Lehrerin informierte uns über jeden Fortschritt. So waren wir immer unterrichtet und konnten Hannah gemeinsam unterstützen und ihr helfen.

Einmal erzählte ich Frau Lang, dass Hannah auch unter ihrem großen Bruder, der ein sehr ausgeprägtes ADS habe und sehr wild sei, leide. Ihre Frage war sofort: »Und bekommt er Ritalin?«

Ich bejahte und blieb abwartend.

Sie fuhr fort: »Wissen Sie, ich hatte auch einmal einen kleinen Amerikaner hier in der Klasse, der dieses Medikament bekam. Das ist ja unheimlich, wenn Kinder so etwas bekommen! Ich habe der Mutter gleich gesagt, dass ich drogenabhängige Kinder nicht unterrichte. Entweder hört der Junge mit dem Ritalin auf und macht eine Therapie, oder ich unterrichte ihn nicht weiter.« Die Mutter ließ sich darauf ein, wie die Lehrerin erzählte, setzte das Ritalin ab und meldete ihr Kind zur Psychotherapie an.

»Wissen Sie«, erklärte die Lehrerin, »ich hatte den Jungen dann noch ein halbes Jahr lang. In der ganzen Zeit litt er unter Entzugserscheinungen. Er war unruhig und störte in einem fort! Das können Sie sich gar nicht vorstellen!«

Schnell stand für mich fest: Wollte ich Hannah die Chance bei dieser tollen Lehrerin nicht nehmen, durfte ich Frau Lang nichts von ADS erzählen. Denn so viel wusste ich zu diesem Zeitpunkt schon: Der Junge hatte nicht unter Entzugserscheinungen gelitten, wie es die Lehrerin interpretierte, sondern sein ADS war deutlich geworden. Sie beschrieb ihren ehemaligen Schüler genau so, wie ich es die Jahre zuvor über Felix gehört hatte.

Bis zum Ende der Grundschulzeit verheimlichte ich Frau Lang die Diagnose, weil ich nicht aufs Spiel setzen wollte, was Hannah auf menschlicher Ebene gefunden hatte. Diese Lehrerin war der Rettungsanker für unsere Tochter, sie akzeptierte die Legasthenie, die Dyskalkulie, die Wahrnehmungsstörungen, und sie zeigte Hannah große Anerkennung für jeden Fortschritt.

Bei Ausflügen ließ sie Hannah an ihrer Hand gehen, anstatt sie zu den anderen zu schicken – genau so wie Hannah es brauchte. Sie war fast wie eine Mutter zu ihr. So ein Glück hat man nicht häufig. Unsere Tochter besuchte wieder gerne die Schule, sie gewann Zutrauen zu ihren Fähigkeiten und wurde wieder fröhlicher.

Ich habe daraus die Erfahrung gewonnen, dass nicht jede Lehrerpersönlichkeit mit jeder Art von Kind klar kommt. Frau Kupfer, die für Felix die ideale Lehrerin war, die mit sich reden ließ, die gut mit unserem hyperaktiven wilden und superintelligenten Jungen umgehen konnte, fand die stille, schüchterne, depressive Hannah, die zudem sehr lernschwach wirkte, problematisch. Felix hatte sie den Besuch der regulären Grundschule ermöglicht, Hannah wäre bei ihr gescheitert.

Die herzensgute Frau Lang wiederum hatte große Schwierigkeiten mit den wilden Jungs in ihrer Klasse, wie ich in Gesprächen mit anderen Eltern erfuhr. Aber sie schaffte es, Hannah aufzubauen, zu unterstützen, zu fördern und sie vor Hänseleien zu schützen. Ohne Frau Lang hätte Hannah die reguläre Grundschule nicht mit Erfolg besuchen können, doch ich bezweifele, dass Felix seine Grundschulzeit bei dieser Lehrerin überstanden hätte.

Deswegen, so finde ich, sollte man grundsätzlich sehr vorsichtig sein und abwägen, bevor man die Fähigkeiten eines Lehrers negativ beurteilt. Wenn allerdings Lehrer- und Schülerpersönlichkeit absolut nicht zusammenpassen, kann ein Klassen- oder Schulwechsel eine gute Lösung sein.

Mit dem Halbjahreszeugnis der vierten Klasse sprach Frau Lang ihre Empfehlung für die weiterführende Schule aus: Hannah sollte aufs Gymnasium gehen. Sie hatte überhaupt keinen Zweifel an Hannahs überdurchschnittlicher Intelligenz.

Ich bekam einen Riesenschrecken.

Aufs Gymnasium? Unser schüchternes stilles Kind, das gerade begonnen hatte, sich zu stabilisieren, dem Stress der Oberschule auszusetzen, mit den vielen wechselnden Lehrern, zu denen man überhaupt keinen persönlichen Bezug mehr aufbauen kann?

Hannahs Leistungen waren inzwischen in allen Fächern gut, die Therapien zeigten große Erfolge. Unsere Tochter selbst war von dem Vorschlag der Lehrerin begeistert und wollte mit ihren Freundinnen, die sie gefunden hatte, zusammenbleiben.

Ich schlug ihr die Gesamtschule vor, die ihr einen geschützten Rahmen bieten würde. Doch Hannah war sich ganz sicher, sie wollte aufs Gymnasium gehen.

Ich machte mir Sorgen. Was war, wenn sie das Gymnasium nicht schaffte? Würde sie das verkraften? War sie bereits stabil genug?

Christoph und ich vereinbarten einen zusätzlichen Termin bei Hannahs Therapeutin. Wir brauchten ihren Rat. »Lassen Sie es Hannah probieren. Wenn Sie es ihr nicht erlauben, wird Sie das Gefühl haben, dass Sie ihr das nicht zutrauen. Das ist für sie auch nicht einfacher zu verkraften, als wenn sie möglicherweise im Gymnasium scheitert.« Das war richtig. Die Therapeutin machte uns Mut, denn sie traute es Hannah zu. Natürlich wussten wir, dass unsere Tochter fleißig, ehrgeizig und sehr zäh war, aber wir wollten sie auch nicht überfordern.

Auch Frau Lang redete uns zu, es zu versuchen. So stimmten wir zu und gaben Hannah das Versprechen, dass sie, wann immer sie mochte, an eine andere Schule wechseln konnte.

Nach den Sommerferien lernten Christoph und ich Hannahs neue Klassenlehrerin kennen. Wir konnten unser Glück kaum fassen. Die Lehrerin war eine Seele von Mensch, ich konnte von Anfang an offen mit ihr sprechen.

Ich klärte sie über Hannahs Legasthenie und auch über ihr ADS auf. Mit Legasthenie kannte sie sich gut aus, denn sie hatte bereits eine Fortbildung bei Hannahs Legasthenie-Therapeuten absolviert. Welch ein Zufall – und welch ein Glück für Hannah. Natürlich entband ich den Therapeuten gegenüber der Lehrerin von der Schweigepflicht, und auch das war gut für Hannah.

Über ADS und die medikamentöse Behandlung ließ sich die Lehrerin vorurteilsfrei informieren. Nie hörte Hannah ein abfälliges Wort aus dem Mund der Lehrerin, sie erkannte ihre Leistungen an und kritisierte sie dort, wo es berechtigt war.

Ich glaube, ich habe dieser Frau mehr erzählt, als man einer Lehrerin mitteilen sollte, aber sie reagierte so großartig. Um Hannahs Selbstbewusstsein zu stützen, fragte sie in den nächsten Monaten unsere Tochter stets, ob sie ihr Diktat bewertet haben wollte – sie legte also den Erlass, dass Legastheniker nicht unter der Note vier beurteilt werden dürfen, noch viel großzügiger aus und nutzte ihre Spielräume.

Hannah wollte immer ihre Note wissen, aber alleine, dass sie selbst entscheiden durfte, schuf ein großes Vertrauen zu ihrer Klassenlehrerin.

Auch bei anderen Lehrern hatte Hanna keine Probleme. Bei einem Elterngespräch zu Beginn der zweiten Hälfte des sechsten Schuljahres hatte ich einen Termin beim Mathematiklehrer, der mich freudig empfing.

»Ach, wissen Sie, Frau Dietz, ich bin so begeistert von Ihrer Tochter.«

Ich blickte ihn überrascht und skeptisch an. So euphorisch hatte ich noch nie einen Lehrer über unsere Tochter sprechen hören.

Dann sagte er: »Hannah blickte mich immer so unbeteiligt und traurig an. Und wissen Sie was? Am Dienstag in der Mathestunde hat sie mich zum ersten Mal angelächelt.«

Der Lehrer war sichtbar berührt. Ich war glücklich, dass es Menschen gab, die auf solche unscheinbaren Kleinigkeiten achteten, die für Hannahs emotionale Entwicklung so entscheidend waren. Und ich freute mich für meine Tochter, denn das war ein deutliches Zeichen, dass sie wieder ein großes Stück Lebensfreude hinzugewonnen hatte.

Hannah hatte nun so viel Selbstbewusstsein gewonnen, dass sie den Lehrerwechsel nach der sechsten Klasse gut verkraftete. Die Legasthenie-Therapie konnte sie am Ende des siebten Schuljahres nach fünf Jahren abschließen. Ihre Rechtschreibkenntnisse liegen nun im Klassendurchschnitt.

Das Schuljahr hat sie mit Erfolg beendet, nach den Ferien wird sie in die achte Klasse gehen. Unsere Tochter ist wieder das fröhliche Mädchen, das sie war, bevor sie in die Schule kam. Sie lacht und scherzt wie ihre Klassenkameraden.

All das war nur möglich, weil die richtigen Diagnosen

gestellt wurden und sie zielgerichtete Therapien erhielt. Ohne die entsprechende Förderung hätte sie auch bei einer so guten Lehrerin wie Frau Lang keine Chance gehabt, sich zu entwickeln. Wichtig waren auch die Lehrerinnen und Lehrer, die Hannah emotional gestärkt haben. Ohne Hannahs Mut, sich trotz aller Mühen immer wieder auf die Therapien einzulassen, und ohne ihre Kraft, diese Jahre durchzustehen, wären ihre Fortschritte nicht möglich gewesen.

Unsere Tochter ist auf einem guten Weg.

KAPITEL 17

Jonas und ADS

Jonas besuchte nun die fünfte Klasse desselben Gymnasiums, auf das auch sein älterer Bruder ging. Ein junger Lehrer übernahm die Klasse. Einige Mitschüler kannte Jonas schon aus der Grundschule.

Sehr schnell rief der Klassenlehrer bei uns an. Zum ersten Gespräch empfing er uns mit dem Satz: »Ich bin ja schon vorgewarnt worden, dass die Dietz-Jungen nicht ganz einfach sind. Ganz so schlimm wie das, was mir erzählt worden ist, ist Jonas nicht, ABER ...«

Dann fing er an: Jonas sei außergewöhnlich impulsiv, er würde leicht wütend, verbreite große Unruhe und würde Streit auf sich ziehen.

So verlief das Schuljahr weiterhin. Häufig meldete sich der Klassenlehrer, dazwischen die Fachlehrer mit immer gleichen Schilderungen von Jonas' Verhalten.

Da wir in der Erziehungsberatung keine Ratschläge bekamen, die uns weiterhalfen, erzählte ich auch der Ärztin in der Uniklinik von Jonas' Schwierigkeiten in der Klasse und erhoffte mir Rat. Die Ärztin schlug vor, auch unseren zweiten Sohn zu testen und zu schauen, ob auch er ADS habe, denn ADS käme familiär gehäuft vor.

Doch das wollte ich nicht.

Jonas war sehr viel ruhiger als Felix, er hatte als Baby einen Rhythmus, er konnte von Anfang an ruhig und konzentriert spielen, wenn er das wollte. Besonders mit seinen Legotechnik-Baukästen konnte er Stunden alleine in seinem

Zimmer verbringen, komplizierte Modelle bauen, neue entwerfen und sogar Baupläne dafür zeichnen. Jonas konnte sich gut konzentrieren, wenn er für etwas motiviert war – er konnte in meinen Augen unmöglich unter ADS leiden. Die Ärztin überließ es uns, ob wir einen Testtermin für ihn vereinbaren wollten. Wir entschieden uns dagegen, aber die Termine für Felix nahmen wir weiterhin wahr.

Im Januar, als ich mit Hannah die Ärztin aufsuchte, die bei ihr ADS diagnostiziert hatte, kam ich erneut ins Grübeln. Jonas hatte ich zu diesem Termin mitgenommen, weil er mittags noch nicht so lange alleine bleiben konnte. Der Ärztin erzählte ich von Hannahs Traurigkeit und von ihren depressiven Verstimmungen. »Ihr Bruder hat ADS, das ist auch nicht einfach für sie.« Ich versuchte der Ärztin ein möglichst vollständiges Bild von unserer Familie zu geben.

»Das habe ich schon gesehen«, war die spontane Reaktion der Ärztin.

Verblüfft schaute ich sie an. »Nein, nicht Jonas, unser *ältester* Sohn.« Die Ärztin entschuldigte sich, doch ich war neugierig geworden. »Wieso dachten Sie, dass Jonas ADS habe?«

»Ich habe ihn und Hannah während unseres Gesprächs beobachtet, wie er sich hier im Sprechzimmer verhielt.« Ich fragte genauer nach, und die Ärztin zählte eine lange Reihe von Punkten auf, die sie an ihm beobachtet hatte. »Als Sie sagten, Ihr Sohn habe ADS, bestätigte das meine Beobachtungen, aber es hat sich ja nun geklärt, Sie sprachen von Ihrem älteren Sohn Felix.«

Natürlich war das keine Diagnose. Doch es war das zweite Mal, dass eine Ärztin ADS bei Jonas für möglich hielt. Ich wehrte mich gegen diesen Gedanken. Nein, ich wollte nicht noch ein ADS-Kind. Die Gründe für Jonas' Verhalten mussten andere sein. Ich suchte die Verantwortung bei mir.

Sicher kümmerte ich mich zu viel um Felix und Hannah. Jonas will sicher nur mehr Aufmerksamkeit. Der Gedanke, ein drittes Kind mit ADS zu haben, war für mich nicht akzeptabel.

In der Elterngruppe hatte ich bereits von Frau Dr. Hammer gehört, einer Therapeutin, von der die Eltern nur Positives zu berichten wussten. Dort vereinbarte ich einen Termin, um Jonas vorzustellen. Die Therapeutin kannte uns bis jetzt nicht und würde sicher bestätigen, dass er kein ADS habe. Die beiden Ärztinnen hielt ich für voreingenommen.

Ich zählte Frau Dr. Hammer alle Punkte auf, die in meinen Augen gegen ADS sprachen, aber natürlich fragte sie nach der schulischen Entwicklung, ließ sich die Zeugnisse zeigen und ließ uns ausführlich unsere familiäre Situation schildern. Wir vereinbarten einen weiteren Testtermin, während dem Jonas ausführlich getestet wurde.

»Jonas hat ADS vom hyperaktiv-impulsiven Typ«, erklärte die Therapeutin Christoph und mir im Auswertungsgespräch. Ich war sprachlos. Ich hatte etwas anderes erwartet. Frau Dr. Hammer bemerkte meine Skepsis und erläuterte uns ausführlich die Testergebnisse, denn natürlich bemerkte sie meine Skepsis. Alles, was sie vortrug, war schlüssig, doch es warf ein ganz anderes Licht auf viele Situationen.

Hatte ich bisher häufig das Gefühl, Jonas würde sich einige Marotten von Felix abgucken, war nun klar, dass er sich so leicht aufbrausend verhielt, weil er unter einer Impulssteuerungsschwäche litt und nicht um seinen Bruder nachzuahmen. Mit der Aufmerksamkeit hatte Jonas nicht so große Schwierigkeiten wie Felix und Hannah, deshalb konnte er schon als kleines Kind konzentrierter spielen und war nicht so ablenkbar.

Da Jonas' Schulsituation sich weiter zugespitzt hatte, empfahl Frau Dr. Hammer, dass auch er das Medikament nehmen solle, um seine soziale Situation zu stabilisieren. Als Psychologin kann sie das Medikament nicht selbst verschreiben, so vereinbarte ich auch für Jonas einen Termin in der Uniklinik bei Felix' Ärztin. Wir mussten einige Wochen auf den Termin warten. Während dieser Zeit kam es zu einem Vorfall in der Musikstunde, der fast zum Schulverweis geführt hätte.

Die Musikstunden fanden im Musikraum statt, wo jedes Kind seinen Platz frei wählen durfte. Jonas beanspruchte einen Stammplatz, auf den sich diesmal ein anderer Junge gesetzt hatte. »Hier sitze ich immer, das ist mein Platz!« Jonas ließ sich auf seinem Schulranzen, vor seinem Stammplatz nieder. Der Lehrer wies ihn zurecht, worauf Jonas sehr wütend wurde. Als der Lehrer Jonas des Raumes verweisen wollte, eskalierte die Situation. Der Schulleiter musste hinzugerufen werden. Beide Männer setzten Jonas vor die Tür.

Wir wurden umgehend zu einem Gespräch mit der Schulleitung geladen. Dort berichteten wir von der psychologischen Untersuchung bei Frau Dr. Hammer. »Sie haben doch die gute Entwicklung bei Felix beobachten können«, fügte ich noch an.

Jonas bekam eine weitere Chance.

Beim nächsten Elternsprechtag nahm Jonas den Amphetaminsaft bereits seit mehreren Wochen.

»Die Klassenkameraden ärgern mich nicht mehr so oft«, hatte Jonas uns zuvor die Wirkung seines Medikamentes beschrieben.

Der Musiklehrer erzählte, dass unser Sohn sich nun so unauffällig verhielt, dass ihn die Mitschüler an einem Tag gar nicht wahrgenommen hatten. Jonas war nach einer Woche Krankheit wieder den ersten Tag in der Schule gewesen.

»Ist das schön ruhig, wenn Jonas nicht da ist«, sagte ein Mädchen im Unterricht.

»Wieso?«, erwiderte der Lehrer erstaunt. »Da sitzt er doch.«

Mich freute es zu hören, dass mein Kind nun nicht mehr negativ auffiel. Die Rückmeldungen waren insgesamt sehr positiv. Andererseits zeigte die Bemerkung des Mädchens auch, wie sehr unser Junge von seinen Mitschülern bereits abgelehnt wurde. Das tat mir weh.

Jonas bekam recht schnell einen Therapieplatz bei Frau Dr. Hammer. Das Verhaltenstraining schlug bei ihm außerordentlich gut an. Sehr schnell nahm er die Tipps und Tricks zur Impulssteuerung an. Seine soziale Integration in die Klasse verbesserte sich zusehends.

Als das sechste Schuljahr zu Ende ging, fand ein großer Sporttag statt, an dem alle Klassen teilnahmen. Jonas' Klasse sollte eine Mannschaft für Hockey zusammenstellen, doch zur Klasse gehörten eine ganze Reihe von »Individualisten«, die sich nicht zu einem Team zusammenfinden konnten.

Jonas entwickelte eine Aufgabenverteilung, schrieb für jeden Mitspieler aus dem Klassenteam einen Vertrag, ließ diesen von jedem einzelnen unterschreiben und übergab die Blätter am Ende dem Klassenlehrer.

»Jetzt brauchen wir uns nicht mehr darum zu streiten, wer auf welcher Position spielt.«

Dann schrieb er einen offenen Brief an die Klasse: »Wir sind ein Team, und wir müssen zusammenhalten, wenn wir das Spiel gewinnen wollen.«

Das alles initiierte Jonas ohne Auftrag, niemand hatte ihn dazu ermuntert. Es war seine Idee, die er eigenständig umsetzte.

Der Klassenlehrer war absolut hingerissen. Auch wir waren glücklich über die immensen Entwicklungsschritte unseres Sohnes.

Am Ende des sechsten Schuljahres sagte sein Klassenlehrer: »Ich hatte oft Zweifel, ob Jonas auf unserer Schule richtig ist und ob ich Ihnen einen Wechsel nahe legen soll. Inzwischen bin ich froh, ihn in meiner Klasse zu haben. Er ist ein echter Gewinn für die Gemeinschaft.«

Ein ausgesprochener Teamgeist zeichnet Jonas, der bald 16 wird, in seiner Klasse heute noch aus. Er ist fest in die Klassengemeinschaft integriert und wendet die Strategien, die er gelernt hat, um seine Impulsivität zu kontrollieren, konsequent an. Jonas ist heute Klassensprecher.

Im Frühjahr absolvierte er sein Schulpraktikum in einer Werbeagentur. Auch dort war Jonas schnell beliebt. Man schätzte seine Kreativität und seine engagierte Art zu arbeiten. Auch nach dem Praktikum war er dort gerne gesehen.

Ich bin froh, dass ich meine Meinung, Jonas habe kein ADS, revidieren und die Diagnose akzeptieren konnte.

Diese positive Entwicklung wäre ohne Diagnose und zielgerichtete Therapien nicht möglich gewesen.

KAPITEL 18

... und dann auch noch die Pubertät

Nach Felix' Diagnose verschrieb der Kinderarzt eine Ergotherapie. Einmal pro Woche spielte die Therapeutin mit ihm und förderte ihn im feinmotorischen Bereich durch handwerkliche Tätigkeiten.

Nach wenigen Wochen verlor Felix das Interesse daran, und die Therapeutin ging, ihrem therapeutischen Selbstverständnis folgend, auf seine Wünsche ein. Sie spielte mit ihm Schach oder plauderte mit ihm und nannte das Psychotherapie. Mein Sohn hatte das Arbeitsprinzip der Therapeutin schnell durchschaut und lenkte sie so, dass er Aktivitäten, die ihm schwer fielen, vermeiden konnte und nur solche Dinge aufgetragen bekam, die ihm gefielen.

Beim Abschlussgespräch nach einem Jahr sagte sie: »Felix hat hier immer brav gespielt. Ein ADS-Kind ist das nicht. Es handelt sich eindeutig um eine Fehldiagnose. Warum verzichten Sie nicht auf das Medikament?«

Diese Erfahrung hatte ich selbst gemacht: So lange ich mit Felix alleine war, er sich also nur auf eine Person einzustellen brauchte und dabei die Dinge vermeiden konnte, die ihm schwer fielen, hatte ich keine Probleme mit ihm. Die hatte niemand in solchen Situationen.

Die Ergotherapeutin konnte Felix nicht helfen. Sie sagte uns leider nicht, dass sie sich weder mit ADS noch mit der Therapie von Wahrnehmungsstörungen auskannte. Stattdessen konstruierte sie sich ein eigenes Bild, bestehend aus den beiden Aspekten: Fehldiagnose und schwierige Familienverhältnisse. Ich war sehr enttäuscht über den fehlgeschlagenen Therapieversuch, weitere wertvolle Zeit war verloren.

Die Ärztin in der Uniklinik leitete uns nach verhaltenstherapeutischen Gesichtspunkten an, Felix zu unterstützen. Wir erhielten dort Tipps, die ihm helfen konnten, das umzusetzen, was er sich vorgenommen hatte. Felix nahm alles begeistert auf und versuchte, die Tricks umzusetzen. Doch nicht jeder in seinem Umfeld würdigte seine positiven Veränderungen.

Reaktionen aus Felix' Sicht

Weil meine Eltern jetzt mehr über ADS wissen, konnten sie auch meinen Lehrern erklären, was mit mir los ist. Leider haben nicht alle Lehrer Verständnis dafür, aber viele Lehrer helfen mir besser zurechtzukommen. (...)

Ich versuchte dann, mich mit meinen Lehrern und Mitschülern wieder zu vertragen. Das gelang mir bei meinen Mitschülern auch ganz gut, denn ich konnte jetzt in der Pause mit den anderen mitspielen und war nicht mehr dauernd der Spielverderber.

Bei einigen Lehrern war das aber schon schwieriger, denn sie konnten meine Verwandlung kaum verstehen. Für einige Lehrer war mein neues Verhalten der Beweis dafür, dass ich ja doch könnte, wenn ich nur wollte. Sie haben ADS nicht verstanden.

Andere Lehrer dachten, dass ich nur Beruhigungsmittel bekomme, was sie auch nicht gut fanden.

Einige Zeit ging es Felix in der Schule besser. Einen Rückschlag brachte dann aber die Zeit, als wir es mit der Diät versuchten und das Medikament ausließen. Felix fiel in sein altes Verhalten zurück, er konnte sich wieder nicht konzentrieren und störte den Unterricht.

Nach den Sommerferien in der siebten Klasse begannen wir dann wieder, ihm Amphetaminsaft zu geben, doch die verlorene Zeit war nicht mehr aufzuholen. Felix war verunsichert – mal konnte er sich besser konzentrieren, mal wieder nicht. Einmal konnte er in der Schule ruhig sitzen, so wie er es sich vornahm, dann ging es wieder nicht, obwohl er sich doch so sehr bemühte.

Das Medikament, die Diät, die Verhaltensanleitungen, alles würde ihm helfen, hatte ich ihm versprochen. Wie sollte er da seine wechselnden Erfolge bei gleichem Bemühen einordnen? Die Suche nach Alternativen äußerte sich nicht nur in verlorener Zeit, sie führte auch zu einer großen Verunsicherung bei Felix. Er konnte auf die versprochenen Hilfen nicht mehr vertrauen.

Viel Zeit wäre nun nötig gewesen, um mit ihm all die Tipps und Tricks, die wir im Elterntraining erlernten, anzuwenden und einzuüben. Doch es war die Zeit, als Hannah depressiv wurde, als bei ihr eine Diagnose nach der anderen gestellt wurde, als ich fast täglich mit ihr einen Therapietermin hatte. Wie hätte ich Felix in dieser Zeit gerecht werden können? Ich fühlte mich zwischen den Bedürfnissen meiner Kinder zerrissen.

Die Situation wurde immer verzwickter. Felix hatte resigniert, die Ergotherapeutin konnte ihm nicht helfen, ich hatte zu wenig Zeit für ihn. In der Schule rutschte er weiter in die Sündenbockfunktion.

Ende des sechsten Schuljahres bekamen wir ein Schreiben von der Schule. Felix habe die Tafel zerstört. Eine Nachfrage bei der Klassenlehrerin ergab, dass kein Lehrer es gesehen hatte, doch die Aussagen der Schüler deckten sich. Felix beteuerte immer wieder, er sei es nicht gewesen, weshalb wir den Schaden nicht zahlten. Wochen später ergab sich eher zufällig, dass die Situation geklärt worden war. Tatsächlich hatte unser Sohn mit dem Vorfall nichts zu tun.

Felix fühlte sich an den Pranger gestellt. Er hatte das Gefühl, er mühte sich sehr, doch niemand wollte es wahrhaben.

Bis Felix 13 Jahre war, gab es keine Zeit, in der er über eine längere Zeit Anerkennung und Lob innerhalb und außerhalb der Familie erhalten hätte. Er hörte viel Kritik, viele Appelle wurden an ihn gerichtet. Es muss in dieser Zeit sehr schwer für ihn gewesen sein, glückliche Momente zu empfinden und zu genießen. Sicher gab es diese Stunden auch, doch sie waren in all der Kritik verschüttet, die er täglich über sich ergehen lassen musste. Wie sollte er dabei lernen, stolz auf sich zu sein, verstehen, dass Bemühen sich lohnte? Wie konnte er seine Stärken und Fähigkeiten entdecken? Und schließlich: Wie sollte er in dieser Situation Selbstvertrauen und Selbstbewusstsein entwickeln?

Felix war auf der Suche nach Anerkennung. Er fand Anschluss an ältere Jugendliche, die keinen »Bock« mehr auf die Schule hatten, die schwänzten und das »obercool« fanden. Die Gruppe versprach ihm ein spannendes Leben außerhalb dessen, was er bisher gewohnt war, und sie versprach ihm Anerkennung, falls er kleine Dienste für sic erledigen würde.

Felix fehlten die notwendigen Abwehrstrategien.

Wir machten uns große Sorgen um ihn, denn uns war klar, dass Felix durch den langen Weg der Suche und die späte Diagnose intensivere Hilfen brauchte als unsere anderen beiden Kinder.

Wir waren bereit, nach jedem Strohhalm zu greifen, der

sich uns bot. So gingen wir zum Jugendamt, denn wir hatten gehört, dort würden Hilfen für Kinder in schwierigen Situationen angeboten. Doch die Sachbearbeiterin schüttelte den Kopf. Nicht unser Sohn brauche Hilfe, sondern wir als Eltern sollten zur Erziehungsberatung gehen.

Das durfte nicht wahr sein! Hatten wir das nicht oft genug gehört, ohne dass uns geholfen wurde?

Wir zählten alle Stationen auf, die wir seit Felix' fünftem Lebensjahr aufgesucht hatten, um Rat und Hilfe zu erhalten. Wir erzählten von den unterschiedlichen Erklärungsansätzen für sein hyperaktives Verhalten und unseren Bemühungen, all die vielen Ratschläge umzusetzen, aber auch davon, dass seine Situation sich dabei immer weiter verschlechtert habe. Wir erzählten von dem Termin in der Uniklinik und der Hilfe, die wir dort erhielten, von dem Diätversuch, der alles zunichte gemacht hatte, von Felix' Resignation, von der Gefahr des Abrutschens, die uns Angst machte.

»Wir müssen erst einmal prüfen, ob überhaupt ein Bedarf an Erziehungshilfe besteht. Ich werde Ihr Anliegen in das Fachteam einbringen«, erklärte die Sachbearbeiterin.

Weitere Wochen vergingen, ohne dass wir über das Gespräch informiert wurden.

Erneut vereinbarten wir einen Termin. Die Sozialpädagogin teilte uns entschieden mit, ADS gäbe es nicht. Die Kinder würden durch diese Diagnose etikettiert. »Es liegt an Ihrer mangelnden Erziehungskompetenz. Sie müssen gestärkt werden, sonst stehen Sie bald wegen Ihrer anderen beiden Kinder auch hier.«

Wir konnten es nicht fassen. Unsere Erfahrungen, die wir ausführlich geschildert hatten, wurden in keiner Weise berücksichtigt. Weitere Gesprächstermine, um die wir baten, uns fast erkämpften, um irgendwie weiterzukommen, brachten keine Veränderung der Sichtweise des Jugendamtes. Christoph und ich hatten das Gefühl, gegen eine Wand zu reden.

Ein paar Wochen später besuchte unsere Sachbearbeiterin, Frau Müller, eine Fortbildung über fachgerechte Hilfen bei ADS. Bei unserem nächsten Treffen empfing sie uns mit den Worten: »Jetzt kann ich Sie verstehen. Jetzt weiß ich, worum es Ihnen geht.« – Hatten wir richtig gehört? War das die ersehnte Wende?

Sie schlug uns vor, Felix in einem heilpädagogischen Kinderheim oder einem Internat unterzubringen, bis die Therapien greifen und sich seine Situation stabilisieren würde. Wir hatten in der Elterngruppe eine Mutter kennen gelernt, deren Sohn bereits seit längerer Zeit ein Internat besuchte und dort gute Fortschritte in seiner Entwicklung machte. Trotzdem kam der Gedanke, Felix sollte außerhalb unserer Familie wohnen, an der Stelle für uns sehr überraschend. Christoph und ich diskutierten bis tief in die Nacht hinein. Schließlich akzeptierten wir den Vorschlag der Sachbearbeiterin. Für Felix war es die Chance für einen Neuanfang. Den wollten wir ihm ermöglichen.

Am nächsten Tag sollte ich Frau Müller anrufen, sie wollte zwischenzeitlich mit ihrer Chefin, der Sachgebietsleiterin, sprechen. Bei meinem Anruf hörte ich nur einen kurzen Satz von ihr: »Frau Dietz, ich bin nicht mehr für Ihre Familie zuständig.«

»Warum?«, fragte ich erschrocken.

»Das kann ich Ihnen nicht sagen. Wenden Sie sich zukünftig an die Sachgebietsleitung.« Frau Müller sprach leise und unsicher. Wir fühlten uns vor den Kopf gestoßen. Wurde sie nur deshalb von ihrer Zuständigkeit entbunden, weil sie nun die ADS-Diagnose akzeptierte?

Der Sachgebietsleiterin, die nun für uns zuständig war, legten wir Informationsmaterial über ADS und geeignete Hilfen vor. Doch sie vertrat unbeirrbar die Ansicht, dass ADS ein Etikett sei, jedoch keine existierende Diagnose. Demnach war ihr einziges Hilfsangebot eine Erziehungsberatung, die wir aufsuchen könnten.

Um ihren Standpunkt zu untermauern, bezog sie eine Psychologin ihrer vorgesetzten Stelle ein. Nun saßen wir zwei Fachfrauen gegenüber, die die gleiche Botschaft hatten – ADS gäbe es nicht! Folglich müssten die Schwierigkeiten unseres Sohnes durch unser Familiensystem zu erklären sein.

Es war demütigend! Wir sahen das Jugendamt als unsere letzte Möglichkeit, Hilfe für Felix zu finden, deshalb ließen wir all die Schuldzuweisungen durch die Sachgebietsleiterin über uns ergehen.

Schließlich gab es doch einen Vorstellungstermin in einem Heim. Die Sachgebietsleiterin hatte der Heimleitung vorab unsere komplette Akte zur Verfügung gestellt, war aber selbst nicht anwesend, was uns irritierte. Wie wir später erfuhren, war das Überlassen der Akte sogar rechtswidrig. Die Heimleitung zeigte sich gut informiert und bezog sich während des Gesprächs auf Punkte, die so ausgewählt waren, dass als alleinige Ursache für alle Schwierigkeiten nur mangelnde Erziehungskompetenz unsererseits unterstellt werden konnte.

Wir hatten das Spiel durchschaut und begannen nun selbst Fragen zu stellen. Ja, sie würden Felix aufnehmen, aber ADS gäbe es nicht. Hierbei handele es sich um ein stigmatisierendes Etikett. »Natürlich bekommen Kinder in diesem Heim keine ›Beruhigungsmittel‹!«, sagte der Heimleiter auf unsere Nachfrage, ob Felix seinen Amphetaminsaft weiternehmen könne. Sie würden die Auslassung mit Erziehung wettmachen.

Wie konnte jemand Felix helfen, für den es ADS nicht gab und der ein Stimulanz für ein Beruhigungsmittel hielt? Mit solcherlei »Beratung« hatten wir jahrelange Erfahrungen – schmerzhafte.

Die Sachgebietsleiterin vereinbarte einen weiteren Vorstellungstermin in einem anderen Heim für uns, wieder ohne Beisein eines Jugendamtsvertreters. Der Heimleiter und eine Psychologin saßen uns gegenüber. Unsere Lebensdaten wurden auf einem Flip-Chart festgehalten, während wir berichteten.

»Sie haben Ihr Kind von Geburt an abgelehnt«, folgerte der Heimleiter aus unserem Bericht. Das ganze Gespräch hatte bis zu diesem Zeitpunkt keine zehn Minuten gedauert. Situationen, in denen uns von Psychologen unbewusste Motive unterstellt wurden, kannten wir bereits aus der Erziehungsberatung, und nie hatte uns das weitergeholfen. Skeptisch blickten Christoph und ich uns an.

Die Psychologin wandte sich an Felix. Er sollte von seinen Hobbys erzählen.

»Ich lese gerne«, antwortete Felix.

»Ach«, wischte der Psychologe seine Antwort vom Tisch, »ein Junge in deinem Alter liest doch nicht!«

»Es stimmt, Felix liest wirklich gerne«, versuchte ich meinen Sohn zu unterstützen.

Doch der Psychologe überging meinen Einwand. »Hier kannst du sagen, was du gerne machst. Du musst nicht sagen, was deine Eltern hören wollen«, wandte er sich vertrauenheischend an Felix. Doch unser Sohn antwortete nicht und sagte kein Wort mehr während des ganzen Gesprächs.

»Warum hast du das denn nicht richtig gestellt?«, fragte ich ihn anschließend.

»Wenn die eh besser wissen, was ich antworten soll!«

Christoph und ich schauten uns verblüfft an. Eines hatte unser Sohn während all der erfolglosen Therapien gelernt – sich vor unpassenden Therapeutenaussagen und ihren Interpretationen zu schützen. Nun wurde uns auch klar, warum sich die Psychologen in den unterschiedlichen Therapien darüber beklagten, Felix würde zu wenig über sich erzählen. So wichtig dieser Selbstschutz für ihn war, umso deutlicher wurde uns auch, dass Felix eine Hilfe brauchte, die sein ADS berücksichtigte und mit der er einverstanden war. Sonst würde er sich verschließen.

Dies erklärten wir der Sachgebietsleiterin des Jugendamtes, doch bedingt durch ihr festgefügtes Weltbild, dass bei auffälligen Jugendlichen immer die Erziehung verantwortlich sei, konnte sie uns nicht als ernsthafte Gesprächspartner akzeptieren. Statt sich mit ADS zu befassen und ihr Wissen zu erweitern, schlug sie vor: »Also, wenn Sie mit Ihrem Kind gar nicht zurechtkommen, dann leiten wir eine Notunterbringung ein und entziehen Ihnen das Sorgerecht.«

Zutiefst erschrocken wandten wir uns nach diesem Gespräch an einen Anwalt, der auf Kinder- und Jugendhilferecht spezialisiert war. Dieser beruhigte uns und klärte uns über unsere Rechte auf. So leicht könne man Eltern das Sorgerecht nicht entziehen. Man wolle uns entmutigen und abschrecken. Er erklärte uns auch, dass wir einen Rechtsanspruch auf Unterstützung hätten. Die Gesetzgebung sei auf Seiten der Kinder, die Hilfe brauchten. Wir brachten den Anwalt gegenüber dem Jugendamt zu diesem Zeitpunkt zwar nicht ins Gespräch, aber seine Unterstützung war trotzdem sehr hilfreich. Wir ließen uns nun nicht mehr so leicht einschüchtern.

Währenddessen versuchte die Jugendamtsmitarbeiterin

weiter uns zu verunsichern. Ihre Vorschläge waren widersprüchlich und immer weniger an einer Hilfe für Felix orientiert. Kriterien, die in einem Gespräch noch als Mindeststandard gefordert wurden, waren beim nächsten Treffen völlig uninteressant.

Aufgaben des Jugendamtes wurden auf uns abgewälzt, zum Beispiel Konzeptionen von Einrichtungen zu besorgen und Termine zu vereinbaren. So hätte es auch zu den Aufgaben der Sachgebietsleiterin gehört, mit uns gemeinsam die Vorstellungstermine in den verschiedenen Heimen wahrzunehmen. Als genehmigende Stelle hätte sie über den Verlauf dieser Gespräche informiert sein müssen. Das Verhalten der Sachgebietsleiterin zeigte, dass sie nie eine Genehmigung plante. Strategie war, uns mit formalen Dingen zu beschäftigen, denn so lange brauchte der Antrag nicht beschieden zu werden – also ein Zeitgewinn fürs Jugendamt.

Wir waren erschöpft. Felix brauchte viel Betreuung und Anleitung, Hannah musste mehrmals in der Woche zur Therapie. Auch Jonas wollte, dass wir uns um ihn kümmerten, und das Jugendamt schickte uns quer durch Deutschland, um uns zu beschäftigen. Wir hatten immer geglaubt, es sei Aufgabe des Jugendamtes, Kindern zu helfen. Nun wurde uns klar, dass das eine romantische Vorstellung zu sein schien. Praxis dagegen war, eine Hilfemaßnahme so lange wie möglich hinauszuzögern, ohne Rücksicht auf das betroffene Kind.

Langsam begriffen wir die Hintergründe: Der Jugendhilfeetat war im Zuge der allgemeinen Sparmaßnahmen gekürzt worden, und die Jugendämter waren angehalten, ihren Etat nicht zu überschreiten. Dies bedeutete: Je weniger oder je später Hilfen genehmigt wurden, desto höher war das Ansehen der Sachgebietsleitung. Nun wurde uns auch ein Satz klar, der während eines Gespräches gefallen war. Wir hatten auf mögliche Folgen und Sekundärstörungen hingewiesen, falls unserem Sohn nicht bald geholfen würde. »Das fällt dann in einen anderen Zuständigkeitsbereich«, war die Antwort – will heißen: in einen anderen Etat.

Um dennoch voranzukommen, regten wir ein Gespräch zwischen der Sachgebietsleiterin des Jugendamtes, Felix' Ärztin und unserem langjährigen Erziehungsberater an. Auch die Psychologin der vorgesetzten Stelle nahm an diesem Gespräch teil. Zwei Stunden dauerte die Unterredung, in der die Ärztin detailliert auf die medizinischen Ursachen und Erscheinungsformen von ADS einging und auch Felix' spezifische Problematik erläuterte. Unser Erziehungsberater berichtete von unserer Familiensituation, die ihm aus vielen Gesprächen bekannt war.

Am Ende des Gesprächs sagten die beiden Damen des Jugendamtes: »Wir sind nach wie vor überzeugt, dass die ADS-Diagnose eine überflüssige Etikettierung und Stigmatisierung des Kindes ist.«

Wir waren fassungslos. Was sollten wir noch tun, wenn sich das Jugendamt selbst im Gespräch mit Fachleuten nicht umstimmen ließ?

Die Zeit zerrann uns zwischen den Fingern. Felix brauchte dringend fachgerechte Hilfe, die Institution, die sie ihm bewilligen konnte, verweigerte sich.

Wir informierten uns, wo wir sonst noch Hilfe finden konnten, und stießen auf ein Internat nicht weit von uns entfernt. Der Schulleiter zeigte sich sehr gut über ADS informiert und war sich sicher, den richtigen Rahmen für Felix bieten zu können. Ein weiteres Gespräch mit der dort beschäftigten Sozialpädagogin und dem Schulpsychologen machte deutlich: Diese Menschen waren in der Lage, unserem Sohn die notwendige Hilfe und Unterstützung zu bieten.

Felix war begeistert. Sofort nahm er das Angebot, dort eine Woche zur Probe zu wohnen und am Unterricht teilzunehmen, an. Er fühlte sich von Beginn an wohl. Der Schulleiter sah die Möglichkeit eines Stipendiums, damit wir die Kosten irgendwie verkraften konnten. Überglücklich ließen wir Felix auf die Warteliste für den nächsten freien Platz aufnehmen.

Die Sachgebietsleiterin lehnte diese Art der Hilfe kategorisch ab. Ein Internat sei nicht geeignet Jugendhilfemaßnahmen durchzuführen. In unserer Stadt würden generell keine Internatsaufenthalte genehmigt, das lehne die Amtsleitung ab.

Wie konnte das sein? Während des Probewohnens lernte Felix einen Jungen aus unserer Stadt kennen, der einer anderen Dienststelle des Jugendamts zugeordnet war. Bei diesem Jugendlichen wurde der Aufenthalt problemlos gefördert, wie uns die Mutter erzählte. Auch er war wegen eines sehr spät erkannten ADS und den daraus folgenden Schwierigkeiten dort. Die zuständige Sozialarbeiterin hatte der Mutter gerade deswegen dieses Internat empfohlen.

Uns wurde klar, dass es die persönliche Einstellung unserer Sachgebietsleiterin war, die eine Hilfe für Felix verhinderte.

Wir wiesen als letztes Argument darauf hin, dass das Internat nur die Hälfte eines Heimplatzes kosten würde. Außerdem würden wir uns an den Kosten beteiligen, nur alleine konnten wir das nicht bezahlen. Doch darum ging es der Sachgebietsleiterin nicht. Für sie kam nur eine Einrichtung infrage, die ADS nicht anerkannte und die die Schwierigkeiten ausschließlich in der Verantwortung der Eltern sah. Dieses Weltbild wollte sich die Sachgebietsleiterin nicht nehmen lassen. Sie konnte nicht über ihren Schatten springen.

Zum Halbjahreswechsel des siebten Schuljahres wurde ein Platz für Felix frei. Man bot uns sogar ein Stipendium für die erste Zeit an, und so waren die Taschen schnell gepackt. Erwartungsvoll machten wir uns auf den Weg.

Die Schüler wohnten im Internat im Familienverband mit einem Lehrer als »Familienvater«, der für die Jungen die Hauptbezugsperson war. Felix lebte sich gut ein, nahm die vorgegebene Struktur rasch an und fand Freunde. Zu seinem Familienvater im Internat fasste er Vertrauen. Felix war bereit, die angebotenen Hilfen anzunehmen, wobei ihn Gespräche mit der Sozialpädagogin zusätzlich unterstützten.

An den Wochenenden und in den Ferien kam er nach Hause. Schon lange hatten wir Felix nicht mehr so glücklich gesehen. Er gewann Selbstvertrauen und blühte in dieser geschützten Umgebung auf.

7. Klasse (Bemerkungen im Zeugnis)

Felix ist ein sehr ruhiger, angenehmer und aufgeschlossener Schüler, der sich sehr interessiert am Unterrichtsgeschehen beteiligt. Er zeigt anhaltende Lernbereitschaft, Interesse am Lehrstoff und setzt sich bewusst mit den Inhalten und zu bewerkstelligenden Aufgaben auseinander. Er stellt von sich aus Fragen, die den Lernprozess der Klasse fördern. Unterrichtsstörungen gingen von Felix nie aus, er war stets pünktlich und erfüllte alle Aufgaben im vorgegebenen Zeitrahmen.

Die Kombination aus Verständnis für seine ADS-spezifischen Schwierigkeiten, der Medikation und der zielgerichteten therapeutischen Unterstützung machten diese positive Entwicklung möglich. Vorteilhaft waren für Felix auch die kleinen Klassenstärken von 10 bis 15 Schülern im Internat. Dadurch konnten die Lehrer sich um jeden einzelnen kümmern und das Problem der Aufmerksamkeitsschwäche war weniger groß.

Während des achten Schuljahres schrieb Felix im Rahmen einer Jahresarbeit für die Schule sein Buch: *Wenn ich doch nur aufmerksam sein könnte! Ein hyperaktiver Jugendlicher berichtet*, in dem er ADS aus seiner Sicht beschrieb.

Das Jugendamt war auch angesichts dieser Erfolge nicht bereit, Felix die Unterstützung zu bewilligen. Nach Abstimmung mit unserem Anwalt und reiflicher Überlegung entschieden wir uns schließlich zur gerichtlichen Klage. Das Stipendium, das wir bekommen hatten, war befristet, und alleine konnten wir die Kosten nicht tragen. Schließlich lenkte das Jugendamt unter dem Druck des drohenden Prozesses ein und genehmigte die Maßnahme. Hier bewahrheitete sich ein Satz unseres Anwalts: »Das Recht ist auf Seiten der Kinder, die Hilfe brauchen.« Doch bei allem Erfolg mussten wir manche Demütigung ertragen, und es kostete uns sehr viele Nerven.

Felix besuchte das Internat gut drei Jahre. Er entwickelte sich in dieser Zeit gut, und die Jugendhilfemaßnahme konnte nach der zehnten Klasse mit Erfolg abgeschlossen werden. Seine Neugier ist ihm geblieben, und so wünschte er sich, ein Schuljahr im Ausland verbringen zu dürfen. Er ist nun seit fast einem Jahr in Kanada, und die Gastmutter mailt nur

Positives: Er fällt auf durch seine gewinnende und charmante Art und seine Bereitschaft, anderen zu helfen und sich für sie einzusetzen.

Felix scheint reifer geworden zu sein. Seinen weiteren Weg hat er klar vor Augen. Sehnsüchtig erwarten wir seine Heimkehr in zwei Wochen.

KAPITEL 19

Selbsterkenntnis

In Cordula Neuhaus' Buch *Das hyperaktive Kind und seine Probleme* gibt es ein Kapitel »Der selbstbetroffene Elternteil«. Darin fand ich mich schon beim ersten Lesen wieder, aber zu dieser Zeit war ich so damit beschäftigt, Felix zu stützen und zu fördern, dass ich keinen weiteren Gedanken daran verschwendete.

Als Jonas und Hannah die Therapie bei Frau Dr. Hammer machten, führten Christoph und ich regelmäßig Elterngespräche mit der Therapeutin, auch um uns Rat bezüglich Felix zu holen.

Während eines dieser Gespräche lachte mich die Psychologin an und sagte: »Wissen Sie eigentlich, wie ADS bei Frauen aussieht?«

Und dann begann sie zu erzählen: »Sie haben Schwierigkeiten im Alltagsmanagement, wollen immer unheimlich viel machen, legen in den unterschiedlichsten Bereichen ein großes Engagement an den Tag, wollen überall mitwirken, können sich aber auch nur schwer abgrenzen. Wenn man gefragt wird, hilft man hier, hilft man da. Auf der anderen Seite ist ADS auch das Syndrom der Stapel«, fügte sie hinzu und lächelte. »Frauen mit ADS haben in der ganzen Wohnung Stapel. Den Stapel mit den erledigten Papiersachen, den Stapel mit den unerledigten, den Stapel mit der sauberen Wäsche, den Stapel mit der Schmutzwäsche. Und wenn es ganz hoch hergeht, rutschen die Stapel auch schon mal durcheinander ... Frauen mit ADS haben immer das Gefühl, dass ihnen die Zeit wegrennt. Sie sind offen für alles Neue, wodurch sie sich leicht verzetteln und verausgaben, denn sie gönnen sich zu wenig Pausen. Dann fängt man an, Termine abzusagen oder zu verpassen, weil man einfach den Überblick verliert.«

Sie sah mich an. Mein Mann und ich warfen uns viel sagende Blicke zu.

Dann fuhr sie fort: »Frauen mit ADS sind sehr lebendig, sie sind immer an Neuem interessiert und sehen meist viel jünger aus, als sie tatsächlich sind. Andererseits geraten sie leicht in eine Erschöpfungssituation und leiden unter Schlafdefizit, weil sie abends kein Ende finden. Wenn man dann ins Bett kommt, ist man so aufgewühlt, dass man die Gedanken nicht los wird. Sie können schlecht abschalten.«

»Jetzt hören Sie aber auf, sonst lässt sich mein Mann noch scheiden«, erwiderte ich lachend. Christoph schmunzelte.

Es war eine sehr entspannte Gesprächsatmosphäre.

Bei einem späteren Treffen meinte ich: »Frau Dr. Hammer, das war doch Absicht, als Sie erzählten, wie ADS bei Frauen aussieht – oder?«

»Natürlich.« Sie lächelte. »Ich wollte Ihnen das einfach noch mit auf den Weg geben. Ich wusste auch, dass Sie das verdauen können und Ihre Beziehung dem standhält.«

Ich erfuhr noch mehr über ADS-Frauen: dass wir selten Angst haben, unkonventionelle und neue Wege zu gehen, viel Energie haben und neugierig sind.

Da hatte sie Recht, denn meine Neugier war geweckt. Das Gespräch mit Frau Dr. Hammer war keine offizielle Diagnose, aber ich wollte es jetzt genau wissen.

Ich führte mir meine eigene Kindheit noch einmal vor Augen:

An dir ist ein Junge verloren gegangen – das war der Leitspruch meiner Kindheit. Ich war ein wildes, lebhaftes Mädchen, das immer alles austesten musste. Wie weit konnte ich in den Bach hineingehen, ohne dass das Wasser in die Gummistiefel schwappte? Warum hatte nur ich immer nasse Füße? Wie hoch konnte man auf den Baum klettern? Warum kamen meine Freundinnen nicht so hoch mit?

Wer traute sich über das Wehr zu balancieren? Wer konnte den schwersten Stein heben?

Ich spielte am liebsten mit Jungen. Wir rauften, fuhren Rad, kämpften mit Stöcken. Wegen meiner Löcher im Kopf war ich Stammpatientin zum Nähen beim Kinderarzt.

Wir warfen mit Steinen, spuckten Kirschkerne, fuhren Rollschuhe, und ich probierte, ob man Kastanien essen kann. Wieso auf die Erwachsenen hören, die sagen, dass sie giftig sind?

Ich hatte eine gute Freundin, die genau so wild und mutig war wie ich. Sie hatte vier Brüder, da fiel es nicht so auf. Ihre Schwester dagegen war ein liebes vernünftiges Mädchen, die uns beiden immer als leuchtendes Beispiel vorgehalten wurde.

Den Kindergarten hasste ich. Drohend stand der Eimer mit dem Rohrstock auf einem Schrank im Gruppenraum. Ich war das einzige Mädchen, das ihn fürchten musste. Wieso nur ich?

Wir sollten mittags schlafen, aber ich wollte lieber rennen und raus in den Garten. Eines Tages bekamen wir neue Bildchen an die Fächer mit unserem Bettzeug. Ich fand das spannend und wollte zugucken, doch ich sollte schlafen. Ich war so neugierig, wollte nichts verpassen. Wenn dann Tante Erna an mein Bett kam, wusste ich, was das bedeutete. Als der Mittagsschlaf zu Ende war, holte sie mich aus meinem Bett, nahm mich an die Hand und ging mit mir an den Schrank mit dem Rohrstock ...

Alle versuchten, meine Flügel zu stutzen. Ich sollte lernen, mich wie ein Mädchen zu verhalten. »An dir ist ein Junge verloren gegangen!«, hörte ich oft.

Mit meiner Freundin fühlte ich mich wohl. Wir streiften durch das Wäldchen, warfen Steine in den Main, fingen Käfer und Regenwürmer, die wir fütterten, bauten uns eine kleine Holzhütte, in der wir oft zusammenhockten, und stiefelten durch die Sperrmüllkippe, wo wir jedem Berg einen Namen gaben und so unsere Geheimsprache entwickelten.

Mein Vater fand seine wilde Tochter gut. Er nahm mich mit in die Werkstatt und erklärte mir vieles. Ich arbeitete gerne mit ihm, hatte keine Angst vor dem Lärm oder mich schmutzig zu machen. Er baute mit mir Puppenmöbel, ein Vogelhäuschen und vieles andere, ließ mich aber auch selbst hämmern und nageln, sägen, hobeln und streichen. Oft saß ich mitten im Sägemehl auf einem Schemel und schaute ihm zu.

Die Lehrerin in der Schule mochte mich nicht, sie konnte meine wilde Art nicht leiden. »So benimmt sich doch kein Mädchen!« Doch ich konnte nicht stillsitzen und wollte mit meiner Nachbarin schwätzen. Im Klassenraum gab es eine Ecke, in die man sich stellen musste, um sich zu schämen. Ich kannte die Ecke gut. Man musste sich mit dem Gesicht zur Wand stellen und die Hände vor die Augen halten. Ich schämte mich und hasste die Lehrerin.

Am Ende der ersten Klasse wechselte meine Freundin zur Sonderschule, woraufhin meine Mutter mir verbot, mit ihr zu spielen. Mit so jemandem hat man doch keinen Kontakt! Wir trafen uns bis zur sechsten Klasse – heimlich. Dann verloren wir uns aus den Augen.

Mein Vater spürte, dass ich bei dieser Lehrerin nicht bleiben konnte, und ließ mich die Klasse wechseln. Ich kam zu einem jungen Lehrer, der meine neugierige und wissbegierige Art mochte. Aber auch bei ihm konnte ich nicht stillsitzen. Und es kränkte mich sehr, dass ich bei ihm nicht im Chor mitsingen durfte, weil ich zu viel störte.

In der dritten und vierten Klasse hatten die Mädchen Handarbeiten. Häkeln und Stricken, während die Jungen werken durften. Ich war so enttäuscht! Warum nur war ich nicht als Junge auf die Welt gekommen? Einmal sollten wir einen Schal häkeln. Immer das gleiche: durchstechen, Faden um die Nadel, durchziehen. Es war so langweilig! Und sitzen bleiben musste man dabei auch noch. Ich wollte es so rasch wie möglich hinter mich bringen und vergaß dabei immer die letzte Masche in der Reihe. Die Reihen wurden immer kürzer, es ging immer schneller. Dann kam die Lehrerin, musterte meine Arbeit mit prüfendem Blick und zog alles wieder auf. Noch mal machen, es muss ordentlich sein! Ich versuchte, mir Mühe zu geben, doch ich schaffte es nicht. Zum Glück übernahmen meine Mutter und meine Oma zu Hause dann die Strickarbeit, doch meine Mutter war ganz verzweifelt über ihre Tochter. Sie war sicher, dass ich nie lernen würde, mich wie ein Mädchen zu verhalten.

Ich liebte Tiere und wollte unbedingt Tierärztin werden, doch dafür musste ich das Gymnasium besuchen. Meine Eltern erlaubten es mir, was für ein Mädchen damals etwas Besonderes war.

Das Gymnasium befand sich in der nächsten Stadt. Morgens fuhr ein Bus, den ich oft verpasste. Dann musste mich mein Vater notgedrungen zur Schule fahren. Er fluchte und drohte mir, dass ich nicht weiter zum Gymnasium gehen dürfe, wenn ich nicht lernen würde, mich rechtzeitig fertig zu machen.

Ab der siebten Klasse fuhr ich die zwölf Kilometer mit dem Fahrrad zur Schule, denn ich brauchte die Bewegung vor dem Stillsitzen in der Schule. Mir waren die Klassen zu eng, zu viele Leute auf zu engem Raum. Ich konnte mich nicht konzentrieren und dem Unterricht folgen. Von all den vielen Geräuschen brummte mir der Kopf.

Die Ferien verbrachte ich fast immer bei meinen Großeltern. Sie hatten einen Bauernhof, auf dem ich mich sehr wohl fühlte. Tiere füttern, durch die Felder streifen, Blumen pflücken, bei der Ernte helfen, im Heu herumtollen. Ich hatte vor nichts Angst, kletterte im Heuschober bis ganz nach oben, bis in den hintersten Winkel, um eine Katze mit ihren Jungen zu finden. Ich durfte Traktor fahren, Heu aufgabeln, Dickwurz mahlen, Getreide ins Gebläse werfen, Kälbchen füttern, über die Wiese rollen, mich schmutzig machen, toben, lachen, fröhlich sein.

Meine Freundinnen und ich mussten unseren Müttern viel helfen. Spülen und abtrocknen, Früchte und Gemüse im Garten ernten, schälen, schneiden und einkochen. Der große Topf voller Früchte und Zucker stand auf dem Herd. Meine Aufgabe war, die kochende Masse zu beaufsichtigen, sodass sie nicht aufschäumte und überkochte. Meinem Gefühl nach dauerte es ewig. Plötzlich lief die Marmelade über den Herd und an allen Seiten herunter. Ich hatte doch nur einen winzigen Moment nicht aufgepasst – dachte ich.

Stundenlang mussten wir die klebrige Masse aufputzen. Ich durfte dort nie mehr helfen. »Scher dich weg, du bist doch zu nichts zu gebrauchen«, hieß es.

Genau zu arbeiten, ja, das war immer ein Problem. War es nicht zu erkennen, dass ich ein Rechteck gezeichnet hatte, auch wenn sich die Linien in den Ecken nicht ganz trafen? Warum war es so wichtig, dass der Winkel 90 und nicht 92 Grad hatte? Mussten diese Linien immer mit dem Lineal gezogen werden? Reichte es nicht, dass der Lehrer sah, dass ich es geübt hatte, und erkannte, was ich meinte? Musste es dann auch noch genau sein? Dafür war ich viel zu ungeduldig. Alles musste schnell fertig werden. Sonst wurde es langweilig. Und Langeweile konnte ich nicht ertragen.

Ich lernte Akkordeon spielen. Es machte mir Spaß zu klimpern, Stücke zu erfinden. Doch Noten lernen? Täglich üben, so wie es der Lehrer verlangte? Das war nicht das, was ich mir vorgestellt hatte, und ich wollte schnell wieder aufhören. »Diesmal hältst du durch, was du angefangen hast«, sagte meine Mutter. »Immer fängst du alles an und machst nichts fertig.« Wir bekamen häufig Zensuren auf unsere Übungen. Ich hasste meinen Akkordeonlehrer, wenn er mir Vieren und Fünfen ins Notenbuch eintrug. Wer nicht ordentlich geübt hatte, durfte nicht mitspielen. So musste ich oft zuhören.

Manchmal bekamen wir Noten für ein neues Musikstück, das wir selbstständig während der Stunde üben und am Ende vorspielen sollten. Dann bekam ich meistens eine Eins. In diesen Stunden liebte ich meinen Lehrer.

»Siehst du, wenn du nur regelmäßig üben würdest, dann könntest du im Orchester mitspielen«, sagte er. Ja, das würde ich gerne tun, wenn das Üben nicht wäre.

Samstags sagte meine Mutter oft: »Räum dein Zimmer auf!« Meistens nannte sie es Saustall. Ich versuchte es, aber wohin mit all meinen Sachen? Ich nahm meine Steine in die Hand. Meine Mutter wollte, dass ich sie wegwerfe. Und meine Tierbilder? Die Wände hingen schon voll, es war kein Platz mehr. Der Korb vom Sperrmüll? Und was war mit meine Stöcken, meinen gebastelten Sachen, all die Dinge, die ich aufheben wollte. Das konnte ich doch nicht wegwerfen! Ich versuchte aufzuräumen, aber wie sollte das gehen?

Als ich dreizehn Jahre alt war, zogen wir um. In der neuen Stadt wechselte ich auf die Gesamtschule, und nach Schulschluss ging ich immer zu meiner Oma, die ein sehr aufgeschlossener Mensch war. Dort fühlte ich mich wohl. Manchmal sagte meine Oma mit einem Augenzwinkern zu mir: »Wir verstehen uns, wir sind beide so narrische Hinkel.«

Ich hatte das Gefühl, dass keiner auf der Welt – außer meiner Oma – mich mochte, wie ich war. Jeder hatte etwas an mir auszusetzen. Alle dachten, ich sei dumm, faul, träge, jemand, der nichts zu Ende brachte, der keine Sache so erledigen konnte, wie man das erwartete.

Ich schloss die Schule mit dem Abitur ab, zog von zu Hause aus, absolvierte eine Ausbildung und dachte, jetzt ändere sich alles. Doch das stimmte nur teilweise.

KAPITEL 20

Ein neuer Anfang mit ADS

Nachdem Frau Dr. Hammer mich praktisch mit der Nase auf das Naheliegende geschubst hatte, vereinbarte ich einen Termin bei einem Neurologen, und vier Monate später wurde ich getestet.

Ich füllte seitenlange Bögen aus und hatte dabei das Gefühl, die Fragen seien nur für mich gemacht. Es ging zunächst um meinen beruflichen Werdegang. Schon beim Ausfüllen erkannte ich, was mich »gerettet« hatte. Ich war zwar stets an vielen Dingen interessiert gewesen, aber wenn ich mich zu einem Schritt entschlossen hatte, war ich meinen Weg immer gradlinig gegangen, hatte geplant und mit großer Energie durchgehalten. Ich hüpfte zwar zwischen den einzelnen Bereichen hin und her, nahm mir immer zu viel vor, verzettelte mich häufig, aber wenn mir etwas wichtig war, zog ich es durch. In den Bereichen, in denen ich Vorbild sein muss, zum Beispiel im Beruf oder gegenüber meinen Kindern, bin ich sehr strukturiert. Das verlange ich von mir, doch es kostet viel Kraft.

Nach den Fragebögen wurde ein EEG und ein Impulsivitätstest gemacht. Danach wurde der D2-Konzentrationstest durchgeführt, bei dem Zeile um Zeile mit d, b, p und q beschrieben waren – darüber und darunter ein oder zwei Striche. Ich sollte alle d mit zwei Strichen ankreuzen. Für jede Zeile gab es nur eine sehr begrenzte Zeit, und ich schwankte ständig, ob ich es ordentlich oder zügig machen sollte. Wenn ich gründlich arbeitete, schaffte ich die Zeile nicht mal zur Hälfte, doch mein Ehrgeiz hatte mich gepackt. Ich las vorwärts und kontrollierte gleichzeitig rückwärts. So versuchte ich möglichst viele Reihen ohne Fehler zu schaffen.

Bei dem Abschlussgespräch redete der Arzt nicht lange herum: Ich hatte glasklar ADS – vom Mischtyp, sowohl mit Konzentrationsschwierigkeiten als auch mit Hyperaktivität und Impulsivität. Ich war nicht überrascht, denn ich kannte bereits die Einschätzung von Frau Dr. Hammer.

»Ich empfehle Ihnen, das Medikament zu nehmen«, sagte der Neurologe.

»Vielleicht mal für eine Woche«, antwortete ich ihm.

»Wenn Sie das Medikament nehmen, müssen Sie mir versprechen, das drei Monate lang durchzuhalten«, widersprach er.

Ich zögerte und stimmte dann zu, denn ich vertraute seiner Einschätzung.

Am nächsten Tag nahm ich zum ersten Mal den Amphetaminsaft. Meine innere Unruhe ließ nach, und meine Gedanken flogen nicht mehr in so atemberaubender Geschwindigkeit durch den Kopf, dass ich kaum folgen konnte. Nun gelang es mir, sie festzuhalten und länger darüber nachzudenken.

Ich stieß mich auch nicht mehr so häufig. Ohne das Medikament war ich oft gegen Türrahmen oder Möbel gerannt und hatte mir zahlreiche blaue Flecken eingehandelt, das kannte ich seit meiner Kindheit. Meine Wahrnehmung war nun viel klarer und präziser.

Auf viele Dinge konnte ich mich besser konzentrieren, insbesondere, wenn ich bei der Arbeit sitzen musste. Ich verzettelte mich nicht mehr so häufig, kam nicht mehr wie sonst oft vom Hölzchen aufs Stöckchen, brauchte nicht mehr so viel Energie, um bei einer Sache zu bleiben.

Doch mir wurden auch viele verpasste Chancen aus meiner Kindheit bewusst. All die Momente der Ausgrenzung, des Nicht-verstanden-werdens von Lehrern, Nachbarn und anderen Kindern, die vielen Versuche, eine Sache zu Ende zu bringen oder für etwas zu üben, ohne ständig abgelenkt zu werden. Bleierne Schwere legte sich auf meine Gedanken und hielt einige Wochen lang an.

Ich nahm den Saft drei Monate lang und erkannte, dass es eine weise Entscheidung des Arztes war, diesen Zeitraum festzulegen. Er wusste um diese Anfangsdepression, die aus der Erkenntnis rührt, wie sehr man sich vorher gequält hat.

Jetzt war ich auf einmal in der Lage, mir Dinge zu merken oder Gesichter zu Namen zuzuordnen und für längere Zeit an Gruppendiskussionen teilzunehmen. Wie viel war mir früher entgangen.

Damit musste ich mich erst einmal abfinden. Ich musste echte Trauerarbeit leisten, um mit mir selbst ins Reine zu kommen.

Ziel jeder ADS-Therapie sollte es sein, irgendwann ohne Medikamente auszukommen. Dazu erlernt man Kompensationsstrategien, die einem helfen, sich und seinen Alltag besser zu strukturieren. Das Leben mit ADS ist immer anstrengend, aber man kann trainieren, besser zurechtzukommen.

Noch heute nehme ich mehr wahr als Leute ohne ADS. So hielt ich während einer pädagogischen Konferenz einen Vortrag über Hilfen für Kinder mit ADS in der Schule und wies auf die Reizfilterschwäche hin. »ADSler hören sehr viel mehr, denn sie können unwichtige Reize nicht in dem Maße ausfiltern, wie es oft nötig wäre. Das ist anstrengend, muss man doch wesentlich mehr Reize verarbeiten.«

Um das zu demonstrieren, sagte ich zu meinen Zuhörern: »Wir alle hören die Kinder dort draußen, ohne sie zu sehen. Ein ADS-Kind würde sich nun davon ablenken lassen und sich überlegen, was diese Kinder spielen.« Ich sah in überraschte Gesichter, verwunderte Blicke gingen abwechselnd zum Fenster und zurück zu mir. Es war eindeutig. Niemand hatte die Kinder spielen gehört. Nur durch meine Reizoffenheit hatte ich sie wahrgenommen.

Nach meinem Vortrag kam eine Lehrerin auf mich zu und sagte, auch sie habe die Kinder gehört. Während des ganzen Vortrags habe sie sich sehr an ihre Kindheit erinnert gefühlt. Einige Wochen später meldete sie sich erneut bei mir. Bei ihr war ADS diagnostiziert worden. »Nun habe ich eine Erklärung für all die vielen kleinen Schwierigkeiten in meinem Leben«, sagte sie erleichtert.

Eine ADS-Diagnose bei Erwachsenen zu stellen, halte ich für ganz wichtig. Man rennt sonst ständig Idealen hinterher, die man nicht erreichen kann, vergleicht sich mit Menschen, die nicht an ADS leiden.

KAPITEL 21

ADHS – früher und heute

Wenn auch ich ADS habe – wie konnte ich dann so relativ problemlos durch die Schulzeit kommen? Warum bereitet es meinen Kindern so viel mehr Schwierigkeiten?

Ich wuchs in einer sehr ländlichen Umgebung auf, in der letzten Straße vor dem Feld in einem kleinen Dorf. Hier standen lauter kleine Einfamilienhäuschen, und es gab nicht viel Verkehr.

Morgens fuhren unsere Väter zur Arbeit, abends kehrten sie wieder heim. Ansonsten hatten wir die Straße für uns und spielten Fangen, Verstecken und Federball. Wir planschten im Bach und errichteten Baumhäuser. Auf den kilometerlangen Feldern konnten wir rennen und toben, so viel wir wollten. In dieser Umgebung fiel mein unstillbares Bewegungsbedürfnis nicht so auf.

Mit meinen Kindern war ich auch immer im Wald, wo sie sich austoben konnten; notgedrungen, denn auf den Spielplätzen wollte uns ja keiner mehr sehen.

Der Lebensrhythmus war früher sehr gleichmäßig. Abends um fünf Uhr gingen wir alle nach Hause, die Straße war wie leergefegt. Da gab es kaum ein Problem mit dem Zu-spät-Kommen. Um fünf Uhr kehrten alle Väter heim, und um halb sechs gab es in jeder Familie Abendessen.

Auch die Regeln waren überall gleich. Egal welche Freundin wir besuchten, unsere Eltern erzogen uns alle nach den gleichen Leitbildern. Wir mussten uns also nicht in jeder Familie auf neue Normen einstellen. Die Gleichmäßigkeit in den Anforderungen an uns Kinder half uns, diese besser umzusetzen. Auch zwischen Schule und Elternhaus war man sich in Fragen der Erziehung und des Umgangs mit Kindern einig.

Heute sind die Tagesrhythmen individualisierter, jede Familie hat ihre eigenen Regeln, zwischen Anforderungen in Schule und Familie gibt es zum Teil erhebliche Unterschiede. Die Kinder müssen sich in dieser Vielfältigkeit zurechtfinden. Das gelingt Kindern mit einer guten Wahrnehmung, doch wenn wie bei ADS-Kindern die Selbststeuerung, und damit das Erkennen von Strukturen, aus biologischen Gründen erschwert ist, fällt es ungleich schwerer, sich zu orientieren. ADS-Kids können das auch lernen, sie brauchen dazu aber mehr Unterstützung.

Früher ersetzte der äußere stabile Rahmen die fehlende Eigenstruktur, die mangelnde Selbststeuerung und Selbstorganisation.

Ähnlich war das in der Schule.

Die Lehrer waren wesentlich weniger Sozialpädagogen, als sie es heute sind, sondern sie verstanden sich darin, Unterrichtsstoff zu vermitteln. Außerdem waren die Klassen größer. Objektiv waren die Bedingungen schlechter, aber in Wirklichkeit gaben sie uns ADSlern bessere Voraussetzungen.

Wir saßen damals frontal zum Lehrer, immer zwei Tische, dazwischen ein Gang, in höheren Klassen wurde maximal eine U-Form aufgestellt.

Die heute üblichen Gruppentische bieten für Schüler ein hohes Maß an Ablenkung, denn man hat nicht den Lehrer vor Augen, sondern den Klassenkameraden. Natürlich ist es für Kinder verlockender, sich mit dem Freund auszutauschen, als sich dem langweiligem Lernstoff zu widmen.

Kindern mit ADS fällt es jedoch viel schwerer, dieser Versuchung zu widerstehen, als anderen.

An Kinder werden heute sehr viel höhere Anforderungen an Eigensteuerung und Selbststrukturierung gestellt, und das ist genau das, was einem ADSler schwerfällt.

Die früheren Strukturen hielten uns wie ein gebrochenes Bein im Gipsverband. Unsere eigene innere Strukturlosigkeit wurde zum großen Teil durch das äußere Gerüst kompensiert.

Wochenplanarbeit war in den ersten zehn Jahren meiner Schulzeit vollkommen unbekannt. Heute wird das schon von Erstklässlern erwartet. Sie bekommen verschiedene Themenangebote parallel und können sich aussuchen, welche Aufgabe sie zuerst behandeln. Diese kleinen Kinder müssen für sich schon Prioritäten setzen. Ein ADSler kann dies jedoch noch nicht. Aber auch viele andere Jungen und Mädchen sind damit überfordert.

Wenn man keine Struktur erkennt, wie soll man dann Prioritäten setzen können? Um einen Wochenplan zu bearbeiten, müssen Kinder fähig sein, ihre Zeit einzuteilen und sich einen Überblick zu verschaffen, doch ein Kind mit ADS lebt im ›Hier und Jetzt‹ und macht, was gerade seiner Stimmung entspricht.

ADS-Kids, die einen Wochenplan zu erfüllen haben, fangen mit einer Aufgabe an, dann geraten sie an einen Stolperstein und hören wieder auf, weil das Interesse erlischt. Sie packen die nächste an und verlieren den Überblick. Irgendwann liegt das gesamte Schulmaterial auf dem Tisch, und auf diesem Stapel wird gearbeitet, geklebt, geschnitten und geschrieben.

Wenn einem Kind die Eigensteuerung fehlt, scheitert es genau an diesen Punkten: sich die Arbeit einzuteilen, Prioritäten zu setzen, etwas durchzuarbeiten und den Überblick zu behalten.

Ein ADS-Kind braucht ganz gezielte Hilfen und kann eine solche Selbstorganisation erst Jahre später lernen. Weil es das in der Schule nicht schafft, fällt diese Schwäche oft als Lernschwäche auf.

Ich hätte das früher auch nicht geschafft, aber es wurde glücklicherweise auch nicht von mir gefordert.

Doch sollte man die damalige Zeit auch nicht glorifizieren. Viele ADSler sind im damaligen System durchgefallen. Es gibt viele hoch begabte erwachsene ADSler, die knapp den Hauptschulabschluss geschafft haben und in ihrer schulischen wie beruflichen Entwicklung weit unter ihrem Begabungspotenzial geblieben sind.

ADSler gab es schon immer, doch je unstrukturierter und vielfältiger unser Leben wird, um so eher versagen Menschen, die aus biologischen Gründen Schwierigkeiten mit der Selbststeuerung und Selbstorganisation haben.

Deswegen benötigen Kinder mit ADS heute mehr Unterstützung als früher. Doch dann sind sie wegen ihrer hohen Einsatzbereitschaft, ihrer Zähigkeit und dem immensen Durchhaltewillen, ihrem großen Interesse an unterschiedlichen Dingen und ihrer ausgesprochenen Kreativität sehr geschätzte Schüler, Klassenkameraden, Mitarbeiter und Kollegen.

Außerdem sollte man sich bewusst machen, dass ADS auch viele positive Seiten hat: ADSler sind oft Stehaufmännchen. Man vergisst ganz vieles, aber dadurch erinnert man sich nicht mehr an die Niederlagen und fängt immer wieder mit voller Kraft neu an.

Heute fragt mich jeder, der mein Arbeitspensum kennt,

wie viele Stunden mein Tag eigentlich hat: Beruf, Kinder, meine Arbeit in den Selbsthilfegruppen, das Symposium, die Internetseite – dass ich das alles bewerkstellige, hat auch etwas mit ADS zu tun.

Man kann natürlich mit Kraft gegen die Wand rennen, aber man kann diese Power auch konstruktiv nutzen.

KAPITEL 22

Aufbau der Elterngruppe Frankfurt

In Frankfurt gab es keine Selbsthilfegruppe für Eltern von ADS-Kindern, diese Lücke wollten Christoph und ich füllen. Einerseits wollten wir eine Möglichkeit für alle Eltern schaffen, sich zu treffen und auszutauschen, andererseits planten wir über ADS zu informieren. Wir waren selbst zwölf lange Jahre ohne Information über ADS geblieben, obwohl wir uns oft genug an Fachleute wie den Kinderarzt oder die Erziehungsberatung gewandt hatten. Welches Leid hätte vermieden werden können, wenn wir früher von ADS erfahren hätten! Aufklärung war uns deshalb ein Bedürfnis.

Ich führte viele Telefonate, um einen Raum zu finden.

Dies war alles andere als einfach.

Wir nahmen Kontakt zu Organisationen auf, die sich mit Kindern beschäftigen, und es ergaben sich zwei Trends. Entweder wollte man uns helfen, hatte aber selbst keine Räume, oder man stand einer Elterngruppe, die sich mit so genannten »unerzogenen Kindern« beschäftigte, skeptisch gegenüber.

Endlich fanden wir einen geeigneten Raum in einer Erziehungsberatungsstelle der Stadt, deren Leiter ein offenes Ohr für unser Anliegen hatte. So wurde nach langen Vorbereitungen im Januar 1999 die Elterngruppe in Frankfurt gegründet.

Nun musste ein Einladungsschreiben entworfen werden. Um die Eltern zu erreichen, schickten wir es an alle Kinderärzte und Psychologen mit der Bitte um Aushang in der Praxis.

In dem Einladungsschreiben skizzierten wir unsere Erfahrungen mit unseren Kindern von der Geburt bis zur Diagnose.

Einladung zum Gesprächskreis

Aufmerksamkeitsgestörte und hyperaktive Kinder fallen meist schon früh auf. Manchmal sind sie schon als Babys sehr unruhig, schreien viel und schlafen wenig. Kommen sie in den Kindergarten, werden ihr unstetes Betragen, das häufige Wechseln ihrer Spielaktivitäten und oft auch ihr impulsives und aggressives Verhalten kritisiert.

Gemeinschaftliches ruhiges Sitzen wie zum Beispiel beim Basteln, beim Frühstücken und im Stuhlkreis ist ihnen oft unmöglich. Auch das Aufräumen der Spielsachen bereitet Probleme.

Häufig beginnt schon hier der Leidensweg der Familie. Die Eltern werden verantwortlich gemacht für das auffällige Verhalten ihres Kindes und hören nicht selten die Aufforderung, es konsequenter zu erziehen.

Trotz aller Bemühungen nehmen die Schwierigkeiten weiter zu. Rückläufig dagegen sind die Kontakte zu anderen Eltern, deren Kinder mit ›solch‹ einem Kind nichts zu tun haben sollen.

Die soziale Isolation der Familie kann schon jetzt beginnen.

Der Wechsel in die Schule wird herbeigesehnt, eine neue Umgebung bedeutet eine neue Chance für das Kind und für die Familie.

Anfangs ist das Kind ganz begeistert von den vielen neuen Eindrücken und Dingen, doch erzählen kann es wenig. Aber schon bald meldet sich die Grundschullehrerin und teilt mit, dass sich das Kind schlecht konzentriert, leicht ablenkbar ist, den Unterricht häufig stört. Es folgen kleine

Disziplinarmaßnahmen, doch das Kind schafft es nicht, mehrere Unterrichtsstunden auf dem Stuhl zu sitzen.

Auch bei offenen Unterrichtsformen hat das Kind Schwierigkeiten. Hier darf es sich bewegen, aber es findet keinen Zugang zur Aufgabe, es beginnt nicht. Auf dem Schulhof ist es häufig in Streitereien verwickelt, manchmal wird es aggressiv.

Mittags zu Hause weiß es häufig die Hausaufgaben nicht, das Erledigen derselben kostet Stunden. Mutter und Kind sind am Abend vollkommen erschöpft. Die Nacht bringt eine kurze Pause bis zum nächsten Tag, der genau so verlaufen wird.

Die Situation in der Schule, die soziale Integration, aber auch das Familienklima werden immer schwieriger, denn trotz aller Gespräche und Erziehungsmaßnahmen ändert sich das Verhalten des Kindes nicht!

Aber auch das Kind durchläuft einen Leidensweg.

Es bemüht sich so sehr, ein nettes Kind zu sein, anderen eine Freude zu machen und sich an die allgemeinen Regeln zu halten. Aber was immer es auch tut, es will nicht gelingen. All seine Bemühungen sind umsonst. So beginnt das Kind über sich selbst zu verzweifeln, gibt sich irgendwann auf und entwickelt Sekundärstörungen.

Liegt bei einem Kind ADS mit oder ohne Hyperaktivität vor, dann ist der erste Schritt, dem Kind, aber auch den Eltern, zu helfen die Diagnose. Hierdurch wird viel Druck von der Familie genommen, denn man erfährt, dass das Kind nicht absichtlich ›böse‹ ist, sondern dass es eine angeborene Stoffwechselstörung hat, die das bisher gezeigte Verhalten bewirkt.

Nun kann die Energie, die bisher für das Krisenmanagement nötig war, in eine sinnvolle Hilfe für das Kind und die Familie fließen.

Leider ist das Wissen um diese Stoffwechselstörung (im Bereich des Neurotransmitterhaushalts) noch nicht ausreichend verbreitet, sodass ADS-Kinder meist noch als faul und unerzogen gelten – mit allen oben beschriebenen Folgen für die Kinder selbst und ihre Familien.

Haben ADS-Kinder die Möglichkeit, mit ausreichender und zielführender medizinischer und therapeutischer Versorgung in einem informierten Umfeld aufzuwachsen, können viele negative Situationen und Schuldzuschreibungen vermieden werden!

In einer Elternselbsthilfegruppe werden alle mit ihren Erfahrungen ernst genommen. Man kann sich die Last des Alltags von der Seele reden. Trost und Zuspruch helfen über schwierige Alltagssituationen hinweg. So kann man neue Kraft für die tägliche Erziehungsarbeit finden, neue Hilfsmöglichkeiten kennen lernen, den schwierigen Alltag leichter meistern und die positiven Eigenschaften der Kinder stärken.

Diese Chance gilt es, für unsere Kinder zu nutzen!

Hilfe ist möglich – und zwar für alle Beteiligten! Die Kinder können aus dem Teufelskreis der sozialen Ausgrenzung, aber auch des Lernversagens herausgeholt werden. Wichtig für das Kind ist, dass bei den Eltern, ErzieherInnen, LehrerInnen und SozialpädagogInnen ein Perspektivenwechsel stattfindet.

Das Kind wird dann nicht mehr als eines angesehen, das falsch erzogen ist oder sich nur nicht genug Mühe gibt. Dadurch kann die Spirale aus Ablehnung und einem geringen Selbstwertgefühl durchbrochen sowie Sekundärstörungen vermieden werden.

Es ist ein Kind mit speziellen Bedürfnissen, das unsere volle Unterstützung braucht.

Für Sie als Eltern kann es hilfreich und unterstützend

sein, sich mit anderen Eltern betroffener Kinder auszutauschen. Denn die Leidenswege sind oft sehr ähnlich. Der Austausch von Tipps, Hilfsmöglichkeiten und Erfahrungen hilft beim Umgang mit schwierigen Situationen. Wichtig ist aber auch, dass die Personen, die mit ADS-Kindern zusammenarbeiten, informiert werden.

Auch die Beratung der Eltern erhält durch diesen Perspektivenwechsel einen anderen Schwerpunkt. An die Stelle der Suche nach strukturellen Erziehungsdefiziten, treten nun konkrete Tipps zur Bewältigung des Erziehungsalltags.

Mit diesen Hilfen können die Kinder sich dann zu kreativen, hilfsbereiten und sozialen Menschen mit großem Gerechtigkeitssinn entwickeln. Dies sind die positiven Eigenschaften von ADSlern, die andere Seite der Münze.

Willkommen zu den Elterntreffs und zum Informationsaustausch sind deshalb auch alle Personen, die mit hyperaktiven Kindern zusammenarbeiten.

Eltern, die aufgrund dieser Einladung mit uns Kontakt aufnehmen, sagen oft, dass sie darin ihre eigene Lebensgeschichte gelesen hätten. Es ist doch immer wieder erstaunlich, aber auch erschreckend, wie ähnlich die Erfahrungen sind.

Die Gruppe trifft sich einmal monatlich. Neuen Eltern ist es immer ein großes Bedürfnis, von ihren Gesprächen mit Ärzten und Psychologen zu berichten, bevor die richtige Diagnose gestellt wurde.

Das Kopfnicken der anderen Eltern während der Erzählungen vermittelt das Gefühl, nicht als Einzige durch eine sehr schwere Zeit gegangen zu sein.

Meist wird dies als erleichternd empfunden und hilft, den Blick nach vorne zu richten.

Fragen von Eltern, die während der Treffs im Vordergrund stehen, sind:

- »Wie kann ich der Schule oder dem Kindergarten erklären, dass mein Kind ADS hat?«
- »Nützt die Aufklärung des Umfeldes meinem Kind, oder schadet sie eher?«
- »Wie kann man als Eltern mit dem Kind zu Hause besser umgehen?«
- »Wo findet man eine geeignete Therapie, die dem Kind nützt?«
- »Wie wirkt das Medikament, und welche Nebenwirkungen hat es?«

Die unterschiedlichen Erfahrungen der Eltern zu den einzelnen Fragen geben den Gruppenmitgliedern die Möglichkeit, ihr Handeln unter verschiedenen Gesichtspunkten abzuwägen.

Neben den Elterntreffs nimmt die telefonische Beratung einen großen Raum ein.

Es ist erstaunlich, wie schnell die Gruppengründung bekannt wurde. Zu jedem Treffen kommen neue Eltern hinzu. Adressen werden ausgetauscht, und Mütter und Väter verabreden sich auch außerhalb der Gruppe zum privaten Austausch.

In der Gruppe berichten die Eltern meistens, dass sie in der Schule, im Kindergarten, beim Arzt und Psychologen auf viele Fragen über ADS stoßen. Hier ist unser Ziel, Aufklärungsarbeit zu leisten.

Großen Wert legen wir deshalb auf eigene Fortbildung und besuchen hierzu viele Fachvorträge und Symposien, um Eltern, Lehrern und Sozialpädagogen fundiert antworten zu können.

Ansprechpartner für Eltern zu sein ist uns sehr wichtig. Daneben betrachten wir es als unsere Aufgabe, zur Aufklärung und Information der Öffentlichkeit beizutragen. Im ersten Schritt schrieben wir alle Kinderärzte in Frankfurt an. Wir hoffen, dass durch unsere Information mehr betroffene Kinder diagnostiziert werden und ihnen wie den Eltern lange Leidenswege erspart bleiben.

Erfreulich ist, dass nun auch Erzieherinnen auf uns aufmerksam geworden sind und bei uns direkt nachfragen. Auch Schulen bitten häufiger um einen Vortrag während eines Elternabends oder einer pädagogischen Konferenz.

Immer häufiger werden auch die Nachfragen nach einem Informationsstand über ADS während Veranstaltungen, die sich allgemein mit der Entwicklung von Kindern beschäftigen. Dies zeigt, dass ADS von immer mehr Fachleuten ernst genommen und in der täglichen Arbeit berücksichtigt wird, zum Wohle der Kinder.

Ein Jahr nach Gründung der Elterngruppe wagten wir mit einer eigenen Homepage den Sprung ins Internet. Dort finden sich Informationen für Eltern und Lehrer.

Da das Angebot an Elterngesprächskreisen in Deutschland noch nicht flächendeckend ist, bieten wir eine virtuelle Elternselbsthilfegruppe im Internet an. Zahlreiche Mütter und Väter treffen sich dort, unterstützen sich gegenseitig, sprechen sich in schwierigen Situationen Mut zu und erhalten Tipps von Fachleuten.

Viele Eltern fragen nach weiterführenden Informationen. So begannen wir, Fachleute einzuladen und Vorträge sowie Elterntrainings zu organisieren. Die Räume wurden wegen steigender Zuhörerzahlen immer größer. Öfter stoßen wir an die Kapazitätsgrenzen der angemieteten Räume.

So organisierten wir 2001 das erste Symposium für ca.

650 Teilnehmer. Schnell war diese Ganztagesveranstaltung mit namhaften ReferentInnen ausgebucht. Die Durchführung des Symposiums, das nun jährlich im Mai stattfinden soll, wird von vielen Mitgliedern der Elterngruppe unterstützt.

Wegen vieler Nachfragen gründeten wir im September 2000 zusätzlich eine Gruppe für Erwachsene mit ADS. Gespräche über Strategien für den Alltag, den Beruf oder die Partnerschaft stehen hier im Vordergrund. Ganz wichtig ist es aber auch, über die vielen Jahre ohne Diagnose reden zu können und verstanden zu werden.

Je umfassender Eltern informiert sind, desto besser können sie ihre Kinder unterstützen. Viele gute Bücher sind erhältlich, doch alle zu kaufen ist zu teuer. Deshalb haben wir eine Bücherei eingerichtet, in der sich Eltern, aber auch interessierte Fachleute Bücher zu den Themen ADS, Teilleistungsstörungen und Lernmethodik ausleihen können.

Wir hoffen, dass durch unsere ehrenamtliche Arbeit noch viele Eltern, Erzieher und Lehrer informiert werden, damit anderen Kindern ein Leidensweg, wie ihn Felix, Jonas und Hannah beschreiten mussten, erspart bleibt.

Auch ich habe einen Traum: Ich wünsche mir, dass in zehn Jahren ADS genauso bekannt und vorurteilsfrei anerkannt ist, wie dies heute bei körperlichen Krankheiten oder Legasthenie der Fall ist. Dann müssten Eltern sich nicht mehr rechtfertigen, wenn ein Kind ADS hat, ihnen würde nicht mehr vorgeworfen, es läge nur an mangelnder Erziehungskompetenz, Eltern müssten sich nicht mehr die bange Frage stellen, wie wird der Lehrer auf die Diagnose reagieren. Das Wichtigste aber wäre: Kinder mit ADS bekämen von klein auf zielgerichtete Hilfen und müssten nicht mehr den Teufelskreis aus Ausgrenzung, Schuldzuweisung und Rückzug erleben. Die Kinder würden endlich als das gesehen, was sie sind: wissbegierige, begabte, interessierte und kreative Menschen.

Symptomatik der Aufmerksamkeitsdefizit-/ Hyperaktivitätsstörung (ADHS)	
Symptome	Ausprägungen
Aufmerksamkeitsschwäche	• Schwierigkeiten, etwas überhaupt zu beginnen • Mangelnde Daueraufmerksamkeitsspanne: Wegdriften, abgelenkt sein, nochmals lesen müssen, um zu verstehen • Wachheit kann bei »uninteressanten« Vorgängen nicht erhalten werden, Tagträumerei, unvollständiges Arbeiten • Mangelnde Fähigkeit, mit Stimmungsschwankungen beim Arbeiten umzugehen: kritikempfindlich, chronisch entmutigt, genervt • Mangelnde Kapazität des Arbeitsgedächtnisses: »Was wollte ich gerade tun/habe ich gerade noch gedacht? – Ich weiß es, kann es aber nicht abrufen« • Ablenkbarkeit • Häufiges Auftreten von Lese-Rechtschreib-Schwäche oder anderen Teilleistungsschwächen
Impulsivität	• Mangelnde Verhaltenskontrolle • Handelt und redet rasch, ohne nachzudenken

	• Niedrige Frustrationstoleranz • Kann nicht abwarten, wechselt rasch die Beschäftigung, kein planvolles Handeln (Folge: Lernstörungen trotz adäquater Intelligenz)
Hyperaktivität (verschwindet i. d. R. in der Pubertät)	• »Zappel-Philipp-Syndrom« (unruhig, zappelig, umtriebig) • Gesteigerter Bewegungsdrang • Grobmotorik und Sprache (viel und laut) • Enormer Kraftaufwand • Lokomotion: Kann nicht sitzen bleiben • Kann nicht im 90°-Winkel sitzen
Wichtige Kriterien für die Diagnose	• Deutliche seelische Unreife i. S. einer seelischen Entwicklungsverzögerung bei körperlich und intellektuell altersgemäßer Entwicklung • Deutlich schlechter werdende Schrift bei schnellem Schreiben • Auffallendes »psychisches Ermüden« bei subjektiv schwierig eingeschätzten Aufgaben • Extremer Gerechtigkeitssinn • Auffallende spontane Hilfsbereitschaft bei Erkennen der Hilfsbedürftigkeit eines anderen • Heftige Reaktionen bei plötzlichen Veränderungen und hektischen Situationen • Hypersensibilität • Unfähigkeit zur reellen Selbst- und Eigenleistungseinschätzung. Kann nicht berichten • Erhebliche Beeinflussbarkeit

I
Folgender Artikel von Christoph Dietz erschien im *Jahrbuch 1999 des Bundesverbands Aufmerksamkeitsstörung/Hyperaktivität*, Forchheim.

Dieses Wochenende war schon lange in meinem Kalender markiert: Angekündigt war Frau Cordula Neuhaus, Diplom-Psychologin, Diplom-Heilpädagogin, Kinderpsychologin und seit langen Jahren erfolgreich in der Arbeit mit hyperaktiven Kindern, um mit Eltern und Lehrern über diese Kinder zu sprechen.

Das hervorragende Buch »Das hyperaktive Kind und seine Probleme«, das von Frau Neuhaus im Ravensburger Verlag erschienen ist, hatte ich schon vor längerer Zeit gelesen und war tief beeindruckt von der exakten Beschreibung des Krankheitsbildes und den überzeugenden Therapievorschlägen.

Als Vater von hyperaktiven Kindern war ich beim Lesen oft versucht, jede Seite mit einem Haken zu versehen, so hoch war der Wiedererkennungswert. Umso gespannter war ich nun, Frau Neuhaus persönlich kennen zu lernen.

Meine Erwartungen wurden nicht enttäuscht. Frau Neuhaus verstand es, auf so anschauliche und lebendige Weise zu berichten, dass ihre Zuhörer in jeder Sekunde mit voller Aufmerksamkeit bei der Sache waren.

Die Veranstaltung hat mich inspiriert, einige Zeilen für diejenigen zu Papier zu bringen, die nicht teilnehmen konnten.

Von Heinrich Hoffmanns »Zappelphilipp« zur Aufmerksamkeitsdefizit-/Hyperaktivitätsstörung (ADHS)

Aufmerksamkeit – das ist das vorrangige Problem dieser Kinder. Oft werden in diesem Zusammenhang Figuren aus dem ›Struwwelpeter‹ von Dr. Heinrich Hoffmann genannt. Literarisches Vorbild für ein aufmerksamkeitsgestörtes Kind wäre danach etwa der stets verträumte und der Realität entrückte Hans-Guck-in-die-Luft.

Die umgangssprachlich oft namensgebende Hyperaktivität, die gesteigerte motorische Unruhe, gehört nicht in jedem Falle zum Krankheitsbild. Doch Kinder, bei denen sie dazugehört, fallen schneller ins Auge. Anschaulich verkörpert etwa durch Heinrich Hoffmanns Zappel-Philipp oder gar den wilden Friederich, der bekanntlich ein arger Wüterich war, womit die für ADS typische Impulsivität und im Falle des Friederich darüber hinaus eine Störung des Sozialverhaltens angesprochen ist, die häufig als Folgeproblematik einer hyperaktiven Störung auftritt, speziell wenn sie lange unerkannt geblieben ist. Auch Paulinchen, die unbedacht impulsiv und trotz Verbots, ohne die Folgen ihres Handelns zu bedenken, mit dem Feuer spielt, gehört in diese Kategorie.

Bemerkenswert ist, dass Hoffmann schon in der Mitte des 19. Jahrhunderts mit scharfem Blick die Symptome beschrieb, ohne allerdings damals um die Krankheit zu wissen, von der hier die Rede sein soll. Einiges spricht aus heutiger Sicht dafür, dass der berühmte Frankfurter Nervenarzt selbst an einer Aufmerksamkeitsstörung litt und möglicherweise deshalb so ein sensibles Auge für sie hatte.

Die aktuell im deutschen Sprachraum verwendete Bezeichnung lautet ADHS, was Aufmerksamkeitsdefizit-/Hyperaktivitätsstörung heißt und aus dem amerikanischen Attention Deficit/Hyperactivity Disorder (ADHD) übersetzt wurde. Die Bezeichnung soll deutlich machen, dass es sich primär um eine Aufmerksamkeitsstörung handelt und die Hyperaktivität je nach Ausprägung hinzukommen kann oder nicht.

Frühere Bezeichnungen wie ADS, ADD, HKS, MCD, POS etc. werden dadurch abgelöst (...)

In Deutschland ist die Zahl der diagnostizierten Kinder mit deutlich unter 5 % geringer als z. B. in den USA (über 10 %) oder Israel, wo fast 20 % erreicht werden.

Ursache dafür ist die wenig verbreitete Kenntnis des Krankheitsbildes, z. B. bei Kinderärzten, Lehrern, aber auch Psychologen, die – Sigmund Freud folgend – häufig auch bei ADHS-lern analytische Ansätze verfolgen und damit fast immer den Holzweg beschreiten.

Lange Leidenswege von Kindern und ihren Familien sind die Folge. Anwesende Eltern wussten von den abenteuerlichsten Hypothesen zu berichten, die sie von Beratern in Erziehungs- und Familienberatungsstätten zu hören bekommen hatten, bevor schließlich die zutreffende Diagnose ADHS gestellt wurde.

Besonders Kinder mit ADHS ohne Hyperaktivität werden selten diagnostiziert, weil sie weniger störend auffallen als Kinder, die auch das Merkmal der Hyperaktivität aufweisen. Sie bleiben häufig ausgeschlossen, werden Schulversager, entwickeln ein schlechtes Selbstvertrauen und neigen zu Depressionen. Mädchen sind von dieser Ausprägung häufiger betroffen als Jungen, während es insgesamt mehr Jungen mit Hyperaktivität gibt als Mädchen.

Woran erkennt man ADHS?

Der Kasten »Symptomatik der ADHS« auf Seite 230 verdeutlicht die typischen Eigenschaften. Die Entwicklungsgeschichte in verschiedenen Altersstufen sieht bei ADHSlern ungefähr so aus:

Es beginnt oft schon im Baby- und Kleinkindalter. Unruhig sind sie manchmal bereits im Mutterleib, danach Schreikinder, Speikinder. Hohe Experimentier- und Erkundungsfreude bei geringem Gefahrenbewusstsein führen häufig zu Unfällen, die gottlob meist glimpflich ausgehen.

Im Kindergarten- und Vorschulalter wird erkennbar, dass sie schwer in Gruppen integrierbar sind, eine geringe Frustrationstoleranz macht z. B. Mensch-Ärgere-dich-Nicht-Spielen oft unmöglich.

Sie stehen gern im Mittelpunkt, sind immer auf Achse und können nur schwer bei einer Sache bleiben: jetzt Lego spielen, in der nächsten Minute Holzeisenbahn, danach zum Zeichenblock, und dann wird die Bauklötzchen-Kiste ausgekippt ...

Entsprechend sieht das Kinderzimmer aus! Aufräumen können sie aber trotz gutem Willen nicht: Kaum haben sie begonnen, kommt irgendetwas in ihre Hände, das sie ablenkt, und das Zimmer sieht auch nach Stunden nicht besser aus.

Im Schulalter geraten sie oft in eine Außenseiterposition, sind Störenfried oder Klassenkasper. Die Disziplin, die im Klassenzimmer nun von ihnen verlangt wird, stellt für sie eine unlösbare Aufgabe dar. Gedanken, die ihnen durch den Kopf schießen, müssen sie sofort in die Klasse rufen und können nicht warten, bis der Lehrer sie drannimmt, nachdem sie sich gemeldet haben. Ihr übersteigerter Gerechtigkeitssinn und ihre unberechenbare Impulsivität sind oft genug Anlass oder Verstärker bei verbalen und manchmal auch handgreiflichen Auseinandersetzungen.

Sie können sich auch mit größter Anstrengung nur wenige Minuten auf den Unterrichtsstoff konzentrieren. Je nach Ausprägung des Krankheitsbildes verfallen sie in Tagträume, gucken Löcher in die Luft, kritzeln in ihrem Heft herum oder werden zappelig, kippeln mit ihrem Stuhl, laufen im Klassenzimmer umher oder necken Mitschüler.

Ihr ›hüpfender‹, oberflächlich abtastender Wahrnehmungsstil macht es ihnen schwer, Unterrichtsinhalte systematisch zu erfassen und sich zielorientiert auf eine Aufgabe zu konzentrieren.

Hausaufgaben sind ein Drama für diese Kinder. Es beginnt mit dem Schreiben, das ihnen schwer fällt. Verkrampft liegt der Füller in der Hand und wird mit hohem Druck über das Papier geführt. »Hoffentlich mault Mutter nicht, und ich muss alles noch mal schreiben, weil es nicht schön genug ist«, geht es ihm durch den Kopf. Stundenlang dauert das Ganze, denn es ist nicht möglich, konzentriert bei der Sache zu bleiben.

Trotz häufig überdurchschnittlicher Intelligenz haben diese Kinder Probleme in der Schule. Nicht selten treten in Verbindung mit ADHS Teilleistungsschwächen auf wie Lese-Rechtschreib-Schwäche, Dyskalkulie, visuelle/auditive oder taktile Wahrnehmungsstörungen, welche die Kinder zusätzlich belasten.

Im Jugendalter lässt die motorische Unruhe meist nach. Stärker noch als andere Jugendliche sind sie ausgesprochen stimmungslabil: Von himmelhoch jauchzend bis zu Tode betrübt erleben sie alle Gefühle innerhalb kürzester Zeit.

Häufig sind sie depressiv, ohne dass es dafür erkennbare

Gründe gibt. Ihre Ausdauer ist gering. Sie sind leicht beeinflussbar und stets auf der Suche nach Extremen. Sie müssen alles ausprobieren und neigen zu risikoreichem Verhalten. Oft werden sie viel zu früh Eltern. Suchtgefahren können sie schlecht widerstehen, wenngleich sie nicht zu harten Drogen neigen. Viele ›Hypies‹, wie sie oft genannt werden, sind bei ungünstigem Verlauf aber in Gefahr, alkoholabhängig zu werden.

Selbst im Erwachsenenalter sind manche Menschen noch immer erkennbar betroffen. Eine gestörte Selbstorganisation, impulsiver Handlungsstil, Selbstwertprobleme, nicht zuhören können, hohes Aktionsniveau, »sensation seeking« (die Suche nach dem »Kick«) und in ungünstigeren Fällen Suchtprobleme (vor allem Alkohol) und Kleinkriminalität können Ausprägungen im Erwachsenenalter sein. Frau Neuhaus wusste von Patienten zu berichten, die selbst jenseits der Fünfzig in bestimmten Situationen noch medikamentös behandelt werden müssen, z. B. im Arbeitsleben bei der Umstellung auf Computerverarbeitung oder um jeden Montag die langatmige Vorstandssitzung schadlos zu überstehen (...)

Diagnose

Eltern, die vermuten, ihr Kind könnte ADHS haben, sollten sich an einen auf diesem Gebiet erfahrenen Arzt, Psychologen oder ein sozialpädiatrisches Zentrum wenden. Elterninitiativen und Selbsthilfegruppen können hier Rat geben, z. B. der BV-AH (ehemals BVdE) mit seinen Regionalgruppen.

Es ist ganz wichtig, jemanden zu finden, der sich mit der Thematik auskennt, weil leider festzustellen ist, dass es immer wieder Fälle gibt, in denen eine vorhandene ADHS aufgrund falscher diagnostischer Ansätze nicht erkannt wird. Häufig wird z. B. die 1:1 – Situation zwischen Arzt und Kind falsch interpretiert. In solchen direkten Zuordnungen können die Kinder durchaus konzentriert erscheinen, zumal wenn sie das Gespräch mit dem Arzt interessant finden. Eltern sollten sich hier auf ihre eigenen Beobachtungen verlassen und diese schildern. Berichte aus Kindergarten und Schule geben weitere Anhaltspunkte.

Zur Erhebung der Diagnose wird die Schilderung der Vorgeschichte und des Verhaltens durch die Eltern und ggf. eine Stellungnahme der Schule ergänzt um umfangreiche testpsychologische Untersuchungen, bei denen es nicht nur auf die Testergebnisse im engeren Sinne, sondern auch auf die Beobachtung des Verhaltens während der Testung ankommt.

Wege aus dem Chaos: Wie kann den Kindern geholfen werden?

ADHS – ohne Hilfe ein Teufelskreis

Hypies sehen sich oft dem Vorwurf ausgesetzt »Du könntest, wenn du nur wolltest!«, womit ihnen gleichzeitig schlechter Wille, bzw. mangelnde Motivation unterstellt wird – völlig zu Unrecht! Das ist zum Beispiel der Fall, wenn Lehrer oder Eltern im Wissen um die offensichtliche Intelligenz des Kindes von diesem Leistungen erwarten, die es aufgrund seiner Konzentrationsmängel zumindest nicht dauerhaft erbringen kann. Das Gleiche gilt bei Verhaltensproblemen. Die Kinder wollen schon, sie können aber tatsächlich nicht. Dies führt zu einem Teufelskreis:

- Das Kind verhält sich (ohne es anders zu können) nicht so, wie es soll.
- Es erfährt daraufhin: Kritik, Ermahnung, Appelle, Rügen.
- Es reagiert mit sofortiger impulsiver Abwehr: wütend, explosiv, beleidigt oder resignativ.
- Seine Motivation sinkt, seine emotionale Erregung steigt.
- Die Konsequenz ist (bezogen auf die zu erledigende Aufgabe) Misserfolg.
- Auf den Misserfolg folgt: Strafe, Ausgrenzung, düstere Prognose, negatives Etikettieren, herbe verletzende Kritik.
- Das Kind entwickelt Vermeidungsstrategien, um derartige negative Zuwendung künftig zu vermeiden. Dazu gehören: Abstreiten, Lügen, Stehlen, Aggressivität.
- Die Folge dieser Vermeidungsstrategien sind natürlich weitere Misserfolge, woraufhin alles wieder von vorne beginnt.

In der Konsequenz führt dieses Verhaltensmuster für das Kind zu einer ständigen Abwärtsspirale und für die Eltern-Kind-Beziehung zu einer dauernden Verschlechterung.

Wenn Erfolgserlebnisse in den dafür in Frage kommenden Bereichen nicht zu erhalten sind, entsteht Ausweichverhalten, z. B. Hampeleien im Klassenzimmer, Aggressivität oder andere unerwünschte Sekundärprobleme.

Auch die Eltern wissen keinen Rat mehr, denn Sie haben schon vieles versucht und müssen immer wieder erfahren, dass das Kind sich nicht so verhält, wie es soll. Erschwerend kommt hinzu, dass sie häufigen Angriffen von außen ausgesetzt sind: Lehrer, Nachbarn, Eltern anderer Kinder usw. beklagen sich über das Verhalten des Kindes und führen dieses mehr oder weniger offen auf Erziehungsfehler der Eltern zurück, wodurch zusätzlicher Druck entsteht.

Das Stellen der richtigen Diagnose und die Information über das Krankheitsbild schafft in der Regel schon eine erste Entlastung der Eltern, denn nun ist klar: Hier geht es erstens nicht um Erziehungsfehler, und zweitens kann etwas getan werden, um die Situation zu verbessern. Auch die Kinder profitieren davon spontan, denn das Eltern-Kind-Verhältnis wird wieder entspannter. Doch das ist nur das Startsignal. Maßnahmen müssen folgen.

Ritalin: eine Wunderdroge?

Nein, weder Wunder noch Droge, aber ein hochwirksames Medikament, das den meisten der ADHS-Kinder in wundervoller Weise helfen kann, ihre Aufmerksamkeit zu steigern und damit gleichzeitig weitere Probleme in den Griff zu bekommen.

Schon Charles Bradley war im Jahre 1937 überaus verblüfft, als die Wirkung des Medikaments eher zufällig entdeckt wurde, und schrieb in seinem Bericht: »Die auffälligste Verhaltensänderung ... ist das dramatisch veränderte Lernverhalten ...« (zitiert aus EICHLSEDER, W.: *Unkonzentriert?*, Beltz-Verlag 1996, S. 121).

Verbreitete Vorurteile, es handele sich um ein Beruhigungsmittel, das die Kinder ruhig stelle, sind völlig falsch. Es handelt sich im Gegenteil um ein Medikament, das der Gruppe der Stimulanzien zuzurechnen ist, also ein Aufputschmittel. Paradoxerweise kann dieses Mittel bei ADHSlern das Konzentrationsvermögen steigern und die motorische Unruhe dämpfen. Zur Verdeutlichung möchte ich an dieser Stelle noch einmal Eichlseder zitieren: »Wenn nun festgestellt wird, dass HKS-Kinder ruhiger, besonnener, umsichtiger, entspannter, genauer, aufmerksamer und zufriedener werden, so ist das keine ›Dämpfung‹ ... sondern eine ganz spezifische Verhaltensänderung, die gar nichts mit Herabminderung von Aktivität oder Denkfähigkeit, mit Absenkung irgendwelcher seelischer oder geistiger Vorgänge zu tun hat. Es tritt keine Beruhigung im oberflächlichen Sinn ein, sondern eine ›Ermächtigung‹ des Kindes, Kontrolle über sich auszuüben. Es kann plötzlich das tun, was es immer schon wollte, aber nie zu Stande gebracht hatte.« (S. 119).

ADHS – eine Art Stoffwechselstörung/ Über die Wirkungsweise des Medikaments

Beim ADHS handelt es sich biologisch gesehen um eine Art Stoffwechselstörung, bei der die Reizübertragung im Frontalhirnbereich beeinträchtigt ist. Für die Reizweiterleitung zwischen zwei Nervenenden werden so genannte Neurotransmitterstoffe (z. B. Dopamin und Noradrenalin) benötigt, die als körpereigene Stoffe generiert werden. Bei ADHSlern ist die Versorgung mit Neurotransmittern nicht im Gleichgewicht. Dadurch kommt es zu Konzentrationsmängeln, und die Selbststeuerung wird beeinträchtigt.

Das Medikament setzt an dieser Stelle an, d. h., der Neurotransmitterhaushalt wird reguliert, Konzentrationsvermögen und die Fähigkeit zur Selbststeuerung werden verbessert.

Wenngleich die biologischen Vorgänge recht komplex und bis heute nicht in allen Einzelheiten erforscht sind, dient zur Veranschaulichung vielleicht das Beispiel eines an

Diabetes erkrankten Menschen, bei dem man die fehlende Insulin-Ausschüttung des Körpers durch medikamentöse Ergänzung ersetzt.

Warum ist mein Kind ein ›Hypie‹? – Zur Entstehung von ADHS

Zur Entstehung von ADHS gibt es bis heute keine eindeutigen Erklärungen. Allein die Komponente Vererbung ist z. B. durch Zwillingsstudien zweifelsfrei belegt.

Weitere Ursachen könnten Probleme bei der Geburt oder zurückliegende Erkrankungen sein.

Früher häufig verbreitete Ansätze, ADHS über Allergien und Nahrungsmittelunverträglichkeiten (z. B. Phosphate) zu erklären, sind heute mehr oder weniger bedeutungslos, wenngleich in der Praxis noch immer häufig verfolgt. Der Anteil von Kindern, bei denen solche Ursachen bestimmend sein können, ist vernachlässigbar klein. Hinzu kommt, dass ADHSler meist ausgesprochene ›Genussmenschen‹ sind und das Einfordern von Diäten ihren ohnehin schwierigen Alltag zusätzlich komplizieren und die Eltern-Kind-Beziehung belasten würden.

Zu Risiken und Nebenwirkungen ...

Hier konnte uns Frau Neuhaus beruhigen. Ritalin ist ein Medikament, das durch umfangreiche Untersuchungen und auch Langzeitstudien bestens erforscht ist. Es treten keinerlei Abhängigkeiten oder Gewöhnungseffekte auf. Auch kommt es nicht zu Spätfolgen, wie von unseriöser Seite wider besseres Wissen gelegentlich behauptet wird.

Gerechnet werden muss dagegen mit Appetitlosigkeit und gelegentlich mit Schlafstörungen. Bei gut angepasster Dosierung verschwinden aber auch diese Begleiterscheinungen i. d. R. relativ bald.

Umfangreicher sind die Risiken, wenn das Medikament bei vorliegender Diagnose nicht verabreicht wird. Langzeitstudien beweisen, dass Lebensläufe von Patienten, die nicht mit Stimulanzien behandelt wurden, sehr viel ungünstiger verlaufen als von solchen, die medikamentös behandelt wurden. Besonders die Suchtaffinität ist ohne Medikament deutlich erhöht, negative Verläufe sind nicht unwahrscheinlich.

Bedenkt man die positiven Wirkungen des Medikaments, ist es also eigentlich nicht zu verantworten, es dem Kind vorzuenthalten, ebenso wenig wie man einem an Diabetes erkrankten Menschen sein Insulin vorenthalten würde.

Therapie für das Kind

Leider gibt es in Deutschland nur wenige TherapeutInnen, die sich mit der ADHS-Problematik auskennen und eine adäquate Therapie anbieten können.

Nondirektive Spieltherapien und analytische Verfahren greifen zu kurz und bringen nicht den gewünschten Erfolg, ebenso wenig wie die klassische systemische Familientherapie.

Zielführend sind dagegen verhaltenstherapeutische Konzepte, die hinsteuern auf die

- Verlängerung der Daueraufmerksamkeitsspanne;
- Verbesserung der Konzentrationsfähigkeit;
- Systematisierung des Wahrnehmungsstils.

Therapieziel ist es für das Kind, kompetent zu werden im Umgang mit seinem Wahrnehmungsstil.

Ergänzend können u. U. auch eine gezielte Wahrnehmungsförderung, das Einüben der Grobmotorik, psychomotorische oder ergotherapeutische Übungen sinnvoll sein.

Vielfach propagierte Verfahren wie die Edu-Kinesiologie oder die Bach-Blüten-Therapie haben sich allerdings nicht als geeignet erwiesen.

Von Balou dem Bär und Inspektor Columbo – Wie können Eltern ihrem Kind helfen?

Die Krankheit ist nicht im engeren Sinne heilbar, aber Kinder und Eltern können lernen, damit umzugehen. Es kommt dabei auch auf das Verhalten der Eltern an, die ihrem Kind ein guter Trainer sein können. Manche Therapeuten bieten dazu ein spezielles Elterntraining an.

Frau Neuhaus gab einige Tipps für Verhaltensweisen, die förderlich sind.

In der Ruhe liegt die Kraft: Das Balou-Gefühl sollten sich Eltern immer dann zu Eigen machen, wenn das Erregungsniveau steigt, wenn sie kurz davor sind, ›auf die Palme zu gehen‹. Dann ist vor allem Ruhe die erste Elternpflicht, wie Balou der Bär sollen sie dann versuchen, Bodenhaftung zu bewahren, ganz tief in den Bauch atmen und, mit dem Rücken an die Palme gelehnt, brav auf dem Boden sitzen bleiben und sich entspannen.

Praktisch bedeutet das, Emotionen herunterzufahren, mit abgestelltem Affekt zu agieren, um weitere Eskalation zu verhindern.

In eine ähnliche Richtung geht die von dem Fernseh-Inspektor Columbo bekannte emotionslose, ›coole‹ Fragetechnik, die nahezu ohne Modulation der Stimme und Veränderung der Mimik auskommt.

Eine gute Portion Ruhe und Gelassenheit ist auch deshalb erforderlich, weil Hypies sich nicht verhalten, sondern »ereignen«. Sie handeln spontan und ohne nachzudenken, sind immer für eine Überraschung gut.

»Diskutieren Sie nicht mit Ihrem Kind, es hat immer das letzte Wort«, riet uns Frau Neuhaus. Mault oder motzt das Kind, soll man darauf nicht eingehen, sondern allenfalls »mitbrummeln«. Bei Verweigerung nicht moralisieren, sondern ruhig und fest die Anweisung wiederholen.

Agiert das Kind auf hohem Erregungsniveau, ist es für uns nicht erreichbar. Dann ist es besser, eine Pause zu machen und das Kind zum Beispiel auf sein Zimmer zu schicken.

Überlassen Sie das Predigen dem Pfarrer: Predigten und Appelle nützen generell gar nichts. Wenn wir dem Kind oder Jugendlichen etwas Wichtiges mitteilen wollen, z. B. über die Gefahren des ungeschützten Sexualverkehrs, wird es das eher aufnehmen, wenn es zufällig als Außenstehender die Unterhaltung von Erwachsenen zu diesem Thema mit anhört. Es ist natürlich nicht verboten, dieses Stilmittel auch bewusst anzuwenden, allerdings sollte man sich davor hüten, anschließend das Kind zu fragen, ob es auch alles mitbekommen hat, wenn man den Erfolg der Maßnahme nicht gefährden will.

Ganz wichtig ist, den Kindern warme Empathie entgegenzubringen, ihnen zu vermitteln, dass es mit all seinen Schwächen trotzdem geliebt wird und sich auf seine Eltern verlassen kann.

Wir müssen die spezifischen Eigenheiten der Kinder akzeptieren lernen. Dazu gehören z. B. Schmusen nur, wenn sie wollen; ausgeprägter Gerechtigkeitssinn; das schlechte

Schriftbild; die deutliche seelische Entwicklungsverzögerung; Nicht-auskommen-können mit Gleichaltrigen; Stimmungslabilität; Kritikempfindlichkeit und eine reduzierte Schlafdauer.

Eltern sollten nicht kleinlich sein, nicht an Kleinigkeiten herummäkeln, klar und echt sein. Petzen nicht zulassen, es fördert Streit und ein schlechtes Familienklima. Wer nicht dabei war, kann schlecht urteilen. Hypies fühlen sich dann schnell ungerecht behandelt und sinnen auf Rache, was die nächsten Konflikte garantiert.

Die Kinder mit Liebe zu akzeptieren steht nicht im Widerspruch zu Konsequenz und Konsistenz, die ganz wichtig sind, um ihnen Orientierung zu geben. Unser Verhalten als Eltern muss für die Kinder einschätzbar sein.

Hypies sind von Natur aus hochbegabt im Ausbüchsen und Herummogeln. Kontrolle ist bekanntlich besser, denn ausgeführt wird im Zweifel nur das, was auch kontrolliert wird. Es sollten deshalb nur solche Anforderungen mit Konsequenzen belegt werden, die auch kontrollierbar sind, und nur solche Konsequenzen angekündigt werden, die danach auch ausgeführt werden.

ADHS-Kinder haben Schwierigkeiten, sich zu organisieren und orientieren, und brauchen deshalb viel Struktur, insbesondere strukturierte Abläufe, z. B. gleich bleibende Zeiten für Mahlzeiten, wecken, schlafen gehen, Hausaufgaben usw ...

Der Ranzen sollte abends schon gepackt sein und die Wäsche für den nächsten Tag bereit liegen, um den Start in den Tag zu erleichtern.

Wochenpläne mit eingetragenen Aktivitäten und Verpflichtungen geben Orientierung. Punktwertungen für erledigte Aufgaben und damit verbundene Belohnungen können die Kinder motivieren.

Eltern können ihrem Kind zeigen, wie man beim Ranzenpacken vorgehen sollte, wie man beim Zimmeraufräumen strategisch agieren kann und wie man eine ›große‹ Hausaufgabe beginnen kann. Schwieriger ist es, abwarten und verlieren können zu trainieren.

Bei diesen Kindern sollte nicht nur das positive Ergebnis gelobt werden, sondern auch die Anstrengungsbereitschaft. Bei einer ›versiebten‹ Klassenarbeit ist vielleicht trotzdem vorher viel gelernt worden. Lob stärkt das Selbstvertrauen, das aufgrund einer Serie von Misserfolgen oft angekratzt ist.

Zu überschwängliches Lob ist dagegen zu vermeiden, weil den Kindern eine realistische Selbsteinschätzung ohnehin schwer fällt.

Veränderungen müssen stets rechtzeitig angekündigt werden, Hypies brauchen Zeit, um sich darauf einzustellen, und reagieren extrem verstimmt auf plötzliche Änderungen.

Auch die Schule sollte durch Information seitens der Eltern einbezogen werden. Es beginnt bei der Sitzposition: Nach Möglichkeit vorne, in der Nähe des Lehrers, alleine oder neben einem ruhigen Mitschüler und nicht am Fenster. Nur das für die aktuelle Stunde Benötigte darf jeweils auf dem Tisch liegen. Der Lehrer kann dem Kind Hinweise geben, wenn es wegdriftet, er kann Zeitablaufhinweise geben, er kann checken, ob die Aufgabenstellung richtig verstanden wurde, und vieles mehr.

Ein informierter Lehrer weiß sich auch bei impulsiven Ausbrüchen des ADHS-Kindes besser zu helfen; er nimmt sie nicht persönlich, vermeidet Auseinandersetzungen bei hohem Erregungsniveau usw.

Es ist durchaus nicht untypisch, wenn Kinder, die weder informiert noch behandelt werden, angesichts ihrer vielen

Misserfolge zu dem Schluss kommen, sie seien faul, dumm oder verrückt (...)

Das Kind sollte daher je nach Alter angemessen über das Krankheitsbild informiert sein. Es hilft ihm, wenn es weiß, dass es spezifische Probleme zum Beispiel bei der Konzentration hat, gegen die es sogar das eine oder andere Mittel gibt.

Information ist auch bei der Anwendung des Medikaments wichtig, an dessen Einnahme vielfach die Eltern erinnern müssen, weil das Kind selbst nicht daran denken kann.

Vor allem in der Pubertät kann es vorkommen, dass Jugendliche das Medikament sogar ablehnen. Hier kann es hilfreich sein, dem Jugendlichen genau die Wirkungsweise und Vorteile des Medikaments zu erklären. (...)

Eltern brauchen auch Durchhaltevermögen, denn mit eigenem Lernen aus Einsicht ist oft erst im Alter zwischen 18 und 24 Jahren zu rechnen. Bis es soweit ist, gibt es immer wieder Höhen und Tiefen, ein wellenförmiger Verlauf mit besseren und schlechteren Zeiten ist typisch für ADHS. Tipp deshalb: die guten Zeiten genießen (und die weniger guten durchhalten, es kommen wieder bessere)!

Die positiven Eigenschaften des ADHS-Kindes und einige prominente Beispiele

Last but not least sollten wir nicht vergessen, dass ADHSler auch eine Menge positiver Eigenschaften haben wie

- die spontane Hilfsbereitschaft und Fürsorglichkeit
- die interessierte Offenheit
- das zupackende Schaffen
- die ausgeprägte Tier- und Naturliebe

- der ausgeprägte Gerechtigkeitssinn
- oft: besonderer Charme
- die Fähigkeit, verzeihen zu können und nicht nachtragend zu sein
- die Zähigkeit (Stehaufmännchen-Phänomen)
- implizite Gedächtnisfunktionen mit der Fähigkeit, später rasch den Überblick zu haben und blitzschnell richtig reagieren zu können
- häufig künstlerische oder andere besondere Begabungen

Im Rahmen eines so genannten ressourcenorientierten Ansatzes gilt es, die individuellen Leistungsinseln eines Kindes herauszufinden und zu verstärken. Das ist nicht nur zur gezielten Förderung der Kinder wichtig, sondern vor allem auch, um ihr häufig angekratztes Selbstvertrauen wieder aufzubauen.

Haben ADHS-Kinder die Schulzeit erst hinter sich gelassen, gelingt es vielen von ihnen, sich besser nach ihren individuellen Neigungen zu verwirklichen. Da sie in der Regel ehrgeizig sind, bringen sie es dann nicht selten zu großen Leistungen.

Von vielen berühmte Persönlichkeiten vermutet man oder weiß sogar, dass sie ADHSler sind, unter ihnen Albert Einstein, Winston Churchill, Dustin Hoffmann, Jack Nicholson und viele andere.

Es ist kein leichter Weg, der vor uns Eltern liegt, aber ein aussichtsreicher.

II
Der DSM IV-Fragebogen

1. Unaufmerksamkeit

Der Betroffene	ja	nein
1. kann oftmals seine Aufmerksamkeit nicht auf Details richten oder macht Flüchtigkeitsfehler bei den Schularbeiten, Hausaufgaben oder anderen Aktivitäten.		
2. hat oft Schwierigkeiten längere Zeit die Aufmerksamkeit bei Aufgaben oder Spielaktivitäten aufrechtzuerhalten.		
3. scheint oft nicht zuzuhören, wenn andere ihn ansprechen.		
4. führt häufig Anweisungen anderer nicht vollständig durch und kann Schularbeiten, andere Arbeiten oder Pflichten am Arbeitsplatz nicht zu Ende bringen. (nicht aufgrund oppositionellen Verhaltens oder von Verständnisschwierigkeiten)		
5. hat häufig Schwierigkeiten, Aufgaben und Aktivitäten zu organisieren.		
6. vermeidet häufig, hat eine Abneigung gegen oder beschäftigt sich nur widerwillig mit Aufgaben, die längerandauernde geistige Anstrengung erfordern (wie Mitarbeit im Unterricht und Hausaufgaben)		
7. verliert häufig Gegenstände, die er für die Aufgaben oder Aktivitäten benötigt (z. B. Spielsachen, Hausaufgabenhefte, Stifte, Werkzeug)		
8. läßt sich öfters durch Reize ablenken.		
9. ist bei Alltagstätigkeiten häufig vergeßlich.		

2. Hyperaktivität

Der Betroffene	ja	nein
1. zappelt häufig mit den Händen oder Füßen oder rutscht auf dem Stuhl herum.		
2. steht in der Klasse oder in anderen Situationen, in denen Sitzenbleiben erwartet wird, häufig auf		
3. rennt häufig umher oder klettert exzessiv in Situationen, in denen dies unpassend ist (bei Jugendlichen od. Erwachsenen kann dies auf ein subjektives Unruhegefühl beschränkt bleiben)		
4. hat häufig Schwierigkeiten, ruhig zu sprechen oder sich mit Freizeitaktivitäten ruhig zu beschäftigen.		
5. ist häufig »auf Achse« oder handelt oftmals, als wäre er »getrieben«		
6. redet häufig übermäßig viel.		

3. Impulsivität

Der Betroffene		
7. platzt häufig mit den Antworten heraus, bevor die Frage zu Ende gestellt ist		
8. kann nur schwer warten, bis er an der Reihe ist		
9. unterbricht und stört häufig (platzt z. B. in Gespräche und Spiele anderer hinein)		

III
Häufige Fragen zur Medikation

1. Mit welchen Medikamenten kann ADS behandelt werden?

Bei Kindern und Jugendlichen gehören Medikamente aus der Gruppe der Stimulanzien zur ersten Wahl.

Diese sind: Ritalin, Medikinet, Equasym, u.a., Medikinet Retard, dl-Amphetamin und Concerta.

Die Wirkzeiten betragen bei:

Ritalin, Medikinet, Equasym u.a. ca. 3 bis 4 Stunden

Medikinet Retard, Ritalin SR ca. 6 bis 8 Stunden

dl-Amphetamin ca. 6 Stunden

Concerta ca. 10 bis 12 Stunden

Captagon ist heute nicht mehr in Deutschland zugelassen, kann aber über die Auslandsapotheke bestellt werden. Es enthält den Wirkstoff Fenetyllin.

Ebenso kann Ritalin SR über die Auslandapotheke bestellt werden. Die Kostenübernahme muss individuell mit der Krankenkasse abgeklärt werden.

Dl-Amphetamin ist kein Fertigpräparat, sondern muss in der Apotheke als Rezeptur zubereitet werden. In der Regel wird es als Saft zubereitet, der im Kühlschrank ca. 6 Wochen haltbar ist. Es kann mit der Apotheke abgesprochen werden, den üblicherweise verwendeten Konservierungsstoff Benzoesäure durch Sorbinsäure auszutauschen.

Eine weitere Möglichkeit ist die Herstellung von Kapseln. Dl-Amphetamin kann ab dem Altern von 4 Jahren verordnet werden.

2. Was ist der Unterschied zwischen Ritalin, Medikinet, Equasym und anderen Präparaten?

Ritalin, Medikinet und Equasym sind Namen für Medikamente aus der Gruppe der Stimulanzien. Alle drei Medikamente enthalten 10 mg Methylphenidat je Tablette. Der Wirkstoff und die Wirkstoffmenge pro Tablette sind also gleich. Equasym gibt es zusätzlich mit 5 mg und mit 20 mg Wirkstoff pro Tablette.

Unterschiedlich sind die Hilfs- und Trägerstoffe. Medikinet und Equasym sind glutenfrei.

Neben diesen Medikamenten gibt es weitere Generika, die auch 10 mg Wirkstoff pro Tablette enthalten. Dies ist z.B. Methylphenidat von Hexal oder MethylpheniTAD.

Diese Medikamente beginnen nach ca. 15 bis 30 Minuten zu wirken. Die Wirkzeit kann bis zu 4 Stunden ab der Einnahme betragen. In der Regel ist sie kürzer und liegt bei ca. 3 Stunden. Da jeder Mensch Medikamente unterschiedlich schnell verstoffwechselt, muss immer eine individuelle Dosierung gefunden werden.

Unterschiedlich sind auch die Preise. Medikinet ist etwas preisgünstiger als Ritalin. Equasym ist in der 10 mg und 20 mg Tablette günstiger als Ritalin und Medikinet, in der 5 mg Tablette allerdings erheblich teurer. Hier ist das Teilen der Tablette lohnend. Methylphenidat von Hexal und MethylpheniTAD sind preisgünstiger. Für einen einzelnen Patienten ist der Unterschied kaum spürbar, für eine Praxis, in der mehrere ADSler medikamentös behandelt werden, wirkt sich der Preisunterschied spürbar aus, denn die Praxen unterliegen einem Arzneimittelbudget.

3. Welche Langzeitpräparate gibt es?

Unter Langzeitpräparaten versteht man Stimulanzien, die länger als 3 bis 4 Stunden wirken und so entweder mit einer einmaligen Gabe den gesamten Schulvormittag abdecken oder sogar den ganzen Tag.

Der Vorteil dieser Medikamente ist, dass das Nachnehmen in der Schule entfällt, d.h. es kann nicht mehr vergessen werden. Kurzwirkende Stimulanzien bauen einen Wirkstoffpegel auf, der am Ende der Wirkzeit abfällt und erst durch die erneute Einnahme des Medikaments wieder aufgebaut wird. Das Kind erlebt so ein ständiges Auf und Ab.

Langzeitpräparate geben den Wirkstoff je nach Medikament über einen Zeitraum von 6 bis 12 Stunden ab, so dass für diesen Zeitraum eine gleichmäßige Versorgung des Körpers mit dem Medikament gegeben ist. Die einmalige Gabe des Medikaments am Morgen kann die Compliance (Mitarbeit) des Kindes verbessern.

Insbesondere Jugendliche sträuben sich häufig gegen die Einnahme von Medikamenten, denn sie wollen nicht anders sein als andere. Diese Problematik findet sich nicht nur bei ADS, sondern auch bei anderen Erkrankungen, die mit der Einnahme von Medikamenten verbunden sind. Hier kann die einmalige morgendliche Medikamenteneinnahme die Compliance verbessern helfen.

Durch die spezielle Galenik (Zusammensetzung) der Medikamente Medikinet Retard und Ritalin SR wird der Wirkstoff sehr langsam und gleichmäßig abgegeben. Beide Medikamente wirken bis zu 8 Stunden.

Die Zeit bis zum Wirkeintritt kann von 30 Minuten bis zu 3 Stunden variieren. Insbesondere wenn die Wirkung spät eintritt, muss die Zeit zuvor überbrückt werden. Deshalb wird häufig eine kurzwirksame Tablette gleichzeitig mit einer Medikinet Retard / Ritalin SR eingenommen. Die individuelle Dosierung muss mit dem Arzt zusammen gefunden werden.

Concerta ist in den Stärken 18 mg, 36 mg und 54 mg in Deutschland zugelassen. Der Wirkstoff wird nach dem osmotischen Prinzip über einen Zeitraum von 10 bis 12 Stunden abgegeben, so dass ein gleichmäßiger Wirkstoffspiegel gewährleistet ist. Ungefahr 30% des Wirkstoffs befinden sich in der Hülle der Kapsel, dieser wird unmittelbar nach der Einnahme abgegeben.

Bei einer Umstellung von kurzwirksamen Präparaten auf Concerta bleibt oft die längere Wirkzeit unberücksichtigt. Es muss bei der Dosisfindung berechnet werden, wie viel mg Wirkstoff einem Kind bisher pro Stunde zur Verfügung standen. Wird diese Dosis bei der Umstellung auf Concerta unterschritten, kommt es zum Wirkverlust.

4. Die Behandlung erwachsener ADSler

Zur Behandlung von Erwachsenen mit ADS werden auch Stimulanzien eingesetzt oder trizyklische Antidepressiva. Einige Erwachsene erhalten eine Kombination aus beiden Präparaten. Die Stimulanzien dienen der Verbesserung der Konzentration und Wahrnehmung, die Antidepressiva mildern die Stimmungsschwankungen und beeinflussen den Antrieb positiv. Die Stimulanzienbehandlung von Erwachsenen fällt nach einem Bundessozialgerichtsurteil unter den sogenannten Off-Label-Use, da alle Stimulanzien nur für Kinder und Jugendliche zugelassen sind. Deshalb wird der Arzt i.d.R. auch für Kassenpatienten ein Privatrezept ausstellen. Dieses kann der Krankenkasse eingereicht werden mit der Bitte um Kostenerstattung.

Dazu muss erstens die nachhaltige Beeinträchtigung der

Lebensqualität auf Dauer belegt werden, es ist zweitens nachzuweisen, dass andere Therapiemöglichkeiten nicht ausreichend geholfen haben oder nicht ohne gleichzeitige Pharmakotherapie eingesetzt werden können und drittens muss die begründete Aussicht bestehen, dass mit dem betreffenden Präparat ein Behandlungserfolg (kurativ oder palliativ) zu erzielen ist.

Für Nettozahler der Krankenkasse (d.h. Beiträge sind höher als die verursachten Kosten) kann es sich zudem lohnen, den Wechsel der Krankenkasse in Aussicht zu stellen.

Zwei Arzneimittelfirmen haben eine Erweiterungszulassung für ihre Medikamente für die Verschreibung an Erwachsene beim BfArM beantragt. Die Zulassung wird in den nächsten zwei bis drei Jahren erwartet. Dann können Stimulanzien für erwachsene ADSler auf normalem Kassenrezept verordnet werden, die Einzelfallentscheidung der Krankenkassen entfällt.

Für alle Erwachsenen, die ihre Medikamente bis zu diesem Zeitpunkt selbst zahlen müssen, ist es lohnend, sich in der Apotheke über die verschiedenen Preise der wirkstoffgleichen Stimulanzien beraten zu lassen.

5. Was ist der Rebound-Effekt?

Durch den schnellen Anstieg des Wirkstoffspiegcls und den raschen Abfall bei der Einnahme von Ritalin, Medikinet und den anderen kurzwirksamen Stimulanzien kann es zum Ende der Wirkzeit zu einem Rebound-Effekt kommen. Nicht alle ADSler, die Ritalin / Medikinet / Equasym nehmen, haben einen Rebound.

Während des Rebounds wirken die Kinder noch zappeliger und unausgeglichener als ohne Medikament. Sie leiden unter starken Stimmungsschwankungen und sind extrem leicht reizbar.

Vorbeugung ist möglich. Der Rebound-Effekt kann verringert oder gar vermieden werden, wenn das Ausschleichen des Medikaments zum Ende der Wirkzeit verlangsamt wird.

Da die Medikamente eine bekannte Wirkungsdauer haben, kann man die Uhrzeit des Beginns des Rebounds voraussehen. Nun ist es möglich, eine halbe Stunde vor Einsetzen des Rebounds eine halbe Ritalin / Medikinet / Equasym zu geben. Dadurch wird die Zeit des Ausschleichens des Medikaments verlangsamt. Die genaue Dosierung muss mit dem Arzt besprochen werden.

Hilfen: Das Kind kann in der Reboundphase keine Anforderungen erfüllen oder Frustrationen ertragen. Es wird schnell aggressiv oder depressiv. Deshalb ist es hilfreich für das Kind, wenn es in dieser Zeit selbst bestimmen darf, was es tun möchte. Manche Kinder wollen alleine sein. Andere wollen Kassette hören oder fernsehen. Hier kann man ein entsprechendes Video aufzeichnen, das zu dieser Zeit gesehen werden kann (z.B. eine Sendung, die das Kind ohnehin sehen möchte, die aber zu einer anderen Zeit gesendet wird).

Abendessen, Zähneputzen, Ranzen packen, Hausaufgaben kontrollieren etc. sollte nicht in der Rebound-Phase erledigt werden.

Außerdem ist es günstig, wenn Freunde bis zu diesem Zeitpunkt nach Hause gegangen sind, wenn der Vater nicht gerade in dieser halben Stunde nach Hause kommt (falls es nicht anders geht, das Kind nicht mit einer ausführlichen Begrüßung überlasten, das kann auch eine halbe Stunde später stattfinden), wenn Geschwisterkinder die Ruhezeit des Kindes akzeptieren können.

Bei Ritalin SR, Concerta, dl-Amphetamin und Captagon tritt der Rebound-Effekt in der Regel nicht oder nicht so stark auf, da diese Medikamente eine längere Wirkzeit haben und somit ohnehin langsamer aus dem Körper ausgeschlichen werden.

6. Können Nebenwirkungen auftreten?

Ja, Nebenwirkungen (der Fachmann spricht von unerwünschten Arzneimittelwirkungen) können auftreten.
Jedes Medikament, das eine Wirkung hat, hat auch Nebenwirkungen.

Die Nebenwirkungen, die hauptsächlich auftreten, sind eine Verminderung des Appetits sowie Einschlafstörungen.

Insbesondere die Appetitminderung kann Sorgen bereiten, vor allem, wenn es sich um ein ohnehin schon sehr schlankes Kind handelt.

Stimulanzien müssen bei Einnahmebeginn einschleichend dosiert werden. Das heißt, es wird bewusst mit einer viel zu geringen Dosis begonnen und diese wird langsam gesteigert, bis die wirksame Dosierung erreicht ist.

Hierfür gibt es einen Grund: Durch die Einnahme der Medikamente verändert und schärft sich die Wahrnehmung. Es ist plötzlich möglich, Hintergrundgeräusche auszublenden und sich auf das Wesentliche zu konzentrieren. An diese Veränderung der Wahrnehmung muss sich der Körper langsam gewöhnen.

Ich will dies an zwei Beispielen verdeutlichen: Wenn Sie aus einem dunklen Raum, in dem Sie sich länger aufgehalten haben, ins Freie treten, wo die helle Sonne scheint, so werden Sie automatisch erst einmal zurückzucken, die Augen schließen oder die Hand vor die Augen halten, blinzeln und langsam die Augen öffnen. Sie sagen, Sie müssen sich erst einmal an die Helligkeit gewöhnen.

Ein zweites Beispiel: Sie haben kalte Hände, und jemand schüttet Ihnen gut warmes Wasser über die Hände, dann wird es wie Feuer brennen und sie haben Schmerzen. Gewöhnen Sie aber Ihre Hände langsam an das warme Wasser, dann können Sie die Schmerzen vermeiden und können das warme Wasser genießen.

Genauso ist es, wenn das Medikament zu schnell eindosiert wird. Der Unterschied in der Wahrnehmung ist sehr groß und wird als irritierend bis unangenehm erlebt. Kinder können die neuen und schärferen Wahrnehmungen noch nicht einordnen.

Manche Menschen reagieren auf diese Irritation mit Depressionen, die allerdings verschwinden, sobald die neuen Wahrnehmungen eingeordnet werden können.

Um eine langsame Gewöhnung an die veränderte und geschärfte Wahrnehmung zu erreichen, verwenden wir bei starker Sonne eine Sonnenbrille, drehen das Wasser langsam wärmer und dosieren das Medikament langsam ein.

Durch eine zu schnelle Eindosierung können auch anfänglich Kopfschmerzen oder Schwindel auftreten.

Kommt es zu den genannten Nebenwirkungen zu Beginn der Medikamenteneinnahme, so ist es ratsam, die Dosis zu reduzieren und das Medikament noch langsamer einzuschleichen. Eine Rücksprache mit dem Arzt ist erforderlich.

IV
Sonderschule aus heutiger Sicht

Als die Lehrerin bei Felix von einer Sonderschulüberprüfung sprach, überfiel mich Panik. Ich wollte nicht, dass mein Kind schon wieder ausgesondert und abgeschoben wurde. Eine Freundin von mir war während der Grundschulzeit auf eine Sonderschule überwiesen worden. Damals sprach man im Volksmund noch von »Dummenschule« und »Schule für Verhaltensgestörte«. Der Sonderschulbesuch bedeutete eine massive Stigmatisierung. »Mit so jemandem spielt man nicht!«, hieß es allgemein.

Das wollte ich für mein Kind nicht. Sonderschule stand für mich damals für Ausgrenzung.

Inzwischen denke ich anders darüber, denn es hat sich vieles verändert. Heute geht es nicht um Aussonderung der Kinder, sondern um eine spezielle Förderung, mit dem Ziel, die Kinder, wenn möglich, wieder in die Regelschule zu integrieren.

Man unterscheidet die Sonderschulen nach dem Förderbedarf, den Kinder benötigen. In einigen Bundesländern werden diese Schulen deshalb Förderschulen genannt, was den Auftrag der Schulen besser beschreibt. Werden Kinder mit speziellem Förderbedarf in Regelschulen unterrichtet, erhalten Sie dort zusätzliche Hilfen. Solche Klassen heißen integrative Klassen, Kinder mit speziellem Förderbedarf nennt man »I-Kinder«.

Lernhilfe erhalten Kinder, die sich beim Lernen schwerer tun als Hauptschüler. Die Gründe für die Schwierigkeiten beim Lernen sind individuell verschieden.

In einer Schule für Erziehungshilfe werden Kinder unterrichtet, die Schwierigkeiten im Umgang mit anderen haben. Deshalb sind an diesen Schulen sehr kleine Klassen zu finden, sodass eine individuelle Betreuung gewährleistet wird. Es wird auf normalem Schulniveau unterrichtet, die Kinder können also alle allgemein bildenden Schulabschlüsse erreichen.

An einigen Schulen für Erziehungshilfe ist ein Tagesheim angegliedert, in dem die Jungen und Mädchen nachmittags Hausaufgaben erledigen und darüber hinaus sozialpädagogisch und therapeutisch betreut werden. Auch Eltern finden dort Unterstützung.

Damals war ADS noch ein recht unbekanntes Thema, und Felix hätte dort keine spezielle Förderung erhalten. Doch heute haben sich viele Lehrer der Sonder- bzw. Förderschulen weitergebildet und können Kinder mit ADS sehr gut betreuen und fördern. Auch Sprachheilschulen und Schulen für Körperbehinderte nehmen häufig Kinder mit ADS auf.

LITERATURVERZEICHNIS

zur Aufmerksamkeitsstörung/Hyperaktivität

Die hier vorgestellten Bücher waren für unsere Familie ganz besonders hilfreich:

Cordula Neuhaus: *Das hyperaktive Kind und seine Probleme.* Ravensburger-Verlag 1996.
Frau Neuhaus ist Dipl.-Heilpädagogin, Dipl.-Psychologin und Verhaltenstherapeutin in eigener Praxis. Sie beschreibt ausführlich die Verhaltensweisen der Kinder mit ADS/Hyperaktivität von den ersten Babytagen bis zum Jugendlichen. Es sind Kinder und Jugendliche, die hyperaktiv sind, und auch solche, die hypoaktiv sind, d.h. Kinder, die nicht durch motorische Unruhe auffallen, aber dennoch die gleichen Aufmerksamkeitsschwierigkeiten haben wie hyperaktive Kinder auch. Frau Neuhaus gibt viele Tipps für Eltern, aber auch für die Schule. Wichtig für Eltern ist auch das Kapitel, in dem Sie unterschiedliche Therapieformen und ihre Wirksamkeit bei Hyperaktivität vorstellt. Das Buch von Cordula Neuhaus gibt einen umfassenden Überblick und eignet sich gut, um ins Thema einzusteigen. Es ist mein persönliches Lieblingsbuch, da es ein ganzes Kapitel den positiven Eigenschaften der Kinder und Jugendlichen mit ADS/Hyperaktivität widmet, die sonst leider oft vergessen werden.

Elisabeth Aust-Claus, Petra-Marina Hammer: *Das A.D.S-Buch.* Oberstebrink & Partner (O&P) 1999.
Frau Dr. Aust-Claus ist Ärztin in eigener Kinderarztpraxis. Frau Dr. Hammer ist Dipl. Psych. und Verhaltenstherapeutin und arbeitet in eigener Praxis mit Kindern, Jugendlichen und Erwachsenen.

Sie beschreiben in ihrem Buch ADS/Hyperaktivität sehr einfühlend anhand zweier Kinder, dem hyperaktiven Max und der hypoaktiven Jule. Neben dem theoretischen Teil geben die Autorinnen sehr ausführliche Tipps für den Alltag, die sich in speziellen Kapiteln an Lehrer, Erzieher, Eltern und das Kind selbst richten. Diese Tipps sind so praxisnah, dass sie direkt ohne weiteres Wissen in den Alltag integriert werden können und eine wirkliche Hilfe für alle darstellen. Mir gefällt dieses Buch, da es sehr gute und leicht umsetzbare Tipps enthält und weil sehr ausführlich auf das ADS bei Mädchen eingegangen wird, das doch sehr unterschiedlich zu dem bei Jungen ist, da es hier oft ohne die begleitende Hyperaktivität auftritt.

Cordula Neuhaus: *Hyperaktive Jugendliche und ihre Probleme*. Urania Verlag, Berlin 2000.
Frau Dipl.-Psychologin Neuhaus beschreibt in diesem Buch Jugendliche mit und ohne Hyperaktivität sehr detailreich in ihrem Empfinden und Verhalten. Für Eltern und Fachleute ist dieses Buch eine einzigartige Möglichkeit, Jugendliche zu verstehen und zu lernen, ihnen zielgerichtet zu helfen. Auch für junge selbstbetroffene Erwachsene ist es sehr hilfreich, denn mit Hilfe dieses Buches lassen sich viele erlebte Situationen einordnen, wodurch ein besseres Verstehen des eigenen Handelns möglich ist.

Dr. med. Walter Eichlseder: *Unkonzentriert? Hilfen für hyperaktive Kinder und ihre Eltern*. Beltz-Verlag 1996.
Der Kinderarzt Dr. Eichlseder hat vor vielen Jahren ein Buch über Kinder und Jugendliche mit ADS/Hyperaktivität geschrieben, das noch heute brandaktuell ist. Er stellt sehr fundiert und detailliert die Schwierigkeiten der Kinder mit ADS dar und beschreibt, welche Verläufe die Biographien nehmen können, wenn diese Kinder unbehandelt bleiben. Ausführlich

beschreibt er, welche Hilfen es für Kinder und Jugendliche mit ADS gibt. Dabei geht er auch auf die Behandlung von ADS durch Diäten ein. Ausführlich beschreibt er die Behandlung von hyperaktiven Kindern und Jugendlichen mit Stimulanzien. Das Buch von Walter Eichlseder bietet viele Informationen, die weit über das hinausgehen, was in Elternratgebern zu lesen ist. Deshalb kann ich es wirklich nur empfehlen.

Dr. med. Johanna Krause: *Leben mit hyperaktiven Kindern*. BV-AH 1998.
Frau Dr. Krause ist als Ärztin und Therapeutin in eigener Praxis tätig und hat ein für Eltern schnell lesbares und gut verständliches Buch geschrieben. Sie erklärt was ADS/Hyperaktivität ist, wie es sich in den verschiedenen Phasen der Kindheit zeigt und welche biologischen Ursachen die Hyperaktivität hat. Sie gibt Tipps für die Schule und das Elternhaus. Als Ärztin geht sie auf die Diagnose und Behandlung von ADS ein. Eltern finden in dem Büchlein einen guten Leitfaden u.a. für das Finden einer sinnvollen Behandlung und Therapie. Für Fachleute bietet sich mit diesem Buch ein schneller Überblick über die Schwierigkeiten, aber auch die Chancen hyperaktiver Kinder und Jugendlicher.
Bestellen beim BV-AH: Tel: 09191/34874 oder www.bv-ah.de

Armin Born, Claudia Oehler: *Lernen mit ADS-Kindern*. Kohlhammer 2002.
Kinder mit ADS leiden nicht nur unter Verhaltens-, sondern auch unter Lernproblemen. Oft werden sie in der Schule unterschätzt. Die Schulzeit wird zur Qual. Die Autoren, die seit vielen Jahren Fortbildungen für Lehrer und Erzieher anbieten, beschreiben sehr kenntnisreich, wie Lernprobleme entstehen und bieten praktische Hilfestellungen, damit das tägliche Üben zu Hause wirkungsvoll ist, aber nicht zur Qual wird. Dabei ge-

hen die Autoren auch auf begleitende Teilleistungsstörungen wie Legasthenie und Dyskalkulie ein. Dieses Buch ist auch für Lehrer sehr zu empfehlen, denn viele Tipps sind konkret im (Förder-)Unterricht anwendbar.

Döpfner u.a.: *Wackelpeter und Trotzkopf. Hilfen bei hyperkinetischem und oppositionellem Verhalten*. Beltz 1999.
Prof. Döpfner und sein Team schrieben ein Elternbuch mit ganz konkreten Hinweisen zur Strukturierung des Alltags und zur Unterstützung der Kinder und Jugendlichen. Dieses Buch ist ganz besonders geeignet, wenn Kinder starkes trotziges oder oppositionelles Verhalten zeigen. Es wird die Notwendigkeit einer liebevoll konsequenten Erziehung dargestellt. Alle Tipps sind ohne weitere Vorkenntnisse umzusetzen.

Helga Simchen: *ADS – unkonzentriert, zu langsam, und zu viele Fehler im Diktat. Hilfen für das hypoaktive Kind*. Kohlhammer 2001.
Die Ärztin Dr. Helga Simchen widmet sich den Kindern mit ADS, die oft vergessen werden – es sind die verträumten hypoaktiven Kinder. Meist sind es Mädchen, die als leistungsschwach und wenig durchsetzungsfähig angesehen werden. Diese Kinder leiden! Da sie keine auffälligen, störenden Symptome zeigen, erhalten sie meist zu spät und zu wenig Hilfe und entwickeln sekundäre Störungen. Fallbeispiele, Hintergrundinformationen und viele Tipps für Eltern sind in diesem Buch zu finden.

Kirsten Stollhoff, Wilma Mahler, Karin Duscha: *Hochrisiko ADHS. Plädoyer für eine frühe Therapie*. Schmidt-Römhild 2002.
Die Autorinnen zeigen anhand vieler Fallbeispiele eindrucksvoll und engagiert auf, welchen Entwicklungsrisiken Kinder

mit ADS ausgesetzt sein können, wird das ADS zu spät erkannt oder nicht fachgerecht behandelt. Sorgfältig werden die Aussagen durch viele internationale und seriöse Studien belegt.
Dieses Buch ist Pflichtlektüre für alle Eltern, die einer Behandlung ihres Kindes unsicher und skeptisch gegenüber stehen, aber auch für alle Fachleuten, die dem Gedanken anhängen, die ADS-Diagnose bedeute eine Stigmatisierung des Kindes.

Gisela Große: *Hyperaktiv – wie Michel aus Lönneberga?!* BV-AH 1999.
Die Psychologin Gisela Große gibt weder Hintergrundinformationen noch konkrete Tipps. Dennoch ist dieses Buch überaus lesenswert für alle Eltern. Die Autorin beschreibt viele Situationen aus dem Familienalltag mit einem ADS-Kind und zeigt dabei Parallelen zu Astrid Lindgrens Figur Michel aus Lönneberga auf. Dabei trifft die Autorin den gleichen warmen und herzlichen Tonfall, mit dem Lindgren ihre Figuren beschreibt, und schaut sehr liebevoll auf unsere oft anstrengenden Kinder. Das Buch von Gisela Große zeigt die positiven Seiten der Kinder mit ADS und hilft in verzweifelten Stunden durchzuhalten.
Bestellen beim BV-AH: Tel: 09191/34874 oder www.bv-ah.de

Margarete Imhof, Klaus Skrodzki, Marianne S. Urzinger: *Aufmerksamkeitsgestörte, hyperaktive Kinder und Jugendliche im Unterricht*. Auer-Verlag 1999.
Sehr kenntnisreich wird ADS und Hyperaktivität unter dem speziellen Blickwinkel „Anforderungen in der Schule" beschrieben. Die Autoren geben fundierte Fachkenntnisse, aber auch sehr präzise Hilfestellungen für Lehrer, die alle so gewählt sind, dass sie trotz großer Klassenstärken gut umzu-

setzen sind. Bereits nach einem Jahr erschien die dritte Auflage dieses hervorragenden Buches, das alle Eltern den Lehrer ihrer Kinder schenken sollten.

Am Abgrund: ADHS und Sucht ... Was nun? BV-AH 2002.
In vielen Fachbeiträgen verschiedener bekannter Autoren wird umfassend die erhöhte Suchtgefährdung (z.B. Drogen, Alkohol, Nikotin, Internet) unbehandelter ADSler beleuchtet. Einer weiteren Frage wird in diesem informativen Buch nachgegangen: Machen Ritalin und andere Stimulanzien süchtig?
Bestellen beim BV-AH: Tel: 09191/34874 oder www.bv-ah.de

Klaus Skrodzki, Krista Mertens: *Hyperaktivität. Aufmerksamkeitsstörung oder Kreativitätszeichen?* Borgmann 2000.
Das Buch ist ein Tagungsband. Die inhaltlich sehr anspruchsvollen Aufsätze decken ein sehr breites Themenspektrum ab. Es werden die Hintergründe vieler hilfreicher Therapieformen vorgestellt.

Cordula Neuhaus: *Das hyperaktive Baby und Kleinkind. Symptome deuten – Lösungen finden*. Urania, 2003.
Ein überaus wichtiges Buch für alle Eltern mit anstrengenden Kindern, die bereits im Kleinkindalter von Ausgrenzung bedroht sind. Durch frühzeitiges Erkennen und angemessenes Handeln könnten lange Leidenswege unbehandelter ADS'ler bald der Vergangenheit angehören. Hoffentlich werden viele Eltern rechtzeitig auf dieses Buch aufmerksam.

Helga Simchen: *Die vielen Gesichter des ADS. Begleit- und Folgeerkrankungen richtig erkennen und behandeln*. Kohlhammer 2003.
Oft wird ADS nicht rechtzeitig erkannt und behandelt. Folge-

erkrankungen treten auf. Werden im Jugendlichen- und Erwachsenenalter nur die Folgeerkrankungen behandelt, bleibt den Betroffenen eine effektive Hilfe versagt. Ein wichtiges Buch für Eltern, Erwachsene mit ADS und Fachleute.

Michael Huss: *Medikamente und ADS*. Urania 2002.
Spricht der Arzt nach einer ADS-Diagnose von Medikamenten, reagieren Eltern meist ablehnend. Ängste und mangelnde Information sind Gründe für diese Reaktion. Doch oft können Kinder von Therapien erst profitieren, wenn sie durch eine medikamentöse Behandlung in die Lage versetzt werden, aufmerksam zu sein und ihre Handlungen zu steuern.
Der Arzt Dr. Huss gibt einen umfassenden Überblick über Symptome, Diagnose, Medikamente und begleitenden Therapien. Dieses Buch sollten alle Eltern lesen, bevor sie ihren Befürchtungen nachgeben und durch die nutzlose Suche nach Alternativen wertvolle Zeit für ihre Kinder verstreichen lassen.

Russel A. Barkley: *Das große ADHS Handbuch für Eltern*. Verlag Hans Huber 2005.
Barkleys Handbuch informiert Eltern von ADHS-Kindern umfassend und auf dem neuesten Stand der Wissenschaft über ADHS. Er gibt wertvolle Hinweise für Diagnose und Therapie. Es geht heute nicht mehr darum, »Schuldige« zu finden, sondern zur Kenntnis zu nehmen, dass ADHS primär genetisch bedingt ist und auch medikamentös beeinflusst werden kann.
Kinder sind grundsätzlich aktiver, überschwänglicher, weniger konzentriert und impulsiver als Erwachsene. Schwierigkeiten, die daraus entstehen, werden sich in der Regel »auswachsen«. Doch es gibt Ausnahmen, und so selten sind diese

nicht: Bei Kindern, deren Unaufmerksamkeit, Bewegungsdrang und Unbeherrschtheit ein gewisses Maß übersteigt, besteht der Verdacht auf eine Entwicklungsstörung, die als ADHS bezeichnet wird. Neueste Forschungen bestätigen, dass die ADHS weder durch Erziehungsfehler noch durch falsche Ernährung noch durch exzessiven Fernsehkonsum ausgelöst wird, sondern weitgehend genetisch bedingt ist. Wir wissen heute, dass daraus entstandene Probleme nicht von alleine verschwinden.
In Zeitungskolumnen wird die ADHS immer noch als Modekrankheit hingestellt, und es wird nach wie vor behauptet, am besten sei ihr durch mehr Disziplin zu Hause und in der Schule beizukommen. Wer sich eingehend mit der wissenschaftlichen Literatur zum Thema beschäftigt hat, erkennt schnell, dass all diese Aussagen unhaltbar sind.
Barkley stellt ausführlich ein Erziehungsprogramm vor, mit dem ADS-Kindern der notwendige sicherer Rahmen gegeben werden kann.

Helga Simchen: *Kinder und Jugendliche mit Hochbegabung*. Kohlhammer 2005.
Warum versagen hochbegabte Kinder- und Jugendliche in der Schule? Hochbegabte Kinder und Jugendliche, die ihren Eltern und Lehrern oft große Sorgen bereiten, werden Underachiever genannt. Welche Faktoren sind für das Versagen verantwortlich? Frau Dr. Simchen zeigt mögliche Entwicklungsrisiken auf und erläutert anhand von vielen Praxisbeispielen, wie sich diese Kinder und Jugendlichen ihrer Fähigkeiten bewusst werden und ein gutes Selbstwertgefühl entwickeln können. Dieses Buch sollten alle Eltern hochbegabter Underachiever lesen um, ihre Kinder besser verstehen und fördern zu können.

Armin Born, Claudia Oehler: *Kinder mit Rechenschwäche erfolgreich fördern Ein Praxishandbuch für Eltern, Lehrer und Therapeuten*. Kohlhammer 2005.
Beide Autoren sind Psychologen und Psychotherapeuten. Sie geben anhand von Praxis- und Alltagsbeispielen Hintergrundinformationen zur Rechenschwäche sowie zu möglichen Folgen, wie Einschränkung des Selbstwertgefühls und Schulängsten. Die Autoren beschreiben vor dem Hintergrund aktueller lernpsychologischer und neurowissenschaftlicher Erkenntnisse, einfache und effektive Fördermaßnahmen und geben allgemeine Tipps zum Lernen mit rechenschwachen Kindern, die für Eltern und Lehrer leicht umzusetzen sind. Den betroffenen Kindern werden bei gezielter Hilfestellung Lernfortschritte ermöglicht, die zum Aufbau von Selbstwertgefühl und Lernfreude sowie zum Abbau von resultierenden Ängsten führen. Das Buch ist gut lesbar, Wichtiges wird in grau unterlegten Kästen zusammengefasst. Dieses Buch gehört ins Bücherregal eines jeden Mathematiklehrers.

Von Anfang an anders! Früherkennung der ADHS - was tun? BV-AH 2003.
Das vorliegende Fachheft des BV-AH e.V. mit Fachbeiträgen anerkannter medizinischer und psychologischer Experten für ADHS soll dazu beitragen, Kinder mit Verdacht auf ADHS frühzeitig zu erkennen und Fachleuten vorzustellen, die sich auf dieses neuropsychologische Störungsbild spezialisiert haben; denn auch Kinder mit ADHS haben ein Recht auf frühzeitige Diagnose und Rehabilitationsmaßnahmen. Das Buch richtet sich an Eltern von Vorschul- und Grundschulkindern, an Erzieher und Lehrer.
Bestellen beim BV-AH: Tel: 09191/34874 oder www.bv-ah.de

Birgit Ruf, Karin Arten: *ADS und Wahrnehmungsauffälligkeiten. Früherkennung im Kindergarten und der 1. Klasse.* Auer 2006.
Beide Autorinnen beschreiben aus ihrer langjährigen Erfahrung als Erzieherinnen und Heilpädagoginnen die verschiedenen Erscheinungsformen des ADHS. Dieses Buch hilft Erzieher und Lehrkräften, die Grenze zwischen der Diagnose ADHS und altersgerechtem Verhalten zu ziehen, denn die rechtzeitige Früherkennung von ADHS und Wahrnehmungsauffälligkeiten ist von höchster Bedeutung, um den Teufelskreis von Schulversagen und Schulunlust zu verhindern. Hierzu enthält das Buch folgende Kopiervorlagen, um die Entwicklung von Kindern im Alter von 5-7 Jahren systematisch und aus verschiedenen Blickwinkeln einzuschätzen: Eine speziell für Kindergarten und Schulanfang konzipierte Entwicklungsüberprüfung der unterschiedlichen Wahrnehmungsbereiche mit vielfältigen Materialien, zwei Positivlisten zur Erfassung der Stärken des Kindes, einen Eltern- und einen Pädagogenfragebogen, Auswertungs- und Gesprächsbögen. Zudem informiert der Band umfassend über Symptome, Diagnostik und Therapien. Er eignet sich hervorragend für alle Erzieher und Pädagogen, die „ihre“ Kinder auf einfache und ganzheitliche Art fördern wollen.

Bücher für Erwachsene

Petra-Marina Hammer, Elisabeth Aust-Claus, Dieter Claus: *A D S Das Erwachsenenbuch*. O&P 2002.
Nicht selten kommen Erwachsene erst durch die ADS-Diagnose ihrer Kinder zu der Erkenntnis, dass auch sie selbst ADS haben könnten. Die starke genetische Komponente von ADS liefert hohe Wahrscheinlichkeiten für die Betroffenheit zumindest eines Elternteils.
Klarheit schafft hier das hervorragende Buch der ADS-Praktiker Dr. Hammer, Dr. Claus und Dr. Aust-Claus vom Opti-Mind-Team.
Die Beschreibung ADS-typischer Verhaltensweisen und Probleme, auch anhand von Fallbeispielen, ist kurzweilig und hilft bei der Selbsteinschätzung, die, wie die Autoren betonen, eine qualifizierte Diagnose natürlich nicht ersetzen kann.

Besonders wertvoll wird das Buch durch die vielen Praxistipps, die zeigen, wie der Alltag eines ADSlers besser gemeistert werden kann. Dabei sind alle wichtigen Lebensbereiche erfasst, wie z.B. Beruf, Familie, Partnerschaft, und es werden handfeste und praxistaugliche Tipps gegeben zu Themen wie Kommunikation, Ordnung schaffen, Zeitmanagement bis hin zum sensiblen aber wichtigen Thema „ADS und Sex".
Die wissenschaftlichen Grundlagen werden einleuchtend erklärt und auch Hinweise zu einer ggf. erforderlichen Medikation fehlen nicht.
Das Buch ist aufwendig und liebevoll gestaltet. Farbige Drucke, Grafiken, Bilder und nicht zu lange Kapitel machen es auch für Leser mit ADS-typischer kurzer Aufmerksamkeitsspanne zu einer leicht lesbaren und vor allem gewinnbringenden Lektüre.
Kurzum: Ein Muss für jeden erwachsenen ADSler!

Edward M. Hallowell, John J. Ratey: *Zwanghaft zerstreut. Die Unfähigkeit aufmerksam zu sein*. Rowohlt 1998.
Dieses Buch ist ideal geeignet, um sich über ADS bei Erwachsenen zu informieren. Es enthält einige Fallberichte, viele Hintergrundinformationen zu ADS und ganz brillante Tipps für den (Arbeits-)Alltag und die Partnerschaft.

Sari Solden: *Die Chaosprinzessin. Frauen zwischen Talent und Misserfolg*. BV-AH 1999.
Dies Buch ist ein *Muss* für Frauen mit ADS. Sari Solden hat mit diesem Buch wahre Pionierarbeit geleistet: Auf der Basis wirklicher Lebensgeschichten und ihrer neuesten Untersuchungen hat sie eine Screeningliste ganz speziell für Frauen entworfen. Sie beleuchtet die besonderen Herausforderungen, mit denen Frauen mit ADS sich auseinandersetzen müssen, und beschreibt worauf man bei der Behandlung und Beratung achten muss. Sie skizziert die Schritte, die den Frauen Kraft geben, ihr Leben zu verändern. Sari Solden beschreibt die Scham, die viele Frauen empfinden, dass sie die Erwartungen, die man ihnen bereits in frühester Kindheit eingeimpft hat, nicht erfüllen zu können. Mit Hilfe von Übungen. Selbstgesprächen und persönlichen Berichten von Patientinnen hilft sie Frauen ihr Selbstbildnis als „schlampig" abzulegen und ihren Erfolg auf ihre Art zu genießen.
Bestellen beim BV-AH: 09191/34874 oder www.bv-ah.de

Kathleen Nadeau: *Bin ich anders? Mädchen und Frauen mit ADS*. Juvemus 2002.
Dieses nett aufgemachte kleine Buch beschreibt ADS bei Mädchen und Frauen. Es bezieht sich auf Symposiumsbeiträge von Kathleen Nadeau, stellt die wichtigsten Fakten zusammen und ist wegen seiner großen Schrift und farblichen Gestaltung gut zu lesen.
Bestellen bei Juvemus: www.juvemus.de

Lynn Weiss: *Eins nach dem anderen ... Das ADD- Praxisbuch für Erwachsene*. Brendow 2000.
Ein umfassendes Buch über ADS bei Erwachsenen mit vielen praktischen Tipps für den Alltag.

Doris Ryffel-Rawak: *ADS bei Erwachsenen. Betroffene berichten aus ihrem Leben*. Verlag Hans Huber 2001.
Anhand von 22 Lebensgeschichten, zeichnet die Autorin ein differenziertes Bild über ADS bei Erwachsenen. Das Krankheitsbild ADS wird sehr anschaulich dargestellt. Wertvoll sind die therapeutischen Hinweise zu den einzelnen Fallberichten, geben sie doch dem betroffenen Erwachsenen einen umfassenden Einblick in mögliche Hilfen. Ein sehr empfehlenswertes Buch, aus dem die langjährige Erfahrung der Autorin spricht.

Tom Hartmann: *Eine andere Art, die Welt zu sehen. Das Aufmerksamkeits-Defizit-Syndrom*. Schmidt-Römhild 1997.
In diesem Buch wird die Hunter-Farmer-These vertreten. ADS wird dabei durch eine sehr rosa-rote Brille betrachtet. Ein schönes Märchen, das helfen kann, die Akzeptanz des eigenen ADS zu erhöhen, wenn man bei aller Sympathie nicht vergisst, dass es sich um eine nette Story handelt.

Doris Ryffel-Rawak: *ADS bei Frauen – den Gefühlen ausgeliefert*. Verlag Hans Huber 2004.
Dr. med. Doris Ryffel-Rawak ist Fachärztin für Psychiatrie und Psychotherapie. In ihrem Buch beschreibt sie die Lebensgeschichten von 16 Frauen die viel Lebenszeit verloren haben, bis endlich die korrekte Diagnose einer ADHS gestellt und die richtige Behandlung – Medikation, Psychotherapie und Coaching – eingeleitet wurde.
In der Schule fallen verträumten Mädchen nicht weiter auf.

Sie stören, anders als Jungen mit ADHS, den Unterricht kaum. Sie können sich schlecht konzentrieren, lassen ihre Gedanken schweifen und ihre Leistungen sind schwach. Die Misserfolge häufen sich, ihr »Aufbruch ins Leben« findet unter erschwerten Umständen statt. Als erwachsene Frauen wirken sie chaotisch und leiden unter starken Stimmungsschwankungen. Andererseits verfügen sie oft über spezielle Begabungen und stecken voller prächtiger Ideen. Je früher die richtige Diagnose gestellt wird, desto größer ist ihre Chance, dass sie ihr hohes Potenzial auszuschöpfen lernen und zu einem erfüllten Leben finden. Ein Buch, das Mut macht und zu neuen Perspektiven verhilft.

Johanna Krause, Klaus-Henning Krause: *ADHS im Erwachsenenalter*. Schattauer 2003.
Beide Autoren setzen sich seit Jahren für die Erforschung und Behandlung von ADS bei Erwachsenen ein. In diesem Buch beschreiben die Ärztin und Therapeutin und ihr Mann als Professor der Neurobiologie die Diagnostik, Differenzialdiagnostik, komorbide Erkrankungen, neurobiologische Grundlagen und die medikamentöse Behandlung. Dies ist kein Ratgeber, sondern ein Fachbuch, aber für jeden zu empfehlen, der sich weiter informieren will.

Astrid Neuy-Bartmann: *ADS – Erfolgreiche Strategien für Erwachsene und Kinder*. Klett-Cotta 2005.
Sehr ausführlich und in einer gut verständlichen Sprache beschreibt die Autorin Symptome, Ursachen und Behandlungsmöglichkeiten der ADS. Im zweiten Teil des Buches gibt sie konkrete und leicht umsetzbare Anleitungen, die täglichen Herausforderungen in den Griff zu bekommen. Sie motiviert Betroffene nicht zu resignieren und vermittelt konkrete Lösungsmöglichkeiten. Weiterhin gibt sie Hilfestellungen für

Partner, Eltern, Arbeitskollegen, Freunde und Pädagogen. Das Buch ist sehr übersichtlich gestaltet, Wichtiges wird in farbig unterlegten Kästen zusammengefasst hervorgehoben. Symbole am Rand helfen bei der gezielten Suche nach spezifischen Informationen.

Doris Ryffel-Rawak: *Wir fühlen uns anders*. Verlag Hans Huber 2003.
ADHS-Betroffene reagieren auch in Partnerschaften anders – impulsiver, weniger geduldig. Nicht selten sind sie besonders liebenswürdig, doch immer auf der Suche nach dem »Kick«, oft auch suchtgefährdet. Es drohen – auch in ansonsten gut funktionierenden Ehen – Konflikte und Außenbeziehungen. Zahlreiche Praxisbeispiele geben Einblicke in die Welt der Menschen mit ADHS. Dank ihrer reichen Erfahrung gibt die Autorin zum Schluss spezifische Empfehlungen für die Therapie – und ganz allgemein für das Zusammenleben mit ADHS-Betroffenen.

Cordula Neuhaus: *Lass mich, doch verlass mich nicht. ADHS und Partnerschaft*. Dtv 2005.
Cordula Neuhaus hat sich als Fachautorin schon längst einen hervorragenden Namen gemacht. In diesem Buch befasst sie sich mit ADS in der Partnerschaft. Sie bietet umfassende, sachgerechte und dem neuesten Wissensstand entsprechende Information. So wird Verständnis und wirksame Hilfe ermöglicht. Cordula Neuhaus erklärt wie eine Partnerschaft durch ADS, trotz bestem Willen beider Partner, beeinträchtigt werden kann, sie zeigt die Fallstricke auf, bleibt aber nicht bei einer Beschreibung der Schwierigkeiten stehen. Viel ist im Buch von den Ressourcen und Stärken die Rede, die mit den Besonderheiten von ADS verbunden sind. Die Autorin gibt keine einfachen wohlfeilen Tipps sondern fordert eine inten-

sive Auseinandersetzung mit ADS. Neuhaus' Buch ist aufgrund des hohen fachlichen Niveaus keine leichte und schnelle Lektüre für zwischendurch, es lohnt sich aber dranzubleiben und auch die anschaulichen Beispiele in der zweiten Hälfte des Buches zu lesen. Cordula Neuhaus belegt eindrucksvoll, dass dem Thema ADS bei Erwachsenen in Deutschland bisher zu wenig Bedeutung beigemessen wurde. Dieses Buch sollten alle ADS-betroffenen Erwachsenen und ihre Partner lesen, es ist aber auch eine wichtige Lektüre für alle, die beruflich, therapeutisch mit ADS-betroffenen Erwachsenen arbeiten. Weiterhin sollte das Buch von allen Mitarbeitern von Erziehungs- und Familienberatungsstellen gelesen werden, um sich einen Eindruck von der Paarbeziehung der Eltern zu verschaffen, ohne falschen Interpretationen zu erliegen.

ADHS wird erwachsen - was tun? Chancen, Risiken und Hilfen für Teenager und junge Erwachsene mit ADHS. BV-AH 2004.
Wer sich auf Kinder, Jugendliche und Erwachsene mit einer ADHS einlässt, entdeckt sehr bald, dass es sich vor allem um originelle, kreative und mutige Menschen handelt, die bei entsprechender Motivation in ihrem Leben zu erstaunlichen Leistungen fähig sind. Sie nehmen Herausforderungen an, vor denen andere zurückschrecken würden. Eltern wird mitunter schwindelig, wenn sie sehen, welchen ungewöhnlichen, von Gefahren begleiteten Weg ihre Kinder in die Selbstständigkeit einschlagen. So mancher junge Himmelsstürmer verliert auf dem Weg nach oben – zumindest zeitweise – den Boden unter den Füßen. Der verständliche Wunsch, Sicherheitsnetze zu spannen, um die beinahe unvermeidlichen Abstürze abzufedern, verträgt sich selten mit dem Drang nach Freiheit und Abenteuer.

Welche Hilfen brauchen junge Menschen mit ADHS, um trotz ihres schwer wiegenden Handicaps den Weg ins Erwachsenenalter zu finden? Die Beiträge im vorliegenden Fachheft zeigen einen Querschnitt durch die Risiken, Chancen und gebotenen Hilfen für heranwachsende ADHS-Betroffene. Der Bogen spannt sich von der Mahnung an Mitarbeiter in Institutionen, die ärztliche Diagnostik und Therapieempfehlungen zu respektieren, über die Risiken, die eine unbehandelte ADHS in sich birgt, bis hin zu geeigneten Maßnahmen, die für den Schritt ins Berufsleben hilfreich sind.
Bestellen beim BV-AH: Tel: 09191/34874 oder www.bv-ah.de

ADHS. Lebensweg mit Hindernissen... Was tun? BV-AH 2005.
In vielen Fachbeiträgen verschiedener bekannter Autoren wird umfassend über ADHS bei Erwachsenen aufgeklärt. Der Leser findet u.a. Fachbeiträge zur genetischen Ursache der ADHS, ADHS im Alter, über den Zusammenhang und die Abgrenzung von ADHS zur Borderline-Persönlichkeitsstörung, ADHS im Straßenverkehr, im Wehrdienst, im Alter und bei Frauen, sowie Informationen zum off-label-use.
Bestellen beim BV-AH: Tel: 09191/34874 oder www.bv-ah.de

Bücher für Kinder und Jugendliche

Felix Dietz: *Wenn ich doch nur aufmerksam sein könnte!* BV-AH 2005. (Ab 7 J.)
»Wenn ich doch nur aufmerksam sein könnte«, das war immer der größte Wunsch von Felix, einem hyperaktiven Jungen. Er beschreibt seine Erlebnisse mit ADS von der Kindergartenzeit an. Er erzählt, wie Lehrer und Mitschüler ihn vor und nach der Diagnose erlebten. Felix erzählt von Missverständnissen, Ausgrenzung und Selbstzweifeln, aber auch von Lehrern, die an ihn glaubten. Nach der Diagnose änderte sich seine Beziehung zu seinen Lehrern und Mitschülern radikal. Er fand Freunde und wurde zum stellvertretenden Klassensprecher gewählt. Felix erklärt, was ADS ist und wodurch es hervorgerufen wird. Er schrieb dieses Buch im Alter von 14 Jahren für andere Kinder und Jugendlichen um ihnen ADS zu erklären, aber auch um die positiven Aspekte von ADS aufzuzeigen.
Dies ist auch für Erwachsene ein sehr lohnendes Buch. Meist wird über Kinder und Jugendliche mit ADS gesprochen. Die Behandlungsnotwendigkeit wird oft daran festgemacht, wie Eltern und Lehrer mit dem Kind zurecht kommen. Doch wie geht es dem Kind dabei? Wie fühlt es sich? Felix gibt Einblicke in das Fühlen und Denken eines Kindes mit ADHS.
Was macht Felix heute? Nach seinem Schulabschluss verbrachte er ein Jahr in Kanada um die Sprache zu lernen, aber auch um ein anderes Land kennen zu lernen. Zurückgekehrt begann er eine Berufsausbildung zum Industriekaufmann, die er zwischenzeitlich erfolgreich abgeschlossen hat. Felix will Mut machen, sich seinem ADS zu stellen und notwendige Hilfen anzunehmen.
Bestellen beim BV-AH: 09191/34874 oder www.bv-ah.de

Regina Rusch: *Zappelhannes*. Beltz 1997. (Ab 8 J.)
Hannes ist nicht dumm, im Gegenteil. Aber er kann nicht stillsitzen, er kann sich nur schwer konzentrieren, und es fällt ihm auch schwer, verschiedene Dinge gleichzeitig zu tun. Zu leicht rollt ihm dann schon mal ein Ei vom Tisch, oder er fällt mit dem Fahrrad um. Die Eltern haben es nicht leicht mit dem überaktiven Hannes, sie müssen viel Geduld mit ihm haben. Aber bei aller Sorge um ihn können sie auch über seine Missgeschicke mit ihm lachen.
Eine lustige Geschichte über einen hyperaktiven Jungen.

Elisabeth Aust-Claus, Petra-Marina Hammer: *ADS – Topfit beim Lernen*. Optimind Media 2004.
Eine Bedienungsanleitung für das Gehirn? Das Buch ist anschaulich für Kinder von der 5. bis 10. Klasse geschrieben und bietet zahlreiche konkrete Tipps und Ratschläge. Zum Einstieg werden die Comicfiguren Clever & Co. und die Fehlerteufelbande vorgestellt und geben eine kurze Erklärung zum theoretischen Hintergrund des Themas Aufmerksamkeitsstörung, danach geht es sofort los – nämlich mit der unendlichen Geschichte: Hausaufgaben – aller Anfang ist schwer, Konzentration, Organisation, Zeitmanagement und Motivation mit vielen Lösungsbeispielen. In dem neuen Ratgeber der bekannten Fachärztin für Kinder- und Jugendmedizin Frau Dr. Elisabeth Aust-Claus und der Verhaltenstherapeutin Frau Dr. Dipl. Psych. Petra-Marina Hammer werden dic jahrelangen Erfahrungen aus der Praxis zu dem Thema ADS und Schule bzw. Lernen zusammengefasst.